教育部高校示范马克思主义学院和优秀教学科研团队建设项目（16JDSZK045）

安徽省高校思想政治工作拔尖人才支持计划项目（sztsjh-2023-7-1）

思想政治教育研究文库

新时代大学生的思想政治理论课认同研究

魏　荣　朱苇苇　著

光明日报出版社

图书在版编目（CIP）数据

新时代大学生的思想政治理论课认同研究 / 魏荣，朱苇苇著 . -- 北京：光明日报出版社，2025. 4.
ISBN 978 - 7 - 5194 - 8754 - 6

Ⅰ. G641
中国国家版本馆 CIP 数据核字第 2025BW6482 号

新时代大学生的思想政治理论课认同研究
XINSHIDAI DAXUESHENG DE SIXIANG ZHENGZHI LILUNKE RENTONG YANJIU

著　　者：魏　荣　朱苇苇

责任编辑：李壬杰　　　　责任校对：李　倩　李佳莹
封面设计：中联华文　　　　责任印制：曹　诤

出版发行：光明日报出版社
地　　址：北京市西城区永安路 106 号，100050
电　　话：010-63169890（咨询），010-63131930（邮购）
传　　真：010-63131930
网　　址：http://book.gmw.cn
E - mail：gmrbcbs@gmw.cn
法律顾问：北京市兰台律师事务所龚柳方律师

印　　刷：三河市华东印刷有限公司
装　　订：三河市华东印刷有限公司
本书如有破损、缺页、装订错误，请与本社联系调换，电话：010-63131930

开　　本：170mm×240mm
字　　数：254 千字　　　　印　　张：15.5
版　　次：2025 年 4 月第 1 版　　　　印　　次：2025 年 4 月第 1 次印刷
书　　号：ISBN 978 - 7 - 5194 - 8754 - 6

定　　价：95.00 元

目 录

CONTENTS

引　言

中国特色社会主义进入新时代，在新的历史方位下，实现中华民族伟大复兴的伟大斗争、伟大工程和不断推进的伟大事业，需要大批德智体美劳全面发展的社会建设人才。高校承担着为国家输送人才的重任，立德树人是高校的根本任务，思想政治理论课则是高校落实立德树人根本任务的关键课程，具有人才培养的思想塑造与价值引领功能。

党的十八大以来，党中央相继召开全国高校思想政治工作会议、全国教育大会等系列教育主题会议，习近平总书记的讲话强调了高校“为谁培养人”“培养什么人”以及“怎样培养人”的教育根本问题，明确了教育为人民服务、为中国共产党治国理政服务、为巩固和发展中国特色社会主义制度服务、为改革开放和社会主义现代化建设服务的宗旨。思想政治理论课作为高校坚守教育初心使命的核心课程，积极推进教学改革、践行教育宗旨，是新时代赋予的使命担当。2019 年 3 月 18 日，习近平总书记主持召开全国思想政治理论课教师座谈会，就思想政治理论课建设的重要性、教师素养、课程改革及其保障等提出了具体要求，为新时代进一步优化高校思想政治理论课指明了方向。高校思想政治理论课建设在改革开放之后历经“85 方案”“98 方案”和“05 方案”等。2020 年 12 月，中共中央宣传部、教育部印发了《新时代学校思想政治理论课改革创新实施方案》，其立足思政课的政治属性，对大中小学思政课课程目标进行一体化设计，以了解学习、理解把握习近平新时代中国特色社会主义思想为课程主线，在政治认同、家国情怀、道德修养、法治意识、文化修养等方面提出了明确要求，并于 2021 年实施，自此高校思想政治理论课改革进入新阶段。经过四十余年的改革发展，高校思想政治理论课取得了丰硕的建设成果。课程改革与优化趋向更加精细化和精准化，改革实践的着力点也逐渐从供给侧和需求侧的单向关注，转为兼顾两者的双向关注，大学生对思想政治理论课的认同成为优化课程质量的重要监测点。

认同是主体经过思维的不断加工、反思，伴随积极情绪情感的动力支持，实现行动与意愿的协调，即知、情、意、行统合的过程。认同包括自我认同和社会认同。自我认同是个体成长和发展过程中进行的反身性思考，通过主体性和主体间性的体验实现在社会环境中的接受性自我定位，并由此获得自尊与自信。社会认同是基于人与社会的关系而呈现自我卷入范畴化过程的认知结果。社会认同作为个体社会化的一种形式，是个体在政治、经济、文化等领域进行整体评价后所产生的积极自我评价和社会评价，可促使人与社会环境和谐发展。大学生对思想政治理论课的认同本质上是一种社会认同，是大学生对课程传播的理论体系、文化内涵、价值导向、行为规范的确定性选择。其不仅表现为赞成目标对象，而且具有驱动价值行为的内生性动机。社会认同的最高层次是主体与对象或群体拥有共同的信仰，主体将对象观念和要求转化为自身规范，形成共同信仰，通过调节行为来维护共同立场和追求。大学生认同思想政治理论课将有助于大学生成为践行社会主义核心价值观、建设中国特色社会主义事业等的自觉承担者。

大学生认同思想政治理论课是实现马克思主义理论教育和价值引导的前提。如何提升大学生对思想政治理论课的认同程度，已经成为基于需求侧改革思想政治理论课的重要命题。如何提升大学生认同思想政治理论课的程度，我们需要从影响因素角度展开深入研究。因此，本项课题围绕大学生思想政治理论课的认同及其影响因素，综合运用定性和定量分析方法展开研究。首先，在梳理大学生认同思想政治理论课相关理论研究的基础上，通过田野调查，借鉴扎根理论的研究方法，本课题一方面确证了大学生对思想政治理论课的认同，具体表现为价值认同、内容认同、情感认同和行为认同，另一方面提炼了影响大学生认同思想政治理论课的主要因素并设计调查问卷。其次，研究团队在全国不同区域选择高校开展问卷调查，并根据统计结果分析大学生思想政治理论课认同的影响因素的表现特征，最终根据大学生思想政治理论课的认同程度以及影响因素特征，提出大学生认同思想政治理论课的实践路向。研究人员希望加快高校思想政治理论课教育教学改革步伐，充分发挥思想政治理论课的铸魂育人功能。

第一章

新时代大学生的思想政治理论课认同与基础理论

思想政治理论课是落实立德树人根本任务的关键课程。推动思想政治理论课改革是关涉教育发展的大计，可以满足新时代教育发展的现实要求。大学生认同思想政治理论课是社会认同的一种具象表征，在满足科学性和实践性知识需求的同时，需要获得方向性价值判断，从而形成积极社会态度与实践，成为推动大学生由“知”向“行”转化的重要中介。基于需求侧研究大学生对思想政治理论课的认同需要厘清基本概念的内涵，夯实研究的理论基础。

一、思想政治理论课认同

（一）认同的多重释义

认同（identity）是思想政治理论课认同研究的核心概念，涉及“我是谁”和“谁是我”的本源性问题，因此其一直是哲学、政治学、社会学、教育学、心理学、文化学、民族学等学科研究的主题，不同的学科领域和研究背景对认同的解读不尽相同。认同既有个体维度也有社会维度，且常常交叉发挥功能。认同作为学术概念较早出现在心理学领域，多聚焦在个体对群体的归属描述上，弗洛伊德（S. Freud）认为，认同是“个体与群体或模范人物在情感上、心理上、行为上的趋同过程，个体通过对他人或群体的认同塑造出对自我的身份认同”①。这个过程被精神分析研究者视为儿童社会化的重要途径，是一个人成长的重要过程。埃里克森（E. H. Erikson）在个体认同与早

① SUGARMAN SUSAN. What Freud Really Meant［M］. Cambridge：Cambridge University Press，2016：4-14.

年经历关系的研究中，认为认同是“一种认识自我，知道个人未来发展目标，获得重要他人给予的认可的感觉，它无处不在，对人们的生活产生重要影响”①。根据黄希庭主编的《简明心理学辞典》的解释，认同是指，“个体有意或无意地将其他人或群体的特征如行为、观点归属于自己的过程”②。彭聃龄从信息加工角度阐释了认同内涵，认为认同是人们获取知识或使用知识的过程，或者是对信息进行加工和处理的过程，这也是人们最基本的心理过程。其中主要包括感觉的加工过程、知觉的加工过程、记忆的加工过程、想象的加工过程、思维的加工过程以及语言的加工过程等。③ 基于心理活动解释，认同主要关注个体经验与体会。一方面，侧重注解个体社会化过程，将认同理解为个体在某种趋向性心理作用下，有意识地学习和模仿他者以作为自身成长内动力，实现个体社会化过程；另一方面，突出自我意识或意愿在认同中的心理作用，将认同作为自我意识发展的产物，致力于破解“我是谁”或“我们是谁”的问题，或者是通过对外界事物的赞同认可，以意愿影响个体思维产生差别化认同，并反映在行为方式上。

在社会学领域中，研究者常从社会范畴的角度来理解和概括认同，强调个体与社会结构的关联性。他们将认同作为一种同化与内化的社会心理过程，即个体在社会化进程中将他人或群体的价值、标准、期望与社会角色，内化为自身的行为模式和自我概念。④ 吉登斯（A. Giddens）也主张认同“是个体参照个人的不同经验反思性地认识自我，与人们对他们是谁以及什么对他们有意义的理解有关。社会认同则指的是个人在某个特殊的环境中对该环境特定的信念、价值、文化在本质上相近的态度”⑤。社会学领域解读的认同以关系及其变化为主线，围绕个体与他人、个体与组织、个体与社会等关系展开。尤尔

---

① ERIKSON E H. A Discussion on Ritualization of Behaviour in Animals and Man-Concluding Remarks. Philosophical Transactions of the Royal Society of London [J]. Biological Sciences, 1966, 251 (772): 523-524.

② 黄希庭. 简明心理学辞典 [M]. 合肥：安徽人民出版社，2004：308.

③ 彭聃龄. 普通心理学 [M]. 北京：北京师范大学出版社，2004：471-476.

④ 豪格阿布拉斯姆. 社会认同过程 [M]. 高明华，译. 北京：中国人民大学出版社，2011：15-19.

⑤ 吉登斯. 现代性与自我认同：晚期现代中的自我与社会 [M]. 夏璐，译. 北京：中国人民大学出版社，2016：31-33.

根·哈贝马斯（Jürgen Habermas）认为，认同是价值主体与主体之间相互理解、相互符合、彼此信任、共享知识的紧密关系。① 亨廷顿（S. P. Huntington）则指出认同可以有多种解释，提出认同大多数情况下都是构建出来的概念。个体有认同，群体也有认同。个体有多重身份，包括地域性的、经济的、政治的、文化的、社会的以及国别的；认同由自我界定，但又是自我与他人交往的产物。② 在社会交往中，个人无论是将自身与他人或群体如何归类，其间都是通过情感、态度乃至认识实现认同的移入过程，体现为人际交往中的别人被自己同化和自己被别人同化的过程。③ 社会本身就是诸种关系发展的产物。经由关系定位与变化衍生的认同常立足系列主客关系进行释义，如有学者将认同理解为主体在对客体的认知状态下，当客体满足主体需求时，主体对客体从简单的认知到积极的情感表达和强烈的情感依附，到最后由之产生一致行为方式的过程。社会关系的形成建立在社会交往之上，因此社会交往也是理解认同的要素之一。有研究提出，认同以思想观念、价值态度和行为习惯的差异性为前提，以“自我”的价值选择和好恶倾向为出发点，在社会主体的物质和精神的交互过程中不断塑造，最终实现对特定认同客体情感和态度上的倾向，从而形成一定的行为习惯。

从不同视界关注和诠释的认同形成了事实上的社会认同类型，包括伦理认同、政治认同、文化认同、民族认同等。伦理认同的核心是道德判断，一般体现在社会交往中，特别是在个体与他人的合作当中。它是个体与群体将社会的伦理关系规范和道德目标作为共享对象，贯通个体目标与群体目标、个体利益与群体利益，追求真善美的过程。政治认同首先是对社会政治制度的遵循与信任，是“基于一种政治、法律和经济的架构，对同一套正当的合理性原则的认同，使那些信奉各种广泛不同的和不相容的人类生活概念的人们能够平和地共同生活在同一社会里，分享着相同的政治地位，介入相同的

① 哈贝马斯. 交往与社会进化［M］. 张博树，译. 重庆：重庆出版社，2000：79-85.
② 亨廷顿. 我们是谁？美国国家特性面临的挑战［M］. 程克雄，译. 北京：新华出版社，2005：68-70.
③ 特纳. 自我归类论［M］. 杨宜因，译. 北京：中国人民大学出版社，2011：107-108.

经济关系"①。对社会成员与政治体系的纽带关系而言，政治认同是社会成员对权利驾驭者和政府所具有的情感上的信赖和意愿上的确认，是人们对其生活的政治环境产生的共向性判断、态度及相应政治行为的总和，社会成员的归属感、责任意识、使命感是政治认同的主要内容和目标追求。文化认同对某种差异化文化或者共性文化的确认，是人们对文化的倾向性共识与认可。人们使用相同的文化符号、秉承共同的文化理念、遵循共同的思维方式和行为规范、追求共同的文化理想是文化认同的依据。② 文化认同是民族认同的基础，民族认同典型性体现为个人对原有文化特征或新民族文化的接纳，这种接纳表现在态度、价值以及行为各方面。民族认同的形成建立在民族成员对本民族习俗熟悉、身份知悉和接纳的基础上。

鉴于不同领域对认同侧重各异的表述，我们提炼不同学科对认同理解的共性特征，突出认识主体与认识客体的关系，将认同理解为个体基于自身的需要，在所处群体或外部环境的影响下，自觉地理解和认可目标对象。这一过程伴随着积极情感体验和对目标对象的价值确证，从而符合社会需要的归属意识及其相应行为表现。无论是个体认同还是群体认同，认同都是知、情、意、行统合发展的过程。教育具有重要的中介作用，通过教育和引导使主体在充分认识客体本身及其所具有的价值基础上表现出积极态度和行为意向。

（二）思想政治理论课认同的内涵

我国高校思想政治理论课在中国共产党的领导下经历变革不断发展进步。1952 年，教育部发出《关于全国高等学校马克思列宁主义、毛泽东思想课程的指示》，高校的思想政治理论课明确进入高校课程体系之中。之后，中共中央、中宣部和教育部等在不同时期发布了一系列有关高校思想政治理论课建设的意见，1985 年发布了《中共中央关于改革学校思想品德和政治理论课程教学的通知》，1994 年发布了《中共中央关于进一步加强和改进学校德育工作的若干意见》，1998 年，中宣部、教育部出台《关于普通高等学校"两课"课程设置的规定及其实施工作的意见》的通知规定，进一步明确了高等学校

---

① 麦金太尔．谁之正义？何种合理性？[M]．万俊人，译．北京：当代中国出版社，1996：440.

② 郑晓云．文化认同与文化变迁 [M]．北京：中国社会科学出版社，1992：21-25.

思想政治理论课是指中国高校的马克思主义理论课和思想品德课。其中普通四年制本科高校的马克思主义理论课程设置包括“马克思主义哲学原理”“马克思主义政治经济学原理”“毛泽东思想概论”“邓小平理论概论”“当代世界经济与政治”，思想品德课程设置包括“思想道德修养”和“法律基础”。2005年，中宣部、教育部发布了《关于进一步加强和改进高等学校思想政治理论课的意见》，其规定四年制本科的思想政治理论课程设置为“马克思主义基本原理”“毛泽东思想、邓小平理论和‘三个代表’重要思想概论”“中国近代史纲要”“思想道德修养与法律基础”。高校思想政治理论课的建设步伐逐渐加快。进入新时代，国家推动高校思想政治理论课发展的举措更加丰富，要求更加明确。教育部先后发布了《高等学校马克思主义学院建设标准》和《高校思想政治理论课建设标准》，《高等学校马克思主义学院建设标准》对思想政治理论课建设提出了相应的要求，《高校思想政治理论课建设标准》则更加清晰、全方位地提出了课程建设的标准，成为高校思想政治理论课建设的重要依据。2019年3月18日，习近平总书记亲自主持召开了全国思想政治理论课教师座谈会，对思想政治理论课的重要性、教师、课程、党的领导等都提出要求和意见，进一步加快了思想政治理论课改革步伐，优化了课程教育教学效果。2020年12月，中共中央宣传部和教育部发布《新时代学校思想政治理论课改革创新实施方案》，其致力于循序渐进、螺旋上升地开设好大中小学思政课，针对新时代学校思政课课程教材改革创新提出了实施方案，积极推动大中小思政课一体化建设，并于2021年开始实施。伴随高校思想政治理论课建设制度的不断完善，我国从供给侧着手开展高校思想政治理论课改革的措施也逐渐丰富。新时代进一步加强高校思想政治理论课建设，亟需从教育对象角度研究如何尊重教育主体的需求，解决大学生对高校思想政治理论课的认知认同问题。立足于大学生对思想政治理论课的认同影响因素，我们寻找改革途径，将学生端、学校端和制度端的要求相对接，来切实优化思想政治理论课效果，发挥课程育人功能。

高校思想政治理论课是思想政治教育的重要形态，思想政治教育认同是社会大众在处理自我与思想政治教育关系的过程中，基于自身需要和价值偏好，对思想政治教育不断承认与接受，并逐步按照思想政治教育的要求调整自身的思想行为，从而使自身思想行为与思想政治教育的要求趋于一致的发展变化过程。① 相应而言，高校思想政治理论课认同则是大学生基于自身对思想政治理论课的信息获取需要及价值评价，内化课程内容和观念，产生积极情感的动力支持，并相应调整自身思想行为的过程。关于思想政治理论课认同的研究较多涉及价值层面和社会心理层面，强调高校思想政治理论课认同是大学生对思想政治理论课存在的意义和价值，包括对教学的内容、方式方法以及目标等方面的认可，是大学生有意识地、积极地融入思想政治理论课程的学习中，并把课程的思想观点作为自身成长的内在动力，努力践行的心理状态。基于价值判断，以知、情、意、行的统一为线索是思想政治理论课认同界定的常见角度，即大学生在对思想政治理论课程本身的价值、属性等形成一定认知的基础上，表现出来的心理上的接受、价值上的选择，进而达到情感上的赞同，并指导自身自觉行为的一种比较稳定的内在的心理倾向。也有学者概括，大学生思想政治理论课认同是大学生基于对思想政治理论课的属性、价值等方面的认知，所表现出来的对课程的喜爱偏好，对课程所蕴含的价值观的认可，以及自觉运用课程理论指导社会实践的行为趋向。②

综合认同的基本含义以及高校思想政治理论课的特征，立足大学生的学习规律和高校的教育教学规律，本项研究将大学生对高校思想政治理论课的认同理解为，作为受教育者的大学生基于自身的需要，在思想政治理论课的学习与实践中，认可和接受思想政治理论课传递的思想主旨、观点内容和规范等，确认思想政治理论课的理论和应用价值，形成积极的情感体验和主动投入学习的态度，并将学习内容转化为大学生思想行为的价值选择依据的过程。大学生认同思想政治理论课意味着其愿意接受课程引导的社会主流价值并自觉内化为自身的价值体系，具有健康的社会信任与社会融入。鉴于思想政治理论课的课程目标和属性，大学生认同思想政治理论课的性质从根本上而言更加趋近于政治领域的表现，代表性地体现为对国家政治制度的自信、

---

① 张锅红. 自媒体时代大学生对思想政治教育的认同研究［J］. 中国高等教育，2019（1）：42-244.

② 朱苇苇，王峰，黄志斌. 重要他人理论视角下大学生思想政治理论课认同的影响因素及提升对策研究［J］. 思想教育研究，2019（10）：113-117.

对制度规则的遵守、对马克思主义信仰的追随和对政治责任的承诺等。

二、大学生思想政治理论课认同的形成机理

大学生对思想政治理论课的认同过程拥有内在运行规律，我们基于认同主体的信息加工规则梳理大学生认同思想政治理论课的形成机理，其包括认知动力、情感催化、价值选择和行为转化等系列环节。

（一）认知动力：满足大学生追求真善美的需求

追求真善美是个体或组织在实践过程中形成对象性认同的原动力。认知需要是个体适应社会进步获得个体发展的源泉，是影响个体实践活动的内驱力。大学生具有强烈的探寻科学真理的求知需要，他们努力探求自然、社会、人自身发生发展的规律，不仅希望通过学习获得某一专业领域的系统性知识，而且关注和了解社会政治、经济和文化发展现状，追求社会公平与正义。通过思想政治理论课向大学生传播的马克思主义理论，包括科学社会主义发展规律、社会政治经济运行规律以及辩证唯物主义和历史唯物主义思想等，是大学生客观认识历史与现实的科学内容，也是大学生实践的方法指导。大学生作为社会青年群体不仅有求知的发展诉求，还有锤炼高尚品质的道德发展诉求。以利他性为核心的善，既体现在维护国家民族大利的大德层面，也体现在维护社会公共秩序与利益的公德层面以及克己慎独的私德层面。致良知，把握真理和向上向善，通过知行合一，大学生才能创造美好生活，享有美好未来，因此追求真善美的本真需求成为推动大学生认同思想政治理论课的内生动力。

青年大学生的求知欲强烈，他们期望通过学习使自身的思想水平得以增强，理论深度得以提升，分析问题的能力、思辨能力得以提升，认识问题更加深刻。同时，强烈的社会情怀使他们期盼自己关注的社会发展理论问题、重大现实问题和自身发展的疑虑困惑能得到深度权威的解读，他们关注国家和社会发展的动向，期待能在基本国情、经济发展、政治发展、社会发展等方面了解到更多的知识和信息。思想政治理论课一方面从内容层面来揭示物质世界与人类社会本质规律，引导大学生以正确的世界观和方法论认识、理解世界与社会，从历史与现实角度分析中国特色社会主义发展的必然性、合

理性与优越性；另一方面，从方法角度以学生为本，量体裁衣，有针对性地进行教学设计，将“备学生”作为备课的首要环节，掌握学生的真需求和真期待，做到围绕学生、关照学生、服务学生。有效的方法不仅导向鲜明，而且可以做到“有虚有实、有棱有角、有情有义、有滋有味”，如同烹制出的“美味可口且富有营养的佳肴”，让学生感受到思想政治理论课是“以人为本”“成长所需”的课程，在切实提升思想政治理论课质量满足学生需求的过程中促进学生对思想政治理论课认同的形成。

（二）情感催化：激发大学生的积极情感体验

情绪情感是人适应生存，进行交流沟通的工具，其实质是人对客观事物与人的需要之间关系的内外反映。基于生物系统活动与社会环境交互反馈形成的情绪情感，对主体认同信息加工对象具有显著的方向性催化作用。积极情绪情感催发满意、愉快和尊敬等内心体验，激发主体趋向和认同信息加工对象；消极情绪情感催生不满、忧虑甚至恐惧等内心体验，将导致主体避离信息加工对象。情绪情感对主体认同对象的催化过程具有潜隐性和持续性。积极情绪情感催化大学生对思想政治理论课认同的形成，既来自思想政治理论课自身，包括课程内容和形式对大学生积极体验的唤醒，也来自积极社会舆论环境的烘托。大学生认同思想政治理论课建立在对课程内容认知和价值确认的基础上，积极情绪情感有助于调动大学生深入思考和研究历史与现实问题的主动性，进而提高大学生对马克思主义理论和马克思主义中国化发展成果的认知深度，增强大学生学习和实践中克服困难的勇气和意志，推进大学生对课程的价值认同。

思想政治理论课致力于实现大学生思想意识层面的信息交流与传递、价值方向的指导和实践参照，其不仅是知识领会的过程，还是认识、理解问题的思维方式。以学生信服的理论阐释和传播学生知识结构完善、知识信息更新以及思想理念互飨的需求，这并不单单是理智信息加工的结果，还是学生愉悦投入和情感催动的过程。积极情绪情感体验能将主体认同态度转化为趋向目标的主动实践行为。大学生对思想政治理论课产生的情绪情感体验和变化，包括他们在教学情境下的情绪联动、解答疑惑确证事实的满意程度、追求良好品行的情操、课程评价态度等方面的变化。使人信服的科学真理、灵活多样的教学方式，有助于激发大学生产生社会归属、信赖、乐观、自豪等积极情感，增强他们对思想政治理论课的认同，使他们自觉抵制悲观、仇恨、焦虑等消极社会情绪。思想政治理论课提高学生的思想素养、政治觉悟和道德素养，并提升学生追求人生的价值层次，促使学生面向实践对象产生一种自发推动、情愿所至的主体自觉活动，这些都有赖于积极情感的持续支持。积极情绪情感是大学生认同思想政治理论课的重要中介，高校思想政治理论课的理论魅力、教师的人格魅力以及课程实践的体悟魅力等都具有催生积极情感、强化大学生认同思想政治理论课的功能。教师加强与学生的沟通和交流，赢得学生的信任和尊重，充分关注他们的思想动态，并将其作为确定教学重点内容的依据进行教学设计。同时，思想政治理论课教师倾情关照学生、爱护学生，使大学生获得被关注、被尊重的满足感，能够有效激发大学生在学习时积极思考、积极参与、积极体验，持续增强大学生自我学习的动力，以内在生发的情感促成大学生对思想政治理论课的认同。

（三）价值选择：指导大学生的价值判断

高校思想政治理论课具有价值性和知识性双重属性。课程不仅传播、反映客观规律，使学生了解和理解人的生存实践，而且传递、指引人从事实践活动。价值体现在具有某种属性的对象上，价值关系的多样性，造就了价值与相应主体的相关性，相关方向与相关强度决定了价值判断的结果。思想政治理论课引导大学生辨别对象事物与人的关系，指导他们正确认识系列关系，如自然与社会、个人与国家、国家与世界、个人利益与集体利益、个人发展与社会发展等。大学生在正确的价值引导下不断提升自身的人生追求层次，进而对发挥积极引导作用的思想政治理论课产生强烈认同。价值判断能力是影响价值观树立的重要因素。大学生处于心理“断乳期”的特殊成长阶段，该阶段是其价值观稳定的关键时期。习近平总书记曾以系扣子为喻，强调青年价值观在形成时期的重要性。价值观的确立就如同系扣子时第一粒扣子的定位，如果第一粒扣子没有扣好，将会有整体错误的连锁反应，这形象生动地说明大学生塑造正确价值观的人生意义。大学生具有可塑性强、获取信息能力强等优点，思想政治理论课坚持用马克思主义的世界观和方法论，以及社会主义核心价值观教育学生，正向引导学生，帮助他们树立正确的世界观、人生观、价值观。

大学生对自身和社会、国家乃至人类发展的价值判断标准和价值取向是影响大学生人生发展航向的重要内容。价值是客体的功能和属性在满足主体需要过程中所形成的效用关系。人是价值生成的主体性依据，同时也是价值创造的载体。价值不是一种实体，而是主客体之间存在的客观关系，因此主体的价值判断和价值取向就是对相关关系和效益的评价结果。高校思想政治理论课的重要任务之一就是引导大学生运用马克思主义的立场、观点、方法分析和解决现实问题，使他们立足人民群众、集体利益和人类共同发展的立场，评价个人与自然、社会与他人之间的关系，从而形成奉献社会的人生价值观念。大学生对思想政治理论课的认同既有表象情绪态度层面的表现，也有内在价值确证层面的表现。大学生理解和认识的思想政治理论课的内容将影响他们对自身与现实社会之间价值关系的评价，科学合理的价值评价不仅是将自身作为主体来认识，而且还需要把自己作为客体，将自我价值与社会价值有机结合。指导大学生的价值判断是大学生认同高校思想政治理论课的潜在结果，同时也是思想政治理论课建设的可持续性目标。

（四）行为转化：影响大学生的行为倾向

主体认同的稳定形成通常起始于认知判断，落地于实践行为。实践行为转化为认知方向所要求的活动方式是实现认同的重要检验标志。“知”“行”合一作为思想教育孜孜以求的目标，是最具挑战性的教育难题。由于认知自身的复杂性，加之主体受到内外环境以及具有较强情境波动特征的情绪情感的影响，这样增加了主体行为倾向转化的不确定性。实现主体行为倾向的转化，一方面，主体通过学习后将学习内容同化为已有知识，或通过重构知识体系，更新已有知识，形成新的思想观念，同时接收观念中内含的规则、规范要求，进而产生相应的实践活动。另一方面，行为转化可以通过行为强化得以实现。认知相符理论是社会心理学领域中具有较广影响力的理论观点，提出个体对事物的态度以及态度与行为之间的相互协调才能使人处于心理和谐的状态。美国社会心理学家费斯廷格（Leon Festinger）进一步提出认知失调理论，即当人的认知或态度与行为失衡时，人将会处于认知失调状态，人们将主动追求认知态度与行为新的平衡。失衡后走向平衡，人们既可以通过改变认知实现，也可以通过改变行为实现，即通过行为强化，使主体适应行为模式从而产生与习惯化行为相匹配的认知。

大学生认同思想政治理论课，既有从认知内化继而到影响行为倾向的方向，也有从行为习惯的培养到改变认知的方向。大学生通过思想政治理论课的学习满足其求知需要，持续丰富自身的马克思主义理论知识体系，并在不断观照现实中解构和重构自身认知，重塑思想认识，同时体验课程激发的道德感、理智感和美感等综合积极情感，使课程引导的社会价值观念内化为大学生自身的行为规范，进而做出正确的行为，实现认同的行为转化。

思想政治理论课通过强化实践活动改变学生思想认识，能够提升大学生对思想政治理论课的认同度，有效提升大学生的马克思主义理论认知水平与思想政治素质等，从而形成良好的教育生态链。高校通过统筹设计思想政治理论课的课程实践以及社会实践，组织大学生参加积极价值取向的实践活动，可以使大学生消解复杂媒体舆论信息中杂糅的社会思潮消极影响，培养大学生形成阳光健康的行为习惯。实践行为与认知的协调发展规律将有效引导大学生认同思想政治理论课传递的理想信念，及其所坚持的科学理论与实践方法。大学生努力追求包括个体、国家、世界以及人类社会共同发展的美好未来，成为中国特色社会主义事业的合格建设者与可靠接班人。

三、大学生思想政治理论课认同研究的基础理论

大学生认同思想政治理论课是学习科学知识、进行辩证思维训练、实现态度转变的过程，是主观见之于客观的学习实践。思想政治理论课认同研究建立在追求人的全面发展的马克思主义理论基石之上。以自主学习构建知识体系为核心的教育教学理论和现代思想政治教育原理与方法等是认同实践活动的支撑理论。

（一）马克思恩格斯关于人的全面发展理论

思想政治理论课追求的人才培养旨趣是人的全面发展。人的全面发展理论是马克思主义理论的重要内容，是马克思恩格斯思想的出发点和归宿。其主要内容包括三方面。一是人的劳动能力的全面发展，包括人的体力、智力、个性和交往能力的发展等。大自然的长期进化使人“具有自然力、生命力，

是能动的自然存在物，这些力量作为天赋和才能、作为欲望存在于人的身上”①。马克思认为旧时分工造成了人的体力、智力的长期分离，阻碍了人的发展。国家唯有通过改变原有分工形式，丰富劳动内容，让劳动者进行物质活动、精神活动，才能实现人的全面发展。二是人的社会关系的全面发展。马克思认为人的本质属性即人的社会性。人是在社会关系中生存和发展的，“社会关系实际上决定着一个人能够发展到什么程度”②。生产力的发展和世界交往的形成造就了人类丰富而复杂的社会关系，社会关系的全面性使人的发展也具有全面性。要实现人的全面发展，就需要人成为自身社会关系的主人，人要利用生产的一切积极成果发展完善自己。三是人的个性的全面发展。人的个性是在生活和实践中逐渐形成的区别他人的独特心理和行为特征，个性的全面发展是人的全面发展的最高要求。个人“了解自己本身，使自己成为衡量一切生活关系的尺度，按照自己的本质去估计这些关系，真正依照人的方式，根据自己本性的需要，来安排世界”③。个人形成的个性特征越发明显代表着其对他人的依附性逐步减弱，这表明人能更好地按照自身意愿和兴趣发展，其主体意识不断觉醒，进一步促成人的全面发展。④

思想政治理论课的课程性质决定了其具有意识形态教育的功能。马克思恩格斯将意识形态看作社会发展不可或缺的精神力量，其是社会物质生活过程及其条件的主观反映，“物质生活的生产方式制约着整个社会生活、政治生活和精神生活的过程。不是人们的意识决定人们的存在，相反，是人们的社会存在决定人们的意识”⑤。社会意识具有相对独立性，列宁在领导和发展社会主义建设中，提出了“科学意识形态”。他指出要加强有组织、有计划的社

① 中共中央马克思恩格斯列宁斯大林著作编译局．马克思恩格斯全集：第四十二卷［M］．北京：人民出版社，1979：167.

② 中共中央马克思恩格斯列宁斯大林著作编译局．马克思恩格斯全集：第三卷［M］．北京：人民出版社，1960：295.

③ 中共中央马克思恩格斯列宁斯大林著作编译局．马克思恩格斯全集：第一卷［M］．北京：人民出版社，1956：651.

④ 刘建军．马克思主义基本原理与当代中国思想政治教育专题研究［M］．北京：中国人民大学出版社，2015：303-309.

⑤ 中共中央马克思恩格斯列宁斯大林著作编译局．马克思恩格斯选集：第二卷［M］．北京：人民出版社，1995：32.

会主义意识形态教育；要尊重、发挥党的教育者、组织者和领导者的作用，来明确教育目的，合理规定教育任务，确保教育的正确方向；要培养青年的纪律观，以严明的纪律产生进步动力；要培养共产主义道德，使意识上层建筑能够为社会发展而服务，形成共建共产主义事业的基础。① 追求人的自由全面发展是意识形态教育的重要内容，既包括书本知识的学习教育，也包括思想上的学习教育，这样才能培养出建设社会主义事业的人才。大学生认同思想政治理论课，这意味着他们在政治上确认与政治制度相适应的经济基础，支持党和政府开展的社会活动及其形成的社会政治关系，主动参与政治生活等；在情感上形成积极乐观的社会心态，拥有对马克思主义理论以及马克思主义中国化发展理论对中国实践指导的理论自信和道路自信；在行动上表现出青年人积极努力奋斗的力量等。马克思恩格斯关于人的全面发展理论所重视的实践活动及其追求的需求层次等，对大学生认同思想政治理论课的形成具有关键作用。通过有效的物质活动和精神活动，大学生在体悟理论的力量过程中满足发展需求，同时在认同中不断增强学习与实践的综合能力，进而推动自身全面发展。

（二）马克思主义认识论

认识论是马克思主义哲学的重要板块，是在人们认识和改造世界的过程中对人的思想认知和行为方式产生一定指导作用的正确的世界观和方法论。认识是主体借助实践对客体进行能动反映的过程，反映是以观念的形式对客体的再现和把握，马克思指出“观念的东西不外是移入人的头脑中改造过的物质的东西而已”②。人的认识的本质与人的社会的本质具有同构性，人在社会化交往中能动地探寻未知，并运用认识工具提高认识能力，使人的意识不仅反映客观世界，而且创造客观世界。认识主体与社会具有统一性，人的认识能力也伴随社会关系而变化。人的认识在各种心理要素共同参与并相互作用的基础上形成，包含非理性认识和理性认识，其并对人的发展产生重要影

① 中共中央马克思恩格斯列宁斯大林著作编译局．列宁选集：第四卷［M］．北京：人民出版社，1995：304-310.

② 中共中央马克思恩格斯列宁斯大林著作编译局．马克思恩格斯选集：第二卷［M］．北京：人民出版社，2012：93.

响。理性认识产生的是更加直观的思维和认知，而非理性认识则参与更多非理性的心理因素，表现出对事物的求知和对喜爱的偏好等。认识过程是主客体之间以信息相互作用为本质特征的互动作用过程。一方面，一定信息加工对象的属性、规律等信息被主体意识反映，并对主体观念和思维产生塑造作用，这是客体作用于主体的精神结果；另一方面，主体认识和反映客体对象的过程包含了改造方法等实践观念。

实践是认识发生的现实基础。大学生认同思想政治理论课首先是基于对思想政治理论课的课程内容的正确认识。大学生的课程学习是学习实践的普遍形式。大学生通过学习实践，生理上不断完善人脑，认识上形成人所特有认识结构和认识图式。大学生在学习生活中通过对象化实现社会交往活动的内化和外化，同时改造和重构自己的认识结构，持续提升自己的认识能力。大学生的学习实践彰显了大学生与认识对象信息交互作用的实践本质特征，体现认识的能动性与受动性的统一。大学生对思想政治理论课的认同是接收教育信息并将其转化为自身信息体系的过程，是能动地创新认识、领会事物深刻意蕴的统一。大学生对思想政治理论课的认同不仅涉及认识关系，而且包含实践关系、价值关系、审美关系等。大学生认同思想政治理论课建立在理性思维和感性直观认识相统一的客观基础上。认识的理性思维通过揭示概念、范畴、范式、规律，进行关系判断和逻辑推理，开展信息建构与解读，构建相应知识框架，理解抽象化问题，发现问题的本质。尤其是社会历史和社会发展性问题，只有使大学生把握科学发展理论的本质，辩证分析社会主要矛盾、基本规律，才能形成理性思维判断能力。同时，实现思想政治理论课的认同也需要感性直观认识的支持，感性直观认识通过调动人的多种感官，实现大学生对课程内容的形象化、具体化认识。现代数字媒体技术有效支持了人们对对象感性直观认识的生动性、灵活性和趣味性，有助于调动大学生参与思想政治理论课教学过程的积极性，使学生以形象直观的认识理解抽象问题，从而实现在实践基础上将感性认识上升到理性认识，用理性认识指导实践，在实践中检验和发展认识，推动认识与实践的深入发展。

（三）中华优秀传统文化的社会意识形态观念

中华民族在绵延不断的历史发展中传承了深厚的文化传统，拥有包括政治、经济、思想、艺术等物质形态与非物质形态兼具的文化财富，其是中华民族生生不息、长盛不衰的基因。中华传统文化本身就是社会意识形态，具有民族思想精神的导向性、价值性。中华民族的历史发展始终贯穿着引导各民族生活方式、理想信仰、价值观念发展方向的精神文化，该文化融入中华各族人民社会生活之中，成为人们认同和遵循的生活、交往规范。具有典型代表性的中华优秀精神文化是内蕴爱国主义、团结统一、爱和和平、艰苦奋斗、自强不息等丰富内容的民族精神。其仍然是当代构筑中华民族精神长堤的核心，是高校思想政治理论课教育教学的重要内容。

中华优秀文化的社会意识形态观念在中国古代社会发展进程中，对维护社会伦理道德、政治秩序等具有重要作用。中华传统文化的社会意识形态是人们认同的观念和行为规范，并不是自然形成的，同样是长期教育引导的成果。中国古代奴隶时期，就出现了“校”“庠”等集体教育场所，主要开展以维护社会政治秩序为目的的社会意识形态教育。春秋战国时期是中国古代历史上教育思想较为丰富的发展时期，其间形成了多个思想流派，不同流派思想观点从不同角度都对社会伦理和意识形态教育加以关注。老子的《道德经》从哲学意义论述了修身、治国等丰富思想，言简意赅且内涵深刻，蕴含了道德修养、社会关系、政治建设等有价值的世界观和方法论，是意识形态引导的重要文本。以推崇“仁爱”为核心的儒家意识形态教育要“导之以德，齐之以礼”，追求高尚的精神境界是社会崇尚的教育目标；墨家的“兼爱、非攻”思想成为引导社会关系协调发展的重要内容。中国进入封建社会之后，儒家倡导的意识形态、治理理念一直占据主导地位，隋唐之后更是以科举手段将之制度化，这为社会意识形态教育提供了保障。宋明时斯，程朱理学进一步发展了儒家思想，王阳明的“知行合一”思想则将理论与实践的统一发展为社会意识形态建设的重要原则。

中华优秀传统文化中的积极社会意识形态观点经过长期沉积，已经成为中华儿女思想意识的组成部分，是提升中国人民对中华民族文化认同度的保障，是增强青年大学生文化自信、民族自信的基础。中华优秀传统文化中的意识形态观点不仅是高校思想政治理论课教育教学内容的重要组成部分，而且是深入理解马克思主义中国化发展成果以及中国特色社会主义建设特征等内容的前提。大学生对中国传统哲学、伦理道德规范以及民族精神等具有教化作用的优秀传统文化意识形态的认同，能够有效促进他们对思想政治理论课的认同，提高大学生的中华民族共同体意识，增强中国道路自信、理论自信、制度自信和文化自信。

（四）习近平关于思想政治教育的重要论述

党的十八大以来，面对国内、国际环境以及中国社会发展的历史方位和不断深化的改革事业特征，习近平总书记高度重视思想政治教育，强调要通过思想政治教育传播马克思主义，坚定共产主义理想信念，培育中国特色社会主义建设事业的精神力量。习近平总书记在全国哲学社会科学工作座谈会、全国高校思想政治工作会议等重要会议中多次发表关于思想政治教育的重要论述，在与北京大学、南开大学等高校师生的座谈会中，以及写给海外留学生代表的回信中等，都强调了思想政治教育的重要性。2019 年 3 月 18 日，习近平总书记亲自主持召开并发表重要讲话的学校思想政治理论课教师座谈会，是习近平总书记关心指导思想政治教育的代表性大会。会议不仅强调了加强党的领导可以推进学校思政课建设，而且对如何开展思政课改革创新提出了“八个统一”的明确要求，即坚持政治性和学理性相统一、价值性和知识性相统一、建设性和批判性相统一、理论性和实践性相统一、统一性和多样性相统一、主导性和主体性相统一、灌输性和启发性相统一、显性教育和隐性教育相统一。同时，习近平总书记对思政课教师的自身素养提出了六个方面的具体要求，即政治要强、情怀要深、思维要新、视野要广、自律要严、人格要正。2024 年 5 月 11 日，习近平进一步对学校思政课建设作出重要指示，强调学校要落实立德树人的根本任务，将思政课建设与党的创新理论武装同步推进，构建以习近平新时代中国特色社会主义思想为核心内容的课程教材建设体系，推进以思政课为主体的大中小学思想政治教育一体化建设，致力于将思政课程中蕴含的道理讲深、讲活、讲透，推进思政课建设内涵式发展，增强思政课的针对性和吸引力，培养让党放心、爱国奉献、担当民族复兴重任的时代新人。

习近平总书记思想政治教育重要论述的主题包括以下几方面。第一，坚持以人民为中心的政治立场。习近平在党的十八届五中全会上解读新发展理念，首次提出要树立新的“以人民为中心”的发展思想①，彰显人民在中国特色社会主义建设事业中的主体地位。为了人民、服务人民是思想政治教育的方向。习近平总书记指出，要“坚持社会主义办学方向，落实立德树人的根本任务，坚持教育为人民服务、为中国共产党治国理政服务、为巩固和发展中国特色社会主义制度服务、为改革开放和社会主义现代化建设服务，扎根中国大地办教育……办好人民满意的教育……”② 以人民为中心的政治立场从社会主义的本质厘清了教育的根本方针。高校思想政治理论课是思想政治教育的主渠道，坚持以人民为中心的教育立场是大学生认同思想政治理论课的政治前提。第二，理想信念教育。习近平总书记强调的理想信念教育，既包括作为党的最高纲领的共产主义的理想信念教育，也包括追求当代民族国家发展的共同理想教育。习近平指出，“在新的长征路上，我们一定要保持理想信念坚定，不论时代如何变化，不论条件如何变化，都风雨如磐不动摇，自觉做共产主义远大理想和中国特色社会主义共同理想的坚定信仰者、忠实实践者，永远为了真理而斗争，永远为了理想而斗争”③。理想指引青年的人生方向，信念决定青年的事业成败。理想信念教育是高校思想政治理论课的重要教育内容，引导大学生“把理想信念建立在对科学理论的理性认同上，建立在对历史规律的正确认识上，建立在对基本国情的准确把握上”④，这样才能提升大学生对思想政治理论课的认同度，增强大学生追求科学理想信念的自觉性。第三，培育与践行社会主义核心价值观。社会主义核心价值观是中华各族人民价值观念的“最大公约数”，在国家、社会、个人不同层面提出了价值尺度和行为准则。习近平总书记强调要将社会主义核心价值观“内化为人们的精神追求，外化为人们的自觉行动”⑤，发挥其凝心聚力的作用。社会主义核心价值观是解决价值冲突和利益矛盾的重要杠杆，开展价值观教育能指导大学生扣好人生发展的“第一粒扣子”。引导大学生践行社会主义核心

① 中共中央宣传部．习近平总书记系列重要讲话读本［M］．北京：人民出版社，2016：129.

② 习近平．论党的宣传思想工作［M］．北京：中央文献出版社，2020：378.

③ 习近平．习近平谈治国理政：第二卷［M］．北京：外文出版社，2017：50.

④ 习近平．在同各界优秀青年代表座谈时的讲话［N］．人民日报，2013-05-05（2）.

⑤ 习近平．习近平谈治国理政：第一卷［M］．北京：外文出版社，2014：164.

价值观是高校思想政治理论课进行价值观教育的核心内容。第四，基本国情和形势与政策教育。新时代的教育应当结合中国历史，立足中国现实国情，"要跟上时代前进步伐，就不能身体已进入21世纪，而脑袋还停留在过去"①。高校思想政治理论课通过对国内国际政治经济形势的教育引导，提高大学生正确理解国家政治方针的能力，使大学生形成正确政治观。大学生在认同思想政治理论课的同时增强对国家制度和道路的政治认同。

（五）建构主义学习理论

建构主义学习理论是学习认知研究的代表性观点，强调人的学习不是一个刺激—反应联结的形成或加强，也不是一个类似于计算机工作原理的隐喻，而是人在与环境的相互作用过程中主动意义建构的过程。建构主义观点的较早提出者是瑞士的皮亚杰（J. Piaget），他关于认知发展的理论充满了唯物辩证法的内容，坚持从内因和外因相互作用的角度进行研究，认为人的学习和知识体系以及思想观念的形成，是将环境中的信息转变为与自身原有知识图式相符合的知识。② 建构主义学习理论的核心观点包括学习者能够主动建构自己的知识，社会互动在知识建构中发挥重要作用。当代认知建构主义理论一直坚持，学习过程是学习者原有的认知结构与从环境中接受的感觉信息相互作用、主动建构信息意义的过程。学习是学习者主动建构意义的过程，它一方面是对新信息意义的建构，另一方面包含对原有经验的改造和重组。③ 建构意味着学习者对信息意义的理解，意味着学习者主动把新知识与原有知识联系起来。建构主义学习理论对学习信息的意义构建，一方面研究个体如何运用信息和资源，以及如何通过接受他人的协助来构建和完善自己的问题解决策略；另一方面研究如何通过提高我们自己的能力，在具有一定意义的活动中更好地与他人合作。大学生认同思想政治理论课是其积极建构内外学习信息，形成具有明确价值指向的科学知识信息，并指导实践的结果。

同化和顺应是建构学习的基本机制。同化是新知识与学生原有的知识结

① 习近平．习近平谈治国理政：第一卷［M］．北京：外文出版社，2014：273.

② 霍力岩，高宏钰．当代西方教育学理论［M］．上海：华东师范大学出版社，2017：61.

③ 格里格，津巴多．心理学与生活［M］．王垒，译．北京：人民邮电出版社，2003：400-403.

构和信念系统一致时，学生用自己已有的观念来理解新知识或新现象，把外部环境中有关信息吸收并整合到已有的认知结构中的过程。同化有助于巩固学生原有的知识结构和信念系统。顺应则是新知识与学生原有的知识结构和信念系统不一致时，学生对自己的知识结构和信念系统进行重组或改组的过程。同化是认知结构的量的扩充和巩固，而顺应是认知结构的质的改变。人通过同化和顺应这两种基本机制来建构认知结果，达到与周围环境的平衡，当人能用现有图式去同化新信息时，他或她处于一种认知平衡的状态；当现有图式不能同化新信息时，认知平衡被破坏，他或她修改或创造新图式的过程就是寻找新的平衡的过程。① 人的认知结构能通过同化与顺应机制逐步建构起来，并在“平衡—不平衡—新的平衡”的循环中不断发展。

思想政治理论课是知识性和价值性兼备的课程，课程内容关涉对国家政治建设、经济建设、社会建设、自然生态、文化建设等领域信息的理解和认识，大学生的学习过程就是建构知识信息的过程。他们通过准确把握认知对象的表象特征构建对外部世界的认识，或者通过组织、同化和顺应，以个体的内部心理加工方式实现知识信息建构，或者运用语言符号、情境学习等实现大学生的内部认知与外部社会环境之间的相互佐证，进而构建知识信息框架。大学生对思想政治理论课的认同建立在大学生对课程知识信息的学习构建基础上，建构主义学习追求的是以学生为中心的教学理念，包括为学生创建真实的体验环境，促进学习者之间的合作进步，强化问题导向的思维训练等。高校思想政治理论课教师通过创设促进学生主动参与的教学环境，组织以增强现实体验和社会交往信息互助为目标的知识建构活动，结合大学生的特点设计实践活动，通过增加学习交流与讨论、辩论的机会，提高大学生的学习反思能力。在教师的引导下，学生深化对问题的认识，形成正确的政治认识和价值观，提升思想境界。

---

① 王能东．高校思想政治理论课教学论［M］．北京：人民日报出版社，2017：102-109.

第二章

基于扎根理论的大学生思想政治理论课认同调查维度确立与问卷设计

大学生对思想政治理论课的认同研究既是一个理论问题，又是一个实践问题。为了更加真实客观地了解和把握大学生认同思想政治理论课的现状，以及影响大学生认同思想政治理论课的主要因素，在上一章理论分析的基础上，研究者运用扎根理论研究方法，通过广泛的访谈、观察和交流，在访谈信息中提炼大学生对思想政治理论课的认同表现，同时梳理出影响大学生认同思想政治理论课的主要方面。研究者将此信息与理论研究成果相对应和整合，并将其作为设计调查问卷的依据，设计出大学生的思想政治理论课认同调查问卷。问卷调查内容涉及大学生认同思想政治理论课的现状以及影响因素，经过一定样本的测试，修正问卷，通过信度检验，保障问卷量表适用于开展大样本的社会调查研究。

一、大学生思想政治理论课认同调查的维度确立

定性研究是社会科学领域中常用的研究方法，它主要对观察资料、访谈资料、文献资料等进行归纳、分类和比较，进而对研究对象的性质和特征进行概括。美国芝加哥大学社会学者巴尼·格拉泽（Barney Glaser）和哥伦比亚大学的社会学者安塞姆·施特尤斯（Anselm Strauss）提出的扎根理论研究方法的核心是通过对资料系统分析归纳来挖掘核心概念，进而在概念之间建立联系，实现理论建构。① 大学生思想政治理论课认同量表维度的确定以扎根理论研究法作为指导方法，主要采用参与观察法和深度访谈法进行维度内容的

① PANDIT N R. The Creation of Theory：A Recent Application of the Grounded Theory Method［J］. The Qualitative Report，1996，2（4）：1-13.

分析与归纳。与以往深度访谈遵循的“信息饱和原则”不同，扎根理论是以理论饱和为原则，即在实际研究中结合访谈和分析，通过及时整理和分析每次深度访谈的各项记录资料，初步构建一些比较合理的理论或假设观点，然后继续选取样本进行深度访谈，修改之前的理论或假设观点。如此重复进行研究工作，直到之前构建的理论或假设观点不再出现新的类别、概念体系、特征等，这就意味着理论假设已经到达了一定程度上的饱和，此时可以不需要再继续采集深度访谈的数据了。①

本项研究开展的深度访谈，主要选择了安徽合肥、江苏南京所在地的7所高校的在校部分大学生进行了“一对一”形式的深度访谈，当被访谈研究对象的数量到达56人时，研究理论或观点达到饱和的状态，此时难以再得到新的概念范畴，要停止访谈工作。访谈对象的基本信息主要涵盖了访谈对象的年级、性别、专业、生源地等要素，表2.1是此次研究访谈对象样本总体统计后的人口学特征。

表2.1　访谈群体样本的基本信息

变量名称	类别	频次	百分比（%）
性别	男	35	62.5
	女	21	37.5
专业类	理科类	13	23.2
	工科类	12	21.4
	农学	8	14.3
	医学	9	16.1
	人文社科	14	25
年级	一年级	9	16.1
	二年级	20	35.7
	三年级	19	33.9
	四年级	8	14.3

① 孙晓娥．扎根理论在深度访谈研究中的实例探析［J］．西安交通大学学报（社会科学版），2011，31（6）：87-92.

研究团队组织了四组成员于 2017 年 9 月 5 日到 2018 年 1 月 5 日期间开展了本次访谈研究工作，按照扎根理论法的指导与研究步骤，本次研究的开展主要是运用常用的参与观察法与深度访谈法。第一步，对 7 所高校的学生访谈对象及其学习生活和社会实践情况，以及其学校环境进行为期 10 天的参与观察，来初步了解访谈对象的整体学习状况、思想政治理论课的开课情况以及他们自身的面貌状态，并撰写参与观察日志来确定进一步深入访谈的概念范畴。

第二步，根据参与观察的结果，拟定半结构化的访谈提纲，对访谈对象进行一对一的深度访谈。访谈提纲以访谈对象所在学校、所学专业的整体课程学习情况以及学习生活感受等作为导入问题，使被访谈者逐渐放松，放下戒备，以比较开放的心理接受访谈，访谈的主要内容围绕三条主线。第一条线索是访谈对象对高校开设的本科各门思想政治理论课的课程评价描述；第二条线索是访谈对象对所在高校思想政治理论课的优点、不足以及课程期待等；第三条线索是访谈对象对高校思想政治理论课的态度受到相关因素影响。在每一次的深度访谈工作结束之后，研究者都立即分析和处理所记录的资料内容，首先是运用质性编码对持有的访谈资料进行概念范畴的归纳，其次是开始选取新一轮深度访谈的对象和整理分析访谈资料的工作，在持续的深度访谈工作过程中根据需要适时调整访谈提纲，在深度访谈和总结分析访谈资料的过程中循环往复，直到在最后归纳总结的理论结果中不再有新概念、类别、特征等方面的因素出现。

第三步，建构理论。理论或观点饱和后也就意味着质性编码已经完成，而最后理论的意义化过程对解释大学生对思想政治理论课的认同维度和认同影响因素来说至关重要。这里所谓的意义化过程是指对通过扎根理论获得的概念类属的内涵、概念类属内涵间的关联进行理论阐释的过程。建构主义扎根理论学派认为数据和分析都来自研究对象共享的经验和关系，以及其他的数据来源。① 被访谈的大学生对思想政治理论课的评价描述和展开式描述是在他们学习实践和生活体验中获得的，他们对高校思想政治理论课的感受、要求

---

① CHARMAZ K. “Discovering” Chronic Illness: Using Grounded Theory [J]. Social Science & Medicine, 1990, 30 (11): 1161-1172.

和表达具有较强的主观判断和释义性。大学生的这种心理状态的形成过程也可以说是社会主体建构观点的过程，所以应用更加注重过程的建构主义扎根理论法确定大学生认同思想政治理论课的表现相对来说解释性更强，也更加有助于呼应和辅助认同的理论研究。

扎根理论研究方法的重要加工环节是编码，根据编码结果和研究过程中关涉的相关理论以及在教学实践中的体悟，研究者进一步提炼大学生对思想政治理论课认同的主要表现维度和主要影响因素。编码是指在每一次深度访谈结束后对所收集到的数据进行以选择、归纳和总结等为基础的数据分析的过程，这个过程是采用扎根理论研究方法进行理论解释的基础。扎根理论提供了三种编码方式，即开放式编码、关联式编码和选择性编码。开放式编码是研究人员针对深度访谈后得到的材料进行的初步梳理分类和分析的工作，亦可称之为初始编码。关联式编码是对初始编码中形成的概念类属进一步合并、归纳，发现这些概念类属之间的关联，进一步形成概念系统。由于系统中的这些关联性概念的重要程度不一样，研究者需要进一步合并、凝练，归纳选择一个或几个核心概念，所以选择性的编码也常被称为核心编码。

（1）开放式编码。在深度访谈的过程中，大部分访谈对象是结合自身的课程学习经历或通过比较不同课程的学习体验，对思想政治理论课的内容、教师、教学方式、考核形式、学生要求以及学校环境等，较为全面地表达自己的心理感受。基于此，项目组在开展研究的过程中，根据访谈对象集中涉及的观点或问题开展初始编码，获得了访谈对象对思想政治理论课教学目标和核心教学内容的理解，获得了大学生学习思想政治理论课的价值态度，获得了大学生对思想政治理论课的情感倾向以及大学生实际学习思想政治理论课的学习实践表现等，并以此作为关联式编码的基础。

（2）关联式编码。研究者进一步对访谈对象的深度访谈详细资料进行整理，发现被访谈对象谈及事件或描述之间的内外关系，通过对所得到的开放式编码的纵向与横向的分析与总结，不断地提炼和归纳概念类属，直到获得关联式编码。例如，在开放式编码中，一些访谈对象所谈到的对思想政治理论课核心内容的理解，如“纲要”课程的“四个选择”以及“基础”课的社会主义核心价值观的理解，可以归纳为“课程内容的学习理解水平”。又如，访谈学生对课程内容是否能够联系实际、反映现实等问题的理解，可以归纳为“课程内容的时代性与前沿性”等，以此类推。当理论或观点饱和后，关联式编码概念最终在开放式编码的基础上形成。

（3）选择性编码。在获取了关联式编码之后，研究者通过对已经确立的概念类属做进一步的总结与合并，可以将同类的关联编码归结为概念更加清晰、指向更加明确的选择编码。选择性编码的提炼主要包括将反映高校思想政治理论课对学生的吸引力、学生是否愿意主动学习思想政治理论课以及学生对思想政治理论课的喜爱程度三个方面的认识和评价归纳为大学生对思想政治理论课的情感认同；将思想政治理论课作为高校思想教育重要渠道、帮助大学生获取信息、促进大学生自我发展以及帮助大学生解决人生发展和学习问题等三个方面的表现归纳为大学生对思想政治理论课的价值认同；将大学生对思想政治理论课核心内容的理解、课程满足学生需要、课程内容具有时代性、课程内容的前沿性以及课程内容与实际联系程度和指导学生应用理论解释现实问题等六个方面的表现归纳为大学生对思想政治理论课的内容认同；将大学生在学习思想政治理论课过程中的课堂表现、实践参与和相关行为规范遵循情况三个方面的行为表现归纳为大学生对思想政治理论课的行为认同。

二、大学生思想政治理论课认同及其影响因素的调查问卷设计

研究者在开展大学生思想政治理论课认同调查量表的研究设计过程中，根据前期的调研和文献研究结果，一方面致力于设计能够有效反映大学生认同思想政治理论课表现的调查量表，来了解大学生认同高校思想政治理论课的水平和现状，另一方面研究设计了大学生认同高校思想政治理论课的影响因素的调查量表。研究者在研究过程中着重运用归纳法提炼大学生认同思想政治理论课的四个主要表现维度，同时着重运用解析法梳理影响大学生认同高校思想政治理论课的影响因素，并设计调查问题进行假设检验，希望能为高校思想政治理论课教育教学的改革提供参考。

（一）大学生的思想政治理论课认同表现调查量表的设计

根据扎根理论研究方法所提炼出的大学生认同高校思想政治理论课的表现，研究者结合项目组进行的相关文献资料分析的研究结果，试拟定能够真实、客

观反映大学生对高校思想政治理论课认同的调查指标体系。通过扎根理论研究大学生认同思想政治理论课的表现，基于选择性编码所具有的显著的价值、内容、情感和行为的区分性，可以进一步提炼出高阶因子，并将其作为调查问卷的一级指标体系的构成要素，其包括价值认同、内容认同、情感认同、行为认同四个维度。其中，价值认同维度是大学生认同高校思想政治理论课的前提，反映了大学生对高校思想政治理论课在其学习生活中所发挥作用的肯定；内容认同是大学生认同高校思想政治理论课的基础，反映了大学生对高校各门思想政治理论课内容的理解和掌握；情感认同是大学生在参与高校思想政治理论课过程中形成的积极主观体验；行为认同则是大学生以主动自觉的行为方式表达了对高校思想政治理论课的积极态度。

价值认同维度一级指标下的二级指标确立。调查量表的一级指标由选择性编码向上提炼的概念组成，所以大学生思想政治理论课认同调查量表的二级指标可以确立为选择性编码的核心概念。在价值认同维度的一级指标下，根据选择性编码概念，确立的二级指标包括发挥思想政治教育主渠道作用、坚定理想信念和树立正确的“三观”、促进自身发展和提升问题解决能力三方面。二级指标是调查问卷设计结构的重要依据，确立二级指标之后，项目组进一步参考访谈时概括分析的关联性编码内容，将其作为调查问卷的题干。

内容认同维度一级指标下的二级指标确立。根据访谈研究提炼出来的关于大学生对思想政治理论课内容的认同表现的选择性编码内容，可以确定调查问卷内容认同维度一级指标下的二级指标，其为课程核心内容的把握程度、内容满足学习需要、内容的时代性、内容的现实指导性、内容的前沿性、内容讲授的可信度等六个方面。

情感认同维度一级指标下的二级指标确立。情绪情感是“人对客观外界事物的态度的体验，是人脑对客观外界事物与主体需要之间关系的反映”①，是依照个体的需要和愿望为中介的一种心理活动。情绪情感状态的维度既是个体认知状况的伴随状态，也是个体认知的结果。根据访谈研究提炼出来的关于情感认同要素的选择性编码内容，确定调查问卷的情感认同一级指标下的二级指标

① 中国就业培训技术指导中心，中国心理卫生协会．心理咨询师［M］．北京：民族出版社，2012：68.

为喜爱、吸引力、主动自觉三种表现类型，这反映这三个二级指标的问题题干同样参考关联性编码的内容。

行为认同维度一级指标下的二级指标确立。行为认同是指个体积极以某种行为方式表现出对客观对象和事物的态度。根据访谈研究结果概括出来的行为认同要素，确定调查问卷中大学生对思想政治理论课的行为认同维度下的二级指标，其包括课堂上的学习行为表现、参与并完成作业和实践环节等任务、知识的行为转化。这体现二级指标的调查问卷的题干内容参考关联性编码。（见表2.2）

表2.2 大学生认同思想政治理论课的测量指标体

A	一级指标 B	二级指标 C
大学生认同思想政治理论课	价值认同	高校思想政治教育主渠道 坚定理想信念和树立正确的“三观” 自身发展与问题解决能力的培养
	内容认同	核心内容的理解 满足需要 内容的时代性 内容的现实指导性 内容的前沿性 内容讲授的可信度
	情感认同	积极情感表现 课程吸引力 主动自觉
	行为认同	课堂表现 参与并完成学习任务 知识的行为转化

（二）大学生认同思想政治理论课的影响要素问卷结构及内容的设计

在开展大学生认同高校思想政治理论课的研究中，探讨影响大学生认同思想政治理论课的主要因素是本项研究的重点内容，也是推动高校思想政治理论课改革的重要依据。研究者通过系统梳理深度访谈过程中，被访谈对象表达的涉及大学生认同高校思想政治理论课的相关影响因素，结合已有的相关研究文献，提炼出了九类影响大学生认同高校思想政治理论课的因素，并将其作为调查问卷设计的一级指标和相应的二级指标（表2.3）。一级指标是教师、重要他人、大学生学习动机、教材教辅、课程考核等，二级指标是一级指标作为影响因素的具体体现，如任课教师作为影响大学生认同思想政治理论课的因素之一，其二级指标反映的具体产生影响的表现，包括教师的专业知识、教师的教学设计和管理能力、教师的课堂组织情况及效果、教师的教学风格、教师关爱学生情况等。

表 2.3　大学生认同思想政治理论课影响因素的测量指标

D	一级指标 E	二级指标 F
大学生认同思想政治理论课的影响因素	大学生学习动机	主动型 被动型
	重要他人	父母习惯与态度 室友和亲近朋友 专业课教师 辅导员 其他信任之人
	任课教师	专业知识 教学设计 课堂组织及效果 教学风格 关爱学生
	教材教辅	学习辅助 内容体现时代特征 内容激发学习兴趣 内容指向现实问题
	课程考核	合理评价学习水平 关注学习态度 评价程序公正
	社会实践	通过实践深化理论认知 在实践中了解国情 在实践中坚定信仰
	对我国社会发展的评价	社会主义制度优越性的实践 在马克思主义理论指导下解决问题 经济发展水平

续表

D	一级指标 E	二级指标 F
大学生认同思想政治理论课的影响因素	信息获取偏好	经常浏览的网站 关注的信息类型 各类平台形势政策类信息的关注频率
	学校条件保障与管理	硬件条件 文化氛围 管理方式

基于深度访谈和教育教学实践经验提炼的大学生认同高校思想政治理论课的表现维度，以及影响大学生认同思想政治理论课的主要因素构成了调查问卷的主体部分。完成后的调查问卷分为说明、基本信息、大学生认同思想政治理论课的表现、大学生认同思想政治理论课的影响因素、其他相关描述性信息等五个部分。基本信息包括性别、生源地、学校类型、年级、政治面貌、父母信息等。大学生思想政治理论课认同表现的调查问题共计 32 道题，大学生思想政治理论课认同的影响因素的调查问题共计 81 道题。调查量表的计分方式采用李克特（Likert）五点计分法，符合程度或同意程度分为非常符合、比较符合、不确定、不太符合、非常不符合五个等级，回答结果对应给予 5 分到 1 分。为了避免一种提问方式可能导致回答时产生的思维习惯的干扰，题干设问从正反两方面交叉进行，因此问卷中的部分问题需要反向计分。

三、大学生思想政治理论课认同及其影响因素的调查问卷的检验

调查问卷的质量是影响研究结果的关键，为了保障大范围调查结果的有效性和可靠性，研究团队对设计完成的调查问卷进行了预测和检验。项目组成员在安徽合肥市、江苏无锡、陕西西安市共计发放预测调查问卷 290 份，回收有效问卷 286 份，并采用 SPSS19.0 软件对问卷进行信度检验。

（一）大学生认同思想政治理论课表现的调查量表检验

信度代表的是量表的稳定性指标，说明调查问卷中不同的题项对同一潜变量的测量程度，主要用于衡量研究结果的稳定性与一致性。测量统计中一般多以反映内部一致性的指标来衡量量表的信度。

检验内在信度最常用的方法是 Cronbach's Alpha 系数法。Cronbach's Alpha

系数的大小代表了问卷的信度，Cronbach's Alpha 系数值越大说明调查问卷的信度越高。Cronbach's Alpha 系数值大于 0.7 且达到显著水平就表明量表具有较好的信度，但是当测量变量的题项少于 6 个时，Cronbach's Alpha 系数如果大于 0.6，就认为数据是可靠的。①

表 2.4 大学生认同思想政治理论课调查问卷的信度分析

测量指标	Cronbach's Alpha
价值认同	0.872
内容认同	0.858
情感认同	0.802
行为认同	0.836

试测样本的信度分析数据显示，大学生对高校思想政治理论课的价值认同、内容认同、情感认同、行为认同的信度检测值都超过 0.8，这说明问卷具有较好的信度，调查问卷设计可靠性高，适合开展更大范围的调查测试。

（二）大学生认同思想政治理论课影响因素的调查量表检验

研究者同样运用 Cronbach's Alpha 系数法，检验大学生认同思想政治理论课影响因素调查量表的各个指标，检验结果见表 2.5。

表 2.5 大学生认同思想政治理论课影响因素调查问卷的信度分析

测量指标	Cronbach's Alpha
大学生学习动机	0.891
重要他人	0.8653
任课教师	0.889
教材教辅	0.871
课程考核	0.886
社会实践	0.894
我国社会发展的评价	0.835

① 张厚粲，徐建平. 现代心理与教育统计学［M］. 北京：北京师范大学出版社，2009：198.

续表

测量指标	Cronbach's Alpha
信息获得偏好	0.820
学校条件保障与管理	0.893

信度分析的数据显示，大学生思想政治理论课认同的影响因素的 Cronbach's Alpha 信度值在 0.820~0.894 之间，具有可接受的信度。因此，我们可以认为大学生思想政治理论课认同影响因素的九个方面的量表开发具有较好的可靠性，适合开展更加广泛的调查研究工作。

第三章

新时代大学生的思想政治理论课认同现状

大学生对思想政治理论课的认同程度是彰显课程教育教学效果、实现育人目标的显著表征。大学生认同思想政治理论是显性和隐性表现的综合，隐性认知态度等总是在主体分析相关问题或实践行为选择时以情绪情感和行为方式加以外化。该项研究通过面向在校大学生开展大样本的问卷调查，分析大学生对思想政治理论课的认同水平，研究认同各个维度的表现特征，开展大学生个人信息对其认同思想政治理论课的差异性分析等，从而呈现新时代大学生对思想政治理论课的认同现状，为客观评价思想政治理论课、推动思想政治理论课改革提供必要依据。

一、大学生思想政治理论课认同的调查研究基本情况

研究者通过 PPS 抽样法对全国多所高校的在校大学生进行了问卷调查，通过线上和线下相结合的方式发放问卷，通过问卷星回收问卷 3551 份，通过线下纸质版问卷回收问卷 1609 份，共回收问卷 5160 份。研究者采用了李克特五级量表来测试被试者对思想政治理论课程的情感认同、价值认同、内容认同和行为认同状况及涉及的影响大学生对思想政治理论课认同的因素，询问受访者对问卷中相关表述的同意程度，1=完全不同意，2=不同意，3=中立，4=同意，5=完全同意。调查所用问卷是由课题组自行编制，研究团队成员均为拥有丰富教学经验的高校思想政治理论课教师以及马克思主义理论学科的研究生。经信度检验，其结果如表 3.1 所示，情感认同、价值认同、内容认同、行为认同和总体认同的 Cronbach's Alpha 值分别为 0.944、0.962、0.971、0.951 和 0.983，上述指标均大于 0.9，这说明情感认同、价值认同、内容认同、行为认同和总体认

同的量表信度甚佳。

表 3.1　信度分析

变量	Cronbach's Alpha
情感认同	0.944
价值认同	0.962
内容认同	0.971
行为认同	0.951
总体认同	0.983

样本的人口统计分布如下：男生共 2681 名（占比为 52%），女生共 2479 名（占比为 48%），有 1482 名（占比为 28.7%）大学生的家乡是革命老区，2265 名大学生来自城镇（占比为 43.9%），2179 名大学生是独生子女（占比为 42.2%）。工科专业大学生有 1916 名（占比为 37.1%），理科专业大学生有 731 名（占比为 14.2%），文科专业大学生有 1838 名（占比为 35.6%），其他专业大学生有 675 名（占比为 13.1%）。有 56 名大学生来自 985 高校（占比为 1.1%），有 1900 名大学生来自 211 高校（占比为 36.8%），有 3012 名大学生来自一般本科（占比为 58.4%），有 192 名大学生来自高职高专（占比为 3.7%）。大一学生有 610 名（占比为 11.8%），大二学生有 2944 名（占比为 57.0%），大三学生有 1304 名（占比为 25.3%），大四学生有 302 名（占比为 5.9%）。有 2549 名大学生正在担任或曾经担任过班级、院系或学校学生干部（占比为 49.4%），有 224 名大学生是预备党员或正式党员（占比为 4.3%）。受访者的信息描述如表 3.2 所示。

表 3.2　受访者的信息描述

变量	变量定义	人数	百分比（%）
性别	男	2681	52.0
	女	2479	48.0
家乡是不是革命老区	是	1482	28.7
	否	3678	71.3

续表

变量	变量定义	人数	百分比（%）
生源地	城镇	2265	43.9
	其他	2895	56.1
是不是独生子女	是	2179	42.2
	否	2981	57.8
专业	工科	1916	37.1
	理科	731	14.2
	文科	1838	35.6
	其他	675	13.1
学校	985 高校	56	1.1
	211 高校	1900	36.8
	一般本科	3012	58.4
	高职高专	192	3.7
年级	大学一年级	610	11.8
	大学二年级	2944	57.0
	大学三年级	1304	25.3
	大学四年级	302	5.9
是不是学生干部	是	2549	49.4
	否	2611	50.6
政治面貌	非党员	4936	95.7
	党员或预备党员	224	4.3

二、新时代大学生思想政治理论课认同的现状分析

研究者统计分析了大学生思想政治理论课认同现状，结果如表 3.3、图 3.1 和图 3.2 所示。在表 3.3 中，情感认同中，1563 名大学生（占比为 30.3%）非常认同思想政治理论课，1396 名大学生（占比为 27.1%）认同思想政治理论

课，1633 名大学生（占比为 31.6%）对思想政治理论课的认同度一般，416 名大学生（占比为 8.1%）不太认同思想政治理论课，152 名大学生（占比为 2.9%）不认同思想政治理论课。价值认同中，2346 名大学生（占比为 45.5%）非常认同思想政治理论课，1708 名大学生（占比为 33.1%）认同思想政治理论课，957 名大学生（占比为 18.5%）对思想政治理论课的认同度一般，85 名大学生（占比为 1.6%）不太认同思想政治理论课，64 名大学生（占比为 1.2%）不认同思想政治理论课。内容认同中，2283 名大学生（占比为 44.2%）非常认同思想政治理论课，1830 名大学生（占比为 35.5%）认同思想政治理论课，925 名大学生（占比为 17.9%）对思想政治理论课的认同度一般，66 名大学生（占比为 1.3%）不太认同思想政治理论课，56 名大学生（占比为 1.1%）不认同思想政治理论课。行为认同中，1844 名大学生（占比为 35.7%）非常认同思想政治理论课，2084 名大学生（占比为 40.4%）认同思想政治理论课，1090 名大学生（占比为 21.1%）对思想政治理论课的认同度一般，98 名大学生（占比为 1.9%）不太认同思想政治理论课，44 名大学生（占比为 0.9%）不认同思想政治理论课。关于对思想政治理论课的总体认同评价中，1980 名大学生（占比为 38.4%）非常认同思想政治理论课，2025 名大学生（占比为 39.2%）认同思想政治理论课，1036 名大学生（占比为 20.1%）对思想政治理论课的认同度一般，73 名大学生（占比为 1.4%）不太认同思想政治理论课，46 名大学生（占比为 0.9%）不认同思想政治理论课。

表 3.3　大学生思想政治理论课认同现状

认同度	非常认同		认同		一般		不太认同		不认同		认同度（%）	认同值
	人数	比例（%）	人数	比例（%）	人数	比例（%）	人数	比例（%）	人数	比例（%）		
情感认同	1563	30.3	1396	27.1	1633	31.6	416	8.1	152	2.9	89	3.74
价值认同	2346	45.5	1708	33.1	957	18.5	85	1.6	64	1.2	97.1	4.20
内容认同	2283	44.2	1830	35.5	925	17.9	66	1.3	56	1.1	97.6	4.21

续表

认同度	非常认同		认同		一般		不太认同		不认同		认同度（%）	认同值
	人数	比例（%）	人数	比例（%）	人数	比例（%）	人数	比例（%）	人数	比例（%）		
行为认同	1844	35.7	2084	40.4	1090	21.1	98	1.9	44	0.9	97.2	4.08
总体认同	1980	38.4	2025	39.2	1036	20.1	73	1.4	46	0.9	97.7	4.13

图 3.1 和图 3.2 中，认同度指标由“非常认同”“认同”和“一般”三项数据的百分比总和计算得出。总体认同度为 97.7%，总体认同均值为 4.13，这表明大学生对思想政治理论课的总体认同处于较高水平，呈现积极的风貌。就大学生对思想政治理论课的认同维度来看，情感认同度为 89%，认同均值为 3.74；价值认同度为 97.1%，认同均值为 4.2；内容认同度为 97.6%，认同值均为 4.21；行为认同度为 97.2%，认同均值为 4.08。认同度最高的是内容认同，其次是行为认同和价值认同，最后是情感认同。比较而言，大学生认同思想政治理论课的各个维度中，情感认同度不高，大学生对思想政治理论课的情感喜好比例相对较低，且有超过 1/10 的大学生持完全不认同或不太认同态度，这反映出大学生对思想政治理论课较高的整体认同不是源于自己的情感喜好。

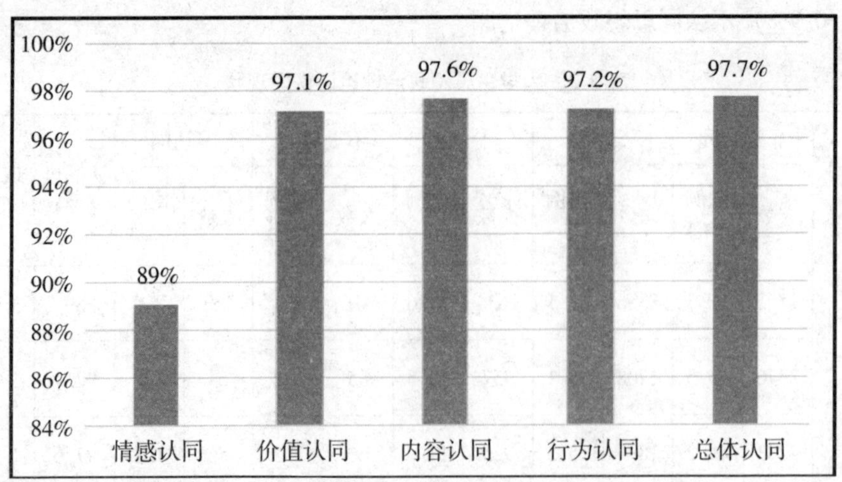

图 3.1　大学生思想政治理论课认同度分布情况

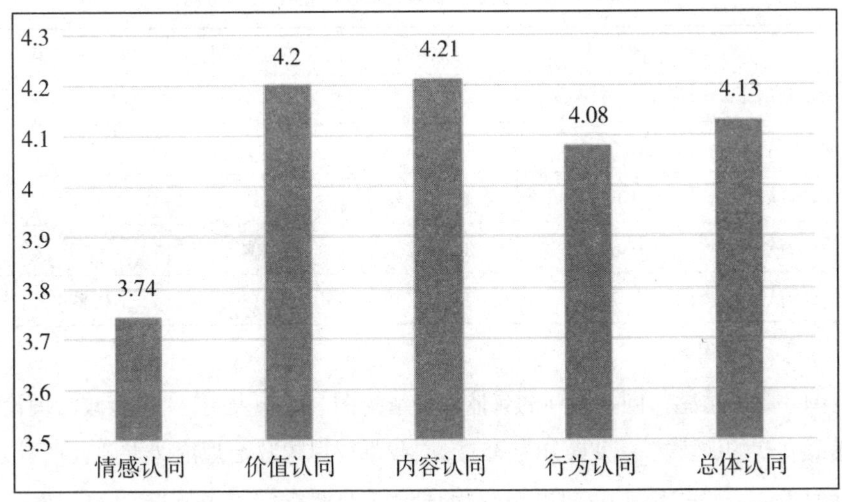

图 3.2　大学生思想政治理论课认同值分布情况

此外，本研究还分析了情感认同、价值认同、内容认同、行为认同和总体认同之间的相关性，如表 3.4 所示，它们之间的相关系数均显著，处在 0.653~0.915 之间。因此，大学生思想政治理论课情感认同、价值认同、内容认同、行为认同和总体认同相互之间均有显著正相关关系。大学生对思想政治理论课情感认同的提升可以有效地提高其对思想政治理论课的价值认同、内容认同、行为认同和总体认同；大学生对思想政治理论课价值认同的提高可以显著地提升其对思想政治理论课的情感认同、内容认同、行为认同和总体认同；大学生对思想政治理论课内容认同的提升可以有效地提高其对思想政治理论课的情感认同、价值认同、行为认同和总体认同；大学生对思想政治理论课行为认同的提升可以有效地提高其对思想政治理论课的情感认同、内容认同、价值认同和总体认同；大学生对思想政治理论课总体认同的提升受制于其对思想政治理论课的情感认同、内容认同、价值认同和行为认同。由此可以看出，大学生思想政治理论课的情感认同、内容认同、价值认同、行为认同和总体认同并不是一个简单的分解和总和的关系，而是交互影响、环环相扣的作用过程。

表 3.4　大学生思想政治理论课认同的相关性分析

	情感认同	价值认同	内容认同	行为认同
情感认同	1			
价值认同	0.660**	1		
内容认同	0.653**	0.847**	1	
行为认同	0.690**	0.743**	0.804**	1
总体认同	0.741**	0.871**	0.915**	0.874**

（注：** P<0.01）

图 3.3 为情感认同各题项的具体得分情况图。结果表明，“思想政治理论课是我最喜欢的课程之一” 得分为 3.71，“我觉得思想政治理论课十分有吸引力” 得分为 3.72，“我乐于参加思想政治理论课的课堂学习及实践活动” 得分为 3.81。图 3.4 为价值认同各题项的具体得分情况图。结果表明，“思想政治理论课可以提高大学生自身的综合素质” 得分为 4.17，“思想政治理论课是对大学生进行思想政治教育的主要渠道” 得分为 4.13，“思想政治理论课可以帮助大学生了解党的大政方针和基本国策” 得分为 4.24，“思想政治理论课有助于大学生坚定理想信念，增加民族自豪感、自尊心” 得分为 4.25，思想政治理论课可以帮助大学生树立正确的“三观” 得分为 4.24，“思想政治理论课可以提高大学生解决现实问题的能力” 得分为 4.02，“思想政治理论课可以帮助大学生提升社会使命感、责任感和奉献精神” 得分为 4.22。

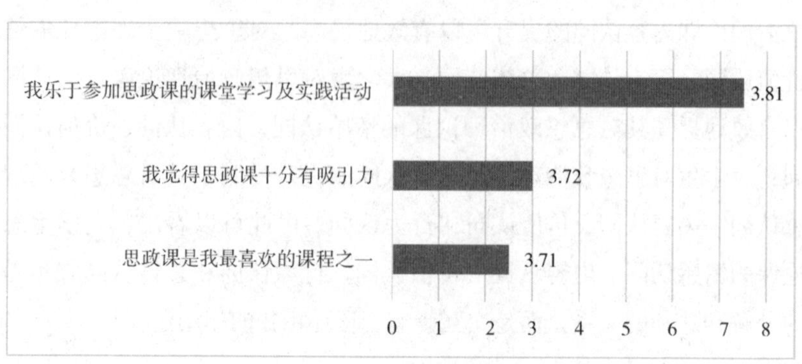

图 3.3　大学生思想政治理论课情感认同均值分布

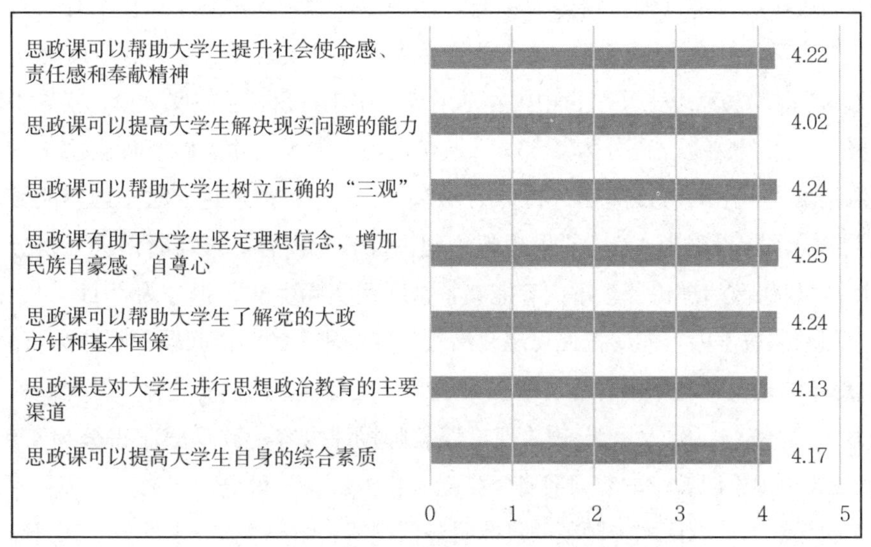

图 3.4 大学生思想政治理论课价值认同均值分布

图 3.5 为内容认同各题项的具体得分情况图。结果表明，“马克思主义是引领人

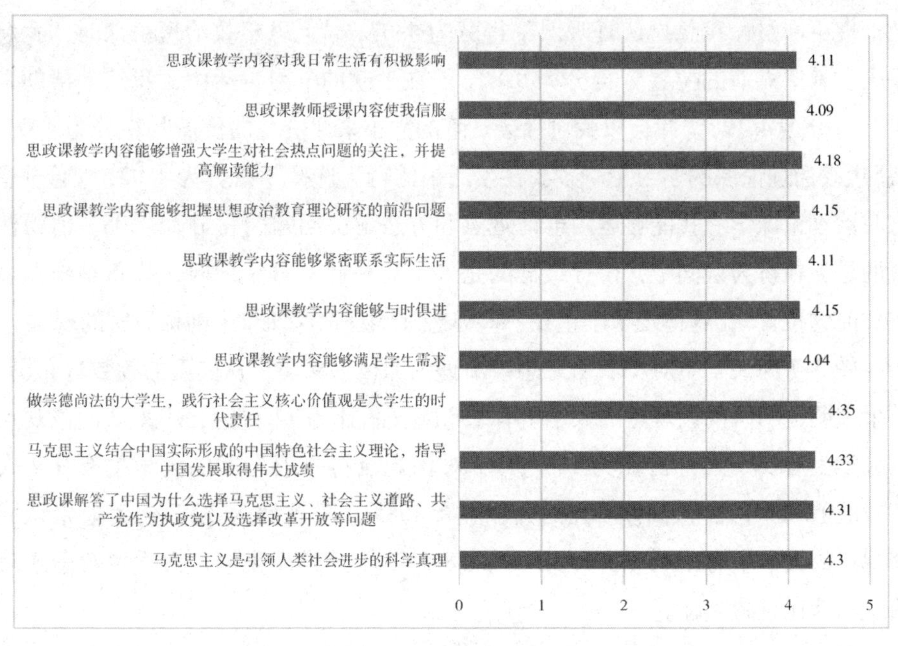

图 3.5 大学生思想政治理论课内容认同均值分布

类社会进步的科学真理”得分为4.3，“思想政治理论课解答了中国为什么选择马克思主义、社会主义道路、共产党作为执政党以及选择改革开放等问题”得分为4.31，“马克思主义结合中国实际形成的中国特色社会主义理论，指导中国发展取得伟大成绩”得分为4.33，“做崇德尚法的大学生，践行社会主义核心价值观是大学生的时代责任”得分为4.35，“思想政治理论课教学内容能够满足学生需求”得分为4.04，“思想政治理论课教学内容能够与时俱进”得分为4.15，“思想政治理论课教学内容能够紧密联系实际生活”得分为4.11，“思想政治理论课教学内容能够把握思想政治教育理论研究的前沿问题”得分为4.15，“思想政治理论课教学内容能够增强大学生对社会热点问题的关注，并提高解读能力”得分为4.18，“思想政治理论课教师授课内容使我信服”得分为4.09，“思想政治理论课教学内容对我日常生活有积极影响”得分为4.11。

图3.6为行为认同各题项的具体得分情况图。结果表明，“我会认真阅读思想政治理论课教材”得分为3.95，“我会认真完成老师布置的作业”得分为4.17，“上思想政治理论课时，我积极参加教学活动（回答问题，参加讨论等）”得分为3.95，“没有特殊情况时，我都按时上课”得分为4.45，“上思想政治理论课时，我总是认真听课”得分为4.07，“上思想政治理论课时，我总是坐在教室靠前的位置”得分为3.83，“在平时的学习生活中，我经常帮助别人”得分为4.19，“我会以我对社会贡献的大小来评价我的价值”得分为4.03，“思想政治理论课的学习影响了我在生活中的行为选择”得分为4.02，“通过思想政治理论课学习我能够运用辩证观点和方法解决问题”得分为4.08。值得注意的是，在行为认同中，得分最低的是“上思想政治理论课时，我总是坐在教室靠前的位置”，这体现了学生在一些思想政治理论课课堂中前稀后密的现象。

图3.7为大学生对“我对思想政治理论课很感兴趣”认同度的频数分布图。结果表明，不认同该观点的大学生有753人（占比为14.6%），不太认同该观点的大学生有593人（占比为11.5%），对该观点持一般态度的大学生有947人（占比为18.4%），认同该观点的大学生有1583人（占比为30.7%），非常认同该观点的大学生有1282人（占比为24.8%）。上述结果说明，大学生对思想政治理论课比较感兴趣。

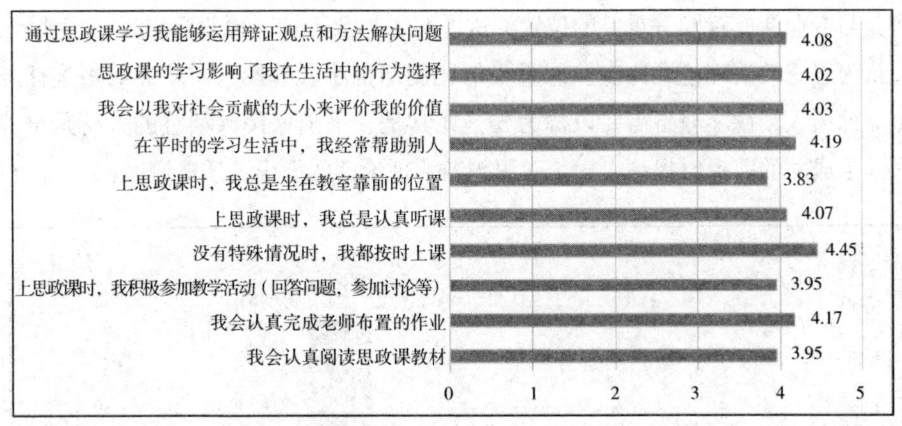

图 3.6 大学生思想政治理论课行为认同均值分布

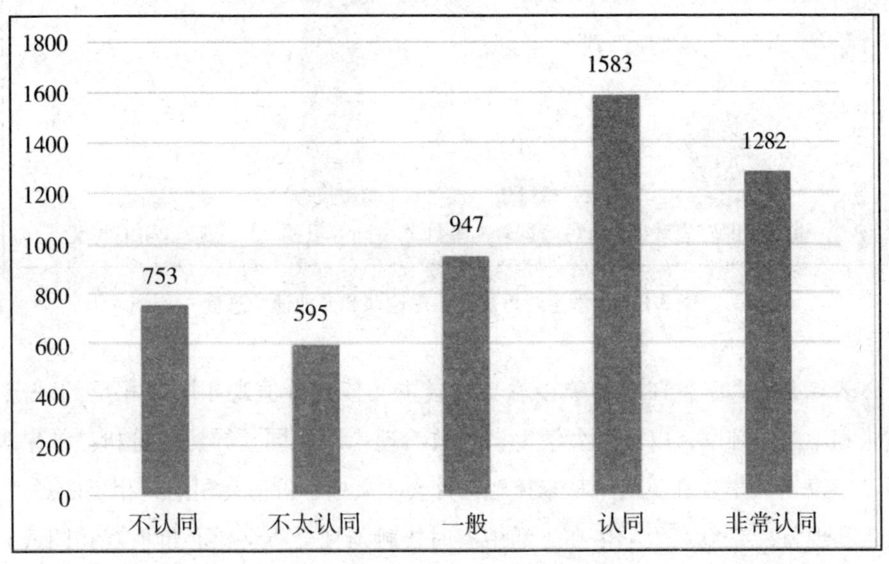

图 3.7 大学生对“我对思想政治理论课很感兴趣”认同度的频数分布

图 3.8 为大学生对思想政治理论课和专业课的态度分布图。结果表明，930 名大学生认为专业课比思想政治理论课重要（占比为 18%），270 名大学生认为思想政治理论课比专业课重要（占比为 5.2%），3897 名大学生认为二者同等重要（占比为 75.5%），63 名大学生认为思想政治理论课可有可无（占比为 1.2%）。上述结果说明，大部分大学生能够认识到思想政治理论课的重要性，

将其与专业课放置同等重要的位置，这说明思想政治理论课改革取得一定成效，但认为思想政治理论课比专业课重要的比例却很小。高校人才培养的根本任务是立德树人，德才兼备需要以德为先，尤其是关乎国家民族利益的大德是培养大学生成才的前提，提高大学生对思想政治理论课的认识，任重道远。

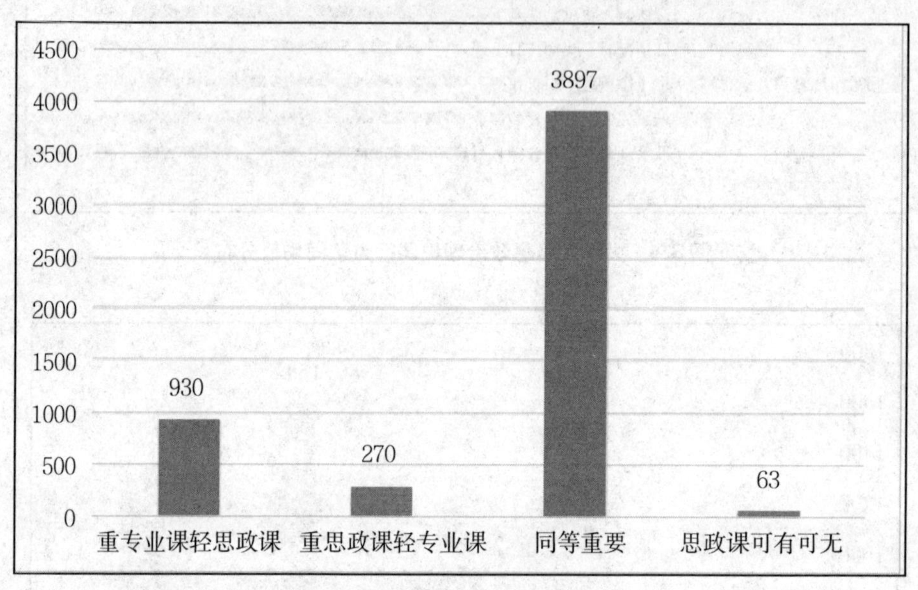

图 3.8　大学生对思想政治理论课和专业课的态度

表 3.5 为大学生在生活中接触与社会主义核心价值观相同或相反的观点、主张和现象的频率，以及对大学生思想政治理论课认同差异比较分析。结果表明，1649 名大学生在生活中从未接触与社会主义核心价值观相同或相反的观点、主张和现象，2790 名大学生在生活中有时接触与社会主义核心价值观相同或相反的观点、主张和现象，721 名大学生在生活中经常接触与社会主义核心价值观相异或相反的观点、主张和现象。该表中共有 3511 名大学生（占比 68%）在生活中经常或有时接触与社会主义核心价值观相同或相反的观点、主张和现象，这表明大学生在生活中接触与社会主义核心价值观相异或相反的观点、主张和现象的占比较高。此外，大学生在生活中接触与社会主义核心价值观相同或相反的观点、主张和现象的频率对思想政治理论课认同有差异性的影响。在情感认同中，在生活中经常接触与社会主义核心价值观相同或相反的观点、主张和

现象的大学生对思想政治理论课的情感认同得分最高，为4.02，其次是从未接触的得分为3.84，最后是有时接触的得分为3.6。价值认同中，在生活中经常接触与社会主义核心价值观相同或相反的观点、主张和现象的大学生对思想政治理论课的价值认同得分最高，为4.35，其次是从未接触的得分为4.27，最后是有时接触的得分为4.12。内容认同中，在生活中经常接触与社会主义核心价值观相同或相反的观点、主张和现象的大学生对思想政治理论课的内容认同得分最高，为4.38，其次是从未接触的得分为4.3，最后是有时接触的得分为4.1。行为认同中，在生活中经常接触与社会主义核心价值观相同或相反的观点、主张和现象的大学生对思想政治理论课的内容认同得分最高，为4.32，其次是从未接触的得分为4.18，最后是有时接触的得分为3.96。总体认同中，在生活中经常接触与社会主义核心价值观相同或相反的观点、主张和现象的大学生对思想政治理论课的总体认同得分最高，为4.33，其次是从未接触的得分为4.23，最后是有时接触的得分为4.02。

表3.5　在生活中接触与社会主义核心价值观相同或相反的观点、主张和现象的频率，对大学生思想政治理论课认同差异比较

变量		N	均值	标准差	标准误	均值95%置信区间		极小值	极大值
						下限	上限		
情感认同	频率								
	从未接触	1649	3.84	1.088	0.027	3.78	3.89	1	5
	有时接触	2790	3.6	1.027	0.019	3.57	3.64	1	5
	经常接触	721	4.02	1.088	0.041	3.94	4.1	1	5
	总数	5160	3.74	1.067	0.015	3.71	3.77	1	5
价值认同	频率								
	从未接触	1649	4.27	0.891	0.022	4.23	4.31	1	5
	有时接触	2790	4.12	0.868	0.016	4.08	4.15	1	5
	经常接触	721	4.35	0.883	0.033	4.29	4.42	1	5
	总数	5160	4.2	0.882	0.012	4.17	4.22	1	5

续表

变量		N	均值	标准差	标准误	均值 95% 置信区间		极小值	极大值
						下限	上限		
内容认同	频率								
	从未接触	1649	4.3	0.857	0.021	4.26	4.34	1	5
	有时接触	2790	4.1	0.834	0.016	4.07	4.14	1	5
	经常接触	721	4.38	0.869	0.032	4.32	4.44	1	5
	总数	5160	4.21	0.854	0.012	4.18	4.23	1	5
行为认同	频率								
	从未接触	1649	4.18	0.851	0.021	4.14	4.23	1	5
	有时接触	2790	3.96	0.813	0.015	3.93	3.99	1	5
	经常接触	721	4.32	0.872	0.032	4.26	4.39	1	5
	总数	5160	4.08	0.845	0.012	4.06	4.11	1	5
总体认同	频率								
	从未接触	1649	4.23	0.849	0.021	4.19	4.27	1	5
	有时接触	2790	4.02	0.811	0.015	3.99	4.05	1	5
	经常接触	721	4.33	0.862	0.032	4.27	4.4	1	5
	总数	5160	4.13	0.84	0.012	4.1	4.15	1	5

表 3.6 为大学生对与社会主义核心价值观相反的观点、主张和现象的态度，及其对大学生思想政治理论课认同差异比较分析表。结果表明，3923 名大学生认为“那是错误的社会思潮，不会对我产生影响”，635 名大学生认为“会造成我思想上的混乱和迷茫”，333 名大学生认为“我会受到这些观点、主张和现象的影响，让我觉得思想政治理论课是没有用的”，269 名大学生认为“与我无关，我不关心”。此外，大学生对与社会主义核心价值观相同或相反的观点、主张和现象的态度对思想政治理论课认同有差异性的影响。在情感认同中，认为“那是错误的社会思潮，不会对我产生影响”的大学生对思想政治理论课的情感认同得分最高，为 3.82，其次是“我会受到这些观点、主张和现象的影响，让

我觉得思想政治理论课是没有用的”得分为3.54，再次是“会造成我思想上的混乱和迷茫”得分为3.53，最后是“与我无关，我不关心”得分为3.22。在价值认同中，认为“那是错误的社会思潮，不会对我产生影响”的大学生对思想政治理论课的价值认同得分最高，为4.29，其次是“会造成我思想上的混乱和迷茫”得分为3.96，再次是“我会受到这些观点、主张和现象的影响，让我觉得思想政治理论课是没有用的”得分为3.92，最后是“与我无关，我不关心”得分为3.77。在内容认同中，认为“那是错误的社会思潮，不会对我产生影响”的大学生对思想政治理论课的内容认同得分最高，为4.3，其次是“我会受到这些观点、主张和现象的影响，让我觉得思想政治理论课是没有用的”得分为3.95，再次是“会造成我思想上的混乱和迷茫”得分为3.94，最后是“与我无关，我不关心”得分为3.75。在行为认同中，认为“那是错误的社会思潮，不会对我产生影响”的大学生对思想政治理论课的行为认同得分最高，为4.17，其次是“我会受到这些观点、主张和现象的影响，让我觉得思想政治理论课是没有用的”得分为3.91，再次是“会造成我思想上的混乱和迷茫”得分为3.86，最后是“与我无关，我不关心”得分为3.62。在总体认同中，认为“那是错误的社会思潮，不会对我产生影响”的大学生对思想政治理论课的总体认同得分最高，为4.22，其次是“我会受到这些观点、主张和现象的影响，让我觉得思想政治理论课是没有用的”得分为3.89，再次是“会造成我思想上的混乱和迷茫”得分为3.88，最后是“与我无关，我不关心”得分为3.66。上述结果表明，当大学生对与社会主义核心价值观相同或相反的观点、主张和现象持坚定的正确的态度时，其对思想政治理论课的情感认同、价值认同、内容认同、行为认同和总体认同均为最高。这在一定意义上反映出社会环境对大学生认同思想政治理论课的影响，大学生的社会政治态度与其对思想政治理论课的认同具有同向性。

表 3.6 对与社会主义核心价值观相反观点的态度，对大学生思想政治理论课认同差异比较

变量		N	均值	标准差	标准误	均值 95% 置信区间		极小值	极大值
						下限	上限		
情感认同	态度								
	那是错误的社会思潮，不会对我产生影响	3923	3.82	1.044	0.017	3.79	3.86	1	5
	会造成我思想上的混乱和迷茫	635	3.53	1.075	0.043	3.44	3.61	1	5
	我会受到这些观点、主张和现象的影响，让我觉得思想政治理论课是没有用的	333	3.54	1.144	0.063	3.42	3.67	1	5
	与我无关，我不关心	269	3.22	1.037	0.063	3.09	3.34	1	5
	总数	5160	3.74	1.067	0.015	3.71	3.77	1	5
价值认同	态度								
	那是错误的社会思潮，不会对我产生影响	3923	4.29	0.847	0.014	4.27	4.32	1	5
	会造成我思想上的混乱和迷茫	635	3.96	0.917	0.036	3.88	4.03	1	5
	我会受到这些观点、主张和现象的影响，让我觉得思想政治理论课是没有用的	333	3.92	0.963	0.053	3.82	4.03	1	5
	与我无关，我不关心	269	3.77	0.898	0.055	3.66	3.87	1	5
	总数	5160	4.2	0.882	0.012	4.17	4.22	1	5

续表

变量		N	均值	标准差	标准误	均值 95% 置信区间		极小值	极大值
						下限	上限		
内容认同	态度								
	那是错误的社会思潮，不会对我产生影响	3923	4. 3	0. 82	0. 013	4. 28	4. 33	1	5
	会造成我思想上的混乱和迷茫	635	3. 94	0. 871	0. 035	3. 87	4. 01	1	5
	我会受到这些观点、主张和现象的影响，让我觉得思想政治理论课是没有用的	333	3. 95	0. 945	0. 052	3. 85	4. 06	1	5
	与我无关，我不关心	269	3. 75	0. 839	0. 051	3. 65	3. 85	1	5
	总数	5160	4. 21	0. 854	0. 012	4. 18	4. 23	1	5
行为认同	态度								
	那是错误的社会思潮，不会对我产生影响	3923	4. 17	0. 816	0. 013	4. 14	4. 19	1	5
	会造成我思想上的混乱和迷茫	635	3. 86	0. 848	0. 034	3. 79	3. 92	1	5
	我会受到这些观点、主张和现象的影响，让我觉得思想政治理论课是没有用的	333	3. 91	0. 937	0. 051	3. 81	4. 01	1	5
	与我无关，我不关心	269	3. 62	0. 867	0. 053	3. 51	3. 72	1	5
	总数	5160	4. 08	0. 845	0. 012	4. 06	4. 11	1	5

续表

变量		N	均值	标准差	标准误	均值 95% 置信区间		极小值	极大值
						下限	上限		
总体认同	态度								
	那是错误的社会思潮，不会对我产生影响	3923	4.22	0.812	0.013	4.2	4.25	1	5
	会造成我思想上的混乱和迷茫	635	3.88	0.836	0.033	3.81	3.94	1	5
	我会受到这些观点、主张和现象的影响，让我觉得思想政治理论课是没有用的	333	3.89	0.921	0.05	3.8	3.99	1	5
	与我无关，我不关心	269	3.66	0.802	0.049	3.56	3.75	1	5
	总数	5160	4.13	0.84	0.012	4.1	4.15	1	5

表 3.7 为大学生对现实生活中存在的故意丑化恶搞烈士英雄的现象的态度，以及对大学生思想政治理论课认同差异比较分析表。结果表明，4827 名大学生认为“这种现象需要严加处理”，251 名大学生认为“只是一种娱乐的方式，没什么问题”，82 名大学生认为“与我无关，我不关心”。此外，大学生对现实生活中存在的故意丑化恶搞烈士英雄的现象的态度对思想政治理论课认同有差异性的影响。在情感认同中，认为“这种现象需要严加处理”的大学生对思想政治理论课的情感认同得分最高，为 3.76，其次是“只是一种娱乐的方式，没什么问题”得分为 3.47，最后是“与我无关，我不关心”得分为 3.34。在价值认同中，认为“这种现象需要严加处理”的大学生对思想政治理论课的价值认同得分最高，为 4.23，其次是“只是一种娱乐的方式，没什么问题”得分为 3.74，最后是“与我无关，我不关心”得分为 3.65。在内容认同中，认为“这种现象需要严加处理”的大学生对思想政治理论课的内容认同得分最高，为 4.24，其次是“只是一种娱乐的方式，没什么问题”得分为 3.73，最后是“与我无关，我不关心”得分为 3.66。在行为认同中，认为“这种现象需要严加处

理”的大学生对思想政治理论课的行为认同得分最高，为4.11，其次是“只是一种娱乐的方式，没什么问题”得分为3.73，最后是“与我无关，我不关心”得分为3.59。在总体认同中，认为“这种现象需要严加处理”的大学生对思想政治理论课的总体认同得分最高，为4.16，其次是“只是一种娱乐的方式，没什么问题”得分为3.73，最后是“与我无关，我不关心”得分为3.59。上述结果表明，当大学生对现实生活中存在的故意丑化恶搞烈士英雄的现象持坚定的正确的态度时，其对思想政治理论课的情感认同、价值认同、内容认同、行为认同和总体认同均为最高。

表3.7　对故意丑化恶搞烈士英雄现象的态度，对大学生思想政治理论课认同差异比较

变量		N	均值	标准差	标准误	均值95% 置信区间		极小值	极大值
						下限	上限		
情感认同	态度								
	这种现象需要严加处理	4827	3.76	1.061	0.015	3.73	3.79	1	5
	只是一种娱乐的方式，没什么问题	251	3.47	1.089	0.069	3.33	3.61	1	5
	与我无关，我不关心	82	3.34	1.136	0.125	3.09	3.59	1	5
	总数	5160	3.74	1.067	0.015	3.71	3.77	1	5
价值认同	态度								
	这种现象需要严加处理	4827	4.23	0.867	0.012	4.21	4.26	1	5
	只是一种娱乐的方式，没什么问题	251	3.74	0.965	0.061	3.62	3.86	1	5
	与我无关，我不关心	82	3.65	0.908	0.1	3.45	3.85	1	5
	总数	5160	4.2	0.882	0.012	4.17	4.22	1	5

续表

变量		N	均值	标准差	标准误	均值 95% 置信区间		极小值	极大值
						下限	上限		
内容认同	态度								
	这种现象需要严加处理	4827	4. 24	0. 838	0. 012	4. 22	4. 26	1	5
	只是一种娱乐的方式，没什么问题	251	3. 73	0. 919	0. 058	3. 62	3. 85	1	5
	与我无关，我不关心	82	3. 66	0. 933	0. 103	3. 45	3. 86	1	5
	总数	5160	4. 21	0. 854	0. 012	4. 18	4. 23	1	5
行为认同	态度								
	这种现象需要严加处理	4827	4. 11	0. 836	0. 012	4. 09	4. 13	1	5
	只是一种娱乐的方式，没什么问题	251	3. 73	0. 861	0. 054	3. 63	3. 84	1	5
	与我无关，我不关心	82	3. 59	0. 942	0. 104	3. 38	3. 79	1	5
	总数	5160	4. 08	0. 845	0. 012	4. 06	4. 11	1	5
总体认同	态度								
	这种现象需要严加处理	4827	4. 16	0. 829	0. 012	4. 13	4. 18	1	5
	只是一种娱乐的方式，没什么问题	251	3. 73	0. 866	0. 055	3. 62	3. 84	1	5
	与我无关，我不关心	82	3. 59	0. 888	0. 098	3. 39	3. 78	1	5
	总数	5160	4. 13	0. 84	0. 012	4. 1	4. 15	1	5

三、人口统计特征对大学生思想政治理论课认同的差异性分析

人口统计特征的差异性分析是针对性开展思想政治理论课认同研究的重要内容。本研究探究了人口统计特征（包括性别、家乡是不是革命老区、生源地、是不是独生子女、民族、学校、年级、是不是学生干部、政治面貌、家庭收入）对大学生思想政治理论课认同的影响。我们在 SPSS 软件中进行多元线性回归分析，所得结果如表 3.8 所示。

表 3.8 的前三列是将大学生思想政治理论课情感认同作为因变量进行多元线性回归的结果。回归方程的 $R^2=0.017$，$F=8.708$。具体来看，性别（$B=-0.070$，$P<0.001$）、家乡是不是革命老区（$B=-0.054$，$P<0.001$）、生源地（$B=-0.034$，$P<0.05$）、民族（$B=-0.055$，$P<0.001$）、是不是学生干部（$B=-0.038$，$P<0.01$）、政治面貌（$B=-0.024$，$P<0.1$）、家庭收入（$B=-0.047$，$P<0.01$）对情感认同有显著的负向影响，学校（$B=0.051$，$P<0.01$）对情感认同有显著的正向影响。上述统计结果显示，高校的男生比女生对思想政治理论课的情感认同度更高，家乡是革命老区的大学生对思想政治理论课的情感认同度较高，城镇大学生对思想政治理论课的情感认同度较高，汉族大学生对思想政治理论课的情感认同度较高，高职高专院校的学生对思想政治理论课的情感认同度较高，担任学生干部的大学生对思想政治理论课的情感认同度较高，大学生党员对思想政治理论课的情感认同度较高，家庭收入低的大学生对思想政治理论课的情感认同度较高。在上述影响因素中，性别对大学生思想政治理论课情感认同的影响最大。

表 3.8 的四至六列是将大学生思想政治理论课价值认同作为因变量进行多元线性回归的结果。回归方程的 $R^2=0.01$，$F=5.068$。具体来看，家乡是不是革命老区（$B=-0.047$，$P<0.01$）、民族（$B=-0.061$，$P<0.001$）、年级（$B=-0.031$，$P<0.05$）、家庭收入（$B=-0.044$，$P<0.01$）对价值认同有显著的负向影响。上述结果显示，家乡是革命老区的大学生对思想政治理论课的价值认同度较高，汉族大学生对思想政治理论课的价值认同度较高，低年级大学生对思想政治理论课的价值认同度较高，家庭收入低的大学生对思想政治理论课的价值认同度较高。在上述影响因素中，民族对大学生思想

治理论课价值认同的影响最大。

表3.8的七至九列是将大学生思想政治理论课内容认同作为因变量进行多元线性回归的结果。回归方程的 $R^2=0.008$，$F=4.312$。具体来看，家乡是不是革命老区（$B=-0.036$，$P<0.05$）、是不是独生子女（$B=-0.029$，$P<0.1$）、民族（$B=-0.059$，$P<0.001$）、政治面貌（$B=-0.024$，$P<0.1$）、家庭收入（$B=-0.045$，$P<0.01$）对内容认同有显著的负向影响。上述结果显示，家乡是革命老区的大学生对思想政治理论课的内容认同度较高，独生子女大学生对思想政治理论课的内容认同度较高，汉族大学生对思想政治理论课的内容认同度较高，党员大学生对思想政治理论课的内容认同度较高，家庭收入低的大学生对思想政治理论课的内容认同度较高。在上述影响因素中，民族对大学生思想政治理论课内容认同的影响最大。

表3.8的十至十二列是将大学生思想政治理论课行为认同作为因变量进行多元线性回归的结果。回归方程的 $R^2=0.018$，$F=9.585$。具体来看，家乡是不是革命老区（$B=-0.068$，$P<0.001$）、生源地（$B=-0.031$，$P<0.1$）、是不是独生子女（$B=-0.034$，$P<0.05$）、民族（$B=-0.063$，$P<0.001$）、是不是学生干部（$B=-0.056$，$P<0.001$）、政治面貌（$B=-0.023$，$P<0.1$）、家庭收入（$B=-0.051$，$P<0.001$）对行为认同有显著的负向影响，而学校（$B=0.040$，$P<0.01$）对行为认同有显著的正向影响。上述结果显示，家乡是革命老区的大学生对思想政治理论课的行为认同度较高，城镇大学生对思想政治理论课的行为认同度较高，独生子女大学生对思想政治理论课的行为认同度较高，汉族大学生对思想政治理论课的行为认同度较高，高职高专院校的学生对思想政治理论课的行为认同度较高，担任学生干部的大学生对思想政治理论课的行为认同度较高，党员大学生对思想政治理论课的行为认同度较高，家庭收入低的大学生对思想政治理论课的行为认同度较高。在上述影响因素中，家乡是革命老区对大学生思想政治理论课行为认同的影响最大。

表3.8的最后三列是将大学生思想政治理论课总体认同作为因变量进行多元线性回归的结果。回归方程的 $R^2=0.012$，$F=6.114$。具体来看，家乡是不是革命老区（$B=-0.056$，$P<0.001$）、是不是独生子女（$B=-0.029$，$P<0.1$）、民族（$B=-0.059$，$P<0.001$）、是不是学生干部（$B=-0.028$，$P<$

0.05)、家庭收入（B=-0.050，P<0.001）对总体认同有显著的负向影响。上述结果显示，家乡是革命老区的大学生对思想政治理论课的总体认同度较高，独生子女大学生对思想政治理论课的总体认同度较高，汉族大学生对思想政治理论课的总体认同度较高，担任学生干部的大学生对思想政治理论课的总体认同度较高，家庭收入低的大学生对思想政治理论课的总体认同度较高。在上述影响因素中，民族对大学生思想政治理论课总体认同的影响最大。

对比分析来看，在五个回归方程中，性别仅显著影响大学生对思想政治理论课的情感认同；家乡是不是革命老区显著影响大学生对思想政治理论课的情感认同、价值认同、内容认同、行为认同和总体认同；生源地显著影响大学生对思想政治理论课的情感认同和行为认同；是不是独生子女显著影响大学生对思想政治理论课的内容认同、行为认同和总体认同；民族显著影响大学生对思想政治理论课的情感认同、价值认同、内容认同、行为认同和总体认同；学校显著影响大学生对思想政治理论课的情感认同和行为认同；年级仅显著影响大学生对思想政治理论课的价值认同；是不是学生干部显著影响大学生对思想政治理论课的情感认同和行为认同、总体认同；政治面貌显著影响大学生对思想政治理论课的情感认同、内容认同和行为认同；家庭收入显著影响大学生对思想政治理论课的情感认同、价值认同、内容认同、行为认同和总体认同。由上可见，学生的家乡是不是革命老区、民族身份背景、家庭收入的个体差异等是广角度影响大学生认同思想政治理论课的要素，反映了个体的成长环境对大学生认同思想政治理论课的重要作用。

表 3.8　人口统计特征对大学生思想政治理论课认同的影响分析

因变量 / 自变量	情感认同			价值认同			内容认同			行为认同			总体认同		
	标准化系数（B）	T 值	P 值	标准化系数（B）	T 值	P 值	标准化系数（B）	T 值	P 值	标准化系数（B）	T 值	P 值	标准化系数（B）	T 值	P 值
性别	−0. 070***	−4. 661	0. 000	0. 004	0. 234	0. 815	0. 021	1. 365	0. 172	−0. 008	−0. 532	0. 595	0. 002	0. 139	0. 890
家乡是不是革命老区	−0. 054***	−3. 904	0. 000	−0. 047**	−3. 365	0. 001	−0. 036*	−2. 581	0. 010	−0. 068***	−4. 864	0. 000	−0. 056***	−3. 987	0. 000
生源地	−0. 034*	−2. 187	0. 029	−0. 005	−0. 348	0. 728	−0. 014	−0. 900	0. 368	−0. 031#	−1. 958	0. 050	−0. 017	−1. 086	0. 278
是不是独生子女	−0. 012	−0. 799	0. 425	−0. 022	−1. 391	0. 164	−0. 029#	−1. 844	0. 065	−0. 034*	−2. 156	0. 031	−0. 029#	−1. 835	0. 067
民族	−0. 055***	−3. 952	0. 000	−0. 061***	−4. 318	0. 000	−0. 059***	−4. 210	0. 000	−0. 063***	−4. 517	0. 000	−0. 059***	−4. 248	0. 000
学校	0. 051**	3. 430	0. 001	−0. 004	−0. 292	0. 771	−0. 002	−0. 144	0. 886	0. 040**	2. 688	0. 007	0. 022	1. 490	0. 136
年级	0. 009	0. 621	0. 534	−0. 031*	−2. 183	0. 029	−0. 006	−0. 442	0. 659	−0. 009	−0. 609	0. 543	−0. 014	−1. 006	0. 315
是不是学生干部	−0. 038**	−2. 686	0. 007	−0. 013	−0. 910	0. 363	−0. 009	−0. 666	0. 506	−0. 056***	−4. 015	0. 000	−0. 028*	−1. 976	0. 048
政治面貌	−0. 024#	−1. 733	0. 083	−0. 016	−1. 168	0. 243	−0. 024#	−1. 674	0. 094	−0. 023#	−1. 667	0. 096	−0. 019	−1. 330	0. 183
家庭收入	−0. 047**	−3. 252	0. 001	−0. 044**	−3. 018	0. 003	−0. 045**	−3. 133	0. 002	−0. 051***	−3. 529	0. 000	−0. 050***	−3. 488	0. 000
R^2	0. 017			0. 018　0. 01			0. 008			0. 018			0. 012		
F	8. 708			9. 585　5. 068			4. 312			9. 585			6. 114		

（注：*** $P<0.001$，** $P<0.01$，* $P<0.05$，# $P<0.1$）

表 3.9 是大学生所学专业对思想政治理论课认同差异比较分析表。结果显示，工科专业的大学生有 1916 名，理科专业的大学生有 731 名，文科专业的大学生有 1838 名，其他专业的大学生有 675 名。在情感认同中，文科专业的大学生得分最高，为 3.8，其次是工科专业的大学生得分为 3.78，理科专业的大学生得分为 3.76，最后是其他专业的大学生得分为 3.43。在价值认同中，工科和文科专业的大学生得分最高，均为 4.22，其次是理科专业的大学生得分为 4.21，最后是其他专业的大学生得分为 4.07。在内容认同中，文科专业的大学生得分最高，为 4.25，其次是工科专业的大学生得分为 4.22，理科专业的大学生得分为 4.22，最后是其他专业的大学生得分为 4.01。在行为认同中，文科专业的大学生得分最高，为 4.15，其次是工科专业的大学生得分为 4.09，理科专业的大学生得分为 4.05，最后是其他专业的大学生得分为 3.9。在总体认同中，文科专业的大学生得分最高，为 4.19，其次是工科专业的大学生得分为 4.14，理科专业的大学生得分为 4.14，最后是其他专业的大学得分为 3.92。上述结果表明，各专业的大学生对思想政治理论课的情感认同、价值认同、内容认同、行为认同和总体认同差异不大，但值得注意的是文科专业的大学生对思想政治理论课的情感认同、价值认同、内容认同、行为认同和总体认同均最高，其次是理科和工科专业的大学生，最后是其他专业大学生。这与文科学生在高中阶段较多接触思想政治理论课有关。

表 3.9 不同专业的大学生思想政治理论课认同的差异比较

变量		N	均值	标准差	标准误	均值 95% 置信区间		极小值	极大值
						下限	上限		
情感认同	专业								
	工科	1916	3.78	1.049	0.024	3.73	3.82	1	5
	理科	731	3.76	1.052	0.039	3.69	3.84	1	5
	文科	1838	3.8	1.06	0.025	3.75	3.85	1	5
	其他	675	3.43	1.101	0.042	3.35	3.51	1	5
	总数	5160	3.74	1.067	0.015	3.71	3.77	1	5

续表

变量		N	均值	标准差	标准误	均值 95% 置信区间		极小值	极大值
						下限	上限		
价值认同	专业								
	工科	1916	4. 22	0. 885	0. 02	4. 18	4. 26	1	5
	理科	731	4. 21	0. 868	0. 032	4. 14	4. 27	1	5
	文科	1838	4. 22	0. 869	0. 02	4. 18	4. 26	1	5
	其他	675	4. 07	0. 915	0. 035	4	4. 14	1	5
	总数	5160	4. 2	0. 882	0. 012	4. 17	4. 22	1	5
内容认同	专业								
	工科	1916	4. 22	0. 863	0. 02	4. 19	4. 26	1	5
	理科	731	4. 22	0. 835	0. 031	4. 16	4. 28	1	5
	文科	1838	4. 25	0. 829	0. 019	4. 21	4. 29	1	5
	其他	675	4. 01	0. 888	0. 034	3. 94	4. 08	1	5
	总数	5160	4. 21	0. 854	0. 012	4. 18	4. 23	1	5
行为认同	专业								
	工科	1916	4. 09	0. 862	0. 02	4. 05	4. 13	1	5
	理科	731	4. 05	0. 84	0. 031	3. 99	4. 11	1	5
	文科	1838	4. 15	0. 831	0. 019	4. 11	4. 19	1	5
	其他	675	3. 9	0. 815	0. 031	3. 84	3. 96	1	5
	总数	5160	4. 08	0. 845	0. 012	4. 06	4. 11	1	5
总体认同	专业								
	工科	1916	4. 14	0. 848	0. 019	4. 1	4. 17	1	5
	理科	731	4. 14	0. 828	0. 031	4. 08	4. 2	1	5
	文科	1838	4. 19	0. 823	0. 019	4. 15	4. 23	1	5
	其他	675	3. 92	0. 844	0. 032	3. 86	3. 99	1	5
	总数	5160	4. 13	0. 84	0. 012	4. 1	4. 15	1	5

第四章

教师对大学生认同思想政治理论课的影响

习近平总书记指出："教师是立教之本、兴教之源，承担着让每个孩子健康成长、办好人民满意教育的重任。"① "青少年阶段是人生的'拔节孕穗期'，最需要精心引导和栽培。我们办中国特色社会主义教育，就是要理直气壮开好思政课，用新时代中国特色社会主义思想铸魂育人，引导学生增强中国特色社会主义道路自信、理论自信、制度自信、文化自信，厚植爱国主义情怀，把爱国情、强国志、报国行自觉融入坚持和发展中国特色社会主义事业、建设社会主义现代化强国、实现中华民族伟大复兴的奋斗之中。思政课作用不可替代，思政课教师队伍责任重大。"② 思政课教师站稳立场，将思想政治理论课程中蕴含的道理讲深、讲透、讲活，并以身示范，是影响大学生认同思想政治理论课的重要方面。

一、教师影响大学生认同思想政治理论课的理论分析

教师是开展思想政治理论课的关键群体，也是影响思想政治理论课课程运行和效果的重要因素之一，其专业素质、人格魅力等对大学生认同思想政治理论课具有重要影响。现代"教师"的含义，一般意义上是指"受社会的委托，在学校中对学生的身心施加特定影响，把其培养成为社会所需要的人，以此为主要职责的专业人员"③。教育部颁布的《新时代高等学校思想政治理论课教师队伍建设规定》中指出："思想政治理论课教师是指承担高等学校思

① 习近平．习近平向全国广大教师致慰问信［N］．人民日报，2013-09-10（1）．

② 习近平．习近平谈治国理政：第三卷［M］．北京：外文出版社，2020：329.

③ 睢文龙，等主编．教育学［M］．北京：人民教育出版社，2013：56.

想政治理论课教育教学和研究职责的专兼职教师，是高等学校教师队伍中承担开展马克思主义理论教育、用习近平新时代中国特色社会主义思想铸魂育人的中坚力量”①，是大学生坚定理想信念、端正价值取向、形成理性行为的重要引路人。

（一）马克思人学思想提供了研究的哲学基础

马克思人学思想是马克思哲学理论的重要组成部分，马克思主义人学是研究人的存在、人的本质、人的发展规律的一门综合性科学。它是马克思在唯物主义历史观的基础上，关心人的问题，研究人的发展而形成的关于人的学说思想。其以“人”为研究对象，以人的存在和发展为线索，以人的需要为主题，以人的“生存实践性”为现实基础，以“现实的人”为逻辑起点，以人的本质为理论核心，以人的全面自由发展为思想归宿，从而构建了一个完整的逻辑理论体系。② 马克思人学思想作为一种科学的、实践的理论，揭示了人在自然和社会中的发展历程、功能地位以及实践的能动性特征等。思想政治教育作为教育实践的重要类型，教育者承担了创造、传播和检验教育信息的任务，旨在影响和改变教育对象，马克思人学思想为研究教育者的教育实践提供了哲学基础。

人的存在论是马克思主义人学思想的基础和前提。马克思在批判了黑格尔的“绝对精神”和费尔巴哈的人仅是“感性对象”的思想之后，提出了对人的存在的看法。他强调自己的历史研究前提不是孤立的，而是能够观察现实的人，马克思在《关于费尔巴哈的提纲》中指出“人的本质不是单个人所固有的抽象物，在其现实性上，它是一切社会关系的总和”③。“现实的人”不是孤立的人，而是指在一定物质生活条件下从事实践活动的社会的人，是一定社会关系中的人，把人看作现实的人而不是抽象的人来对待，从而对人的存在形成了符合实际的科学认识。教师在思想政治理论课教育教学中承担了多重角色，并在从事的教育教学实践中形成了相应的社会关系，教师对其

---

① 新时代高等学校思想政治理论课教师队伍建设规定［EB/OL］. 中华人民共和国教育部网站，2020-01-16.

② 韩庆祥 . 马克思人学思想研究［M］. 郑州：河南人民出版社，2011：118-122.

③ 中共中央马克思恩格斯列宁斯大林著作编译局 . 马克思恩格斯选集：第一卷［M］. 北京：人民出版社，1995：56.

教育实践活动的对象具有特定社会关系的深刻影响。

马克思人学视角下的思想政治理论课是围绕人展开的一项思想政治教育实践活动，是由人实施的培养人的正确思维和行为的实践活动，是施教者和受教者共同参与的以促进受教者思想认识、政治品质和道德行为等方面素质发展为主要目的的人类活动。思想政治理论课是做人的工作，其对象是有思想、会思考、具有主观能动性的人。教师只有客观认清学生的“人”性特点，着眼于学生诉求、落脚于学生愿景，才能不断增强思想政治理论课的吸引力，确保教育教学高效运行。教师在其中扮演了重要角色。

高校思想政治理论课的教学活动本身不是抽象的、思辨的，而是直接的和具体的，思想政治理论课教学活动中的施教者和受教者也都是现实的、具体的人。在思想政治理论课教育教学过程中，教育者把教育对象看作现实的人，看作是在一定社会条件下能够从事实践活动的处于发展中的主体，尊重教育对象的思想意识、情感和意志，受教育者不是被动消极地接受知识的个体，这样才能创设和谐教育关系，实现教育者对受教育者的多方位影响。教育者从人的现实社会关系出发，在教育过程中坚持以人为本，把受教育者视为“具体的人”，具有主体性的人，充分地、立体地分析受教育者的情况，科学地制订思想政治理论课教育教学目标，关注人的主体性、独立性以及差异性，使思想政治理论课教育教学具有更强的针对性和现实性，从而更好地提高思想政治理论课的教育教学实效。思想政治理论课教师是影响学生评价课程和推进课程改革的关键群体。“从教学过程来看，思想政治理论课的顺利开展很大程度上取决于教师的教学能力与水平，学生的主动有效参与也需要教师加以引导和维护”①。政治强、情怀深、思维新、视野广、自律严、人格正是习近平总书记对思想政治理论课教师的六点要求，这说明思想政治理论课教师的政治信仰、专业素养、教学能力、道德素质以及人格魅力既是提升思想政治理论课教学效果的主要方面，也是影响大学生认同思想政治理论课的重要表现。

（二）人的主体性理论是教师与教育对象关系定位的依据

人的主体性反映了人与自然、社会、自我关系中所具有的主体地位和作

① 冯连军，朱宝林．高校思政课教师的主体地位、现实困境和发展向度［J］．学校党建与思想教育，2020（7）：40.

用，人对内外信息不断加工从而形成系统观念以及能动的创造性，这是人的主体性的典型特征。人的自觉能动性总是在与客体相互作用中得到发展，马克思指出，“动物只是按照它所属的那个种的尺度和需要来构造”，但人不同，人是善于学习与模仿的生物，“人懂得按照任何一个种的尺度来进行生产”①，这深刻揭示了人的自我超越、自我反思的主观能动性。就人与自然的关系而言，人是自发或者自觉主体，形成的是属人价值关系；就人与人或人与群体之间的关系而言，人形成的是交互性主体关系，即价值意义相互体现，能动的创造性相互印证。在社会关系中，人生成的主体属性不具有单一性和绝对性，人与人之间的交互作用的主体与客体属性既可以从实践目的角度理解，也可以从实践过程角度或实践效果角度理解。

思想政治理论课教师与大学生从教育实践目的、过程和效果而言是复合主体性关系。大学生对思想政治理论课的认同是评价课程效果、体现学生在教育实践中主体作用的重要方面。“思想政治理论课教师讲理想信念、讲‘三观’，这些皆是做人的道理，其思想品德、人格、学识和行为不仅直接影响和熏陶着学生，还直接影响着思想政治理论课的说服力和感染力”②。思想政治理论课教师的个人素质、专业能力、行为习惯对大学生的价值观念和品德操守有直接的影响。从思想政治理论课的设置目的来看，教师是教学活动的发动者、组织者和评价者，具有教学方向和教学设计的主导作用，致力于塑造学生的精神世界，是教育教学实践关系形成的前提，因而其具有教学实践活动的主体性。在教学实践活动过程中，作为教育对象的学生虽然居于客体地位，但其在学习中所发挥的能动与创新学习作用就形成了一定的主体作用，推动了教学实践进程。同时在教学评价中，学生对思想政治理论课的认同是课程评价体系的重要组成部分，体现出师生交互作用的复合主体特征。教师本身就是一种示范，学生会有意识或无意识地效仿教师的行为举止和思想意识，“榜样示范以其生动鲜明的形象使受教育对象对优秀教师的品德或价值导

---

① 中共中央马克思恩格斯列宁斯大林著作编译局．马克思恩格斯全集：第三卷［M］．北京：人民出版社，2002：274.

② 陈悦．办好高校思政课要在“三个着力”上下功夫［J］．学校党建与思想教育，2020（8）：41.

向更加易于理解和引发共鸣与共情，从中受到感染与激励，因而其成为有效的教育方法”①。

（三）榜样示范学习观点是教师产生广泛影响的有力佐证

20世纪60年代，美国新行为主义心理学家阿伯特·班杜拉（Albert Bandura）提出了社会学习理论，示范和榜样学习在教育教学研究中受到广泛关注。社会学习理论提出，一个人的言行规范主要通过两种不同的方式所得：其一是在自身成长过程中不断汲取日常生活经历所得的行为规范，这称为直接学习；其二是通过学习其他榜样的言行举止所获得的行为规范，这叫作观察学习。班杜拉指出，一般社会环境下，人类的行为多数是在观察榜样的基础上形成的，人们通过观察和学习榜样的行为而自我吸收与效仿，并在模仿的过程中不断对自己的言行进行调整，进而完成自我提高，这种示范学习的中介包括言语、文字、行为等。② 教师是学生示范学习的主要对象，教师的言行等对大学生认同思想政治理论课具有广泛影响。

思想政治理论课教师的积极示范作用能有效推动大学生对课程的认同程度。“新时代思想政治理论课教师政治素养的提升，有助于引导学生成为马克思主义和中国特色社会主义建设的忠实信仰者、积极传播者、有力践行者。新时代思想政治理论课教师的政治操守直接影响着广大学生第一粒扣子扣得正确与否”③。思想政治理论课教师基于对马克思主义理论的真懂、真信，基于对思想政治理论课教学的强烈责任感和投入，基于自身满满正能量的人格魅力等能够使学生产生课程认同感，坚定学生的理想信念，满足学生对真理追寻的需求，满足学生成长发展的情感需要。“要增强教育对象的获得感，就需要思想政治理论课教师具有过硬的职业能力，这种职业能力既包含教师的专业知识，又涵括教师对专业知识的实际转化与运用”④。高校思想政治理论

① 王思源．高校榜样示范教育面临的挑战及对策［J］．东南大学学报（哲学社会科学版），2023（12）：67.

② 班杜拉．思想和行动的社会基础——社会认知论：上册［M］．林颖，等译．上海：华东师范大学出版社，2001：63-68.

③ 李晓兰，张洪铭．新时代思政课教师能力和素质提升探究［J］．思想政治教育研究，2020（6）：60.

④ 李敏．论思想政治理论课教师职业能力的提升［J］．思想理论教育，2020（6）：87.

课教师理论功底的深度和灵活运用马克思主义的能力，是影响大学生在思想政治理论课上获得幸福感的重要因素。高校思想政治理论课教师的知识素养、知识结构、知识视野在一定程度上决定着高校思想政治理论课教学的质量和效果。“理论只要说服人，就能掌握群众；而理论只要彻底，就能说服人”①。高校思想政治理论课教师履行育人责任，需要夯实自身知识功底，这样才能使学生更好地掌握马克思主义理论，信服理论的科学性、真理性和价值性，才能真正满足学生日益强烈的学习发展需求，并帮助学生解决现实问题。教师主动建立和谐师生关系可以最大化地调动学生参与教学的热情，使他们发挥教学过程中的主体作用。这样在师生深入交流互动中，学生可以获得知识价值，增强思想政治理论课学习的获得感。

社会学习理论诠释的学习是广义的社会性学习，包括学习知识、语言、符号、行为，也包括学习个性、价值观、态度等。“新时代思想政治理论课教师的政治素质、思想修养、职业涵养，直接关乎思想政治理论课的教学效果，直接关乎培养社会主义建设者和接班人的根本目标”②。“思想政治理论课的亲和力、吸引力和感染力，不仅来自马克思主义理论本身的科学性、价值性和真理性，还来自思想政治理论课教师融信仰、情感、品质、意志、心理、教养等于一身，对学生具有凝聚力、渗透力、影响力的人格魅力”③。教师的品德修养、言行举止直接影响学生对教师的印象和评价。纵观古今，幽默风趣、学识渊博、态度和蔼、公平公正的教师更易于消弭师生距离感，得到学生的敬爱。学生则乐于接受和认可这样的教师，进而“亲其师，信其道，乐其学”。“在思想政治理论课教学过程中倾注了深厚情感的教师，更容易被学生接受，其传授的理论知识更容易被学生悦纳；反之，就容易被学生冷淡甚至反感”④。思想政治理论课教师在教学态度上认真负责，将其视之为自己的

---

① 中共中央马克思恩格斯列宁斯大林著作编译局．马克思恩格斯选集：第一卷［M］．北京：人民出版社，1995：09.

② 王易，岳凤兰．建设符合新时代要求的高素质思想政治理论课教师队伍［J］．思想理论教育，2020（5）：18.

③ 徐建飞．新时代思政课教师核心素养的出场语境、科学意涵与提升策略［J］．学校党建与思想教育，2020（4）：44.

④ 曲建武，王雅瑞．思政课教师提升思政课教学实效性的三重维度［J］．学校党建与思想教育，2020（8）：34.

内在活动，愿意花时间和精力去钻研教材、教法，创新教案教学，主动思考怎样提高教育质量，改善教学效果，把受教者当成一种特殊客体的主体来看待，当成有意识的、现实的、具体的社会关系中的人来看待，与之平等交流，相互影响，教学相长，就能构建一个有意义的师生共同体，实现心灵的交融，也就能增强学生对课程的认同感。

二、教师影响大学生认同思想政治理论课的数据分析

本研究以大学生对思想政治理论课的情感认同、价值认同、内容认同、行为认同和总体认同为因变量，分析了教师的政治素质、专业素质和人格魅力对大学生思想政治理论课认同的影响。经信度检验，教师政治素质、专业素质和人格魅力的 Cronbach's Alpha 值分别为 0. 958、0. 968 和 0. 971，上述指标均大于 0. 9，这说明教师政治素质、专业素质和人格魅力量表内部一致性信度好。

表 4.1 信度分析

变量	Cronbach's Alpha
教师政治素质	0. 958
教师专业素质	0. 968
教师人格魅力	0. 971

图 4. 1 为大学生对思想政治理论课教师政治素质的评价均值分布情况图。结果显示，"思想政治理论课教师具有政治和纪律意识" 得分为 4. 41，"思想政治理论课教师拥护中国共产党" 得分为 4. 41，"思想政治理论课教师具有坚定的马克思主义信仰" 得分为 4. 35，这体现出在学生心中思想政治理论课教师整体的政治纪律意识较强，拥护中国共产党，有坚定的马克思主义信仰。

图 4. 2 为大学生对思想政治理论课教师专业素质的评价均值分布情况图。结果显示，"思想政治理论课教师具有扎实的专业知识" 得分为 4. 40，"思想政治理论课教师具有广博的知识" 得分为 4. 39，"思想政治理论课教师具有很好的教学设计能力" 得分为 4. 35，"思想政治理论课教师具有很好的语言表达能力" 得分为 4. 38，"思想政治理论课教师具有很好的课堂组织能力"

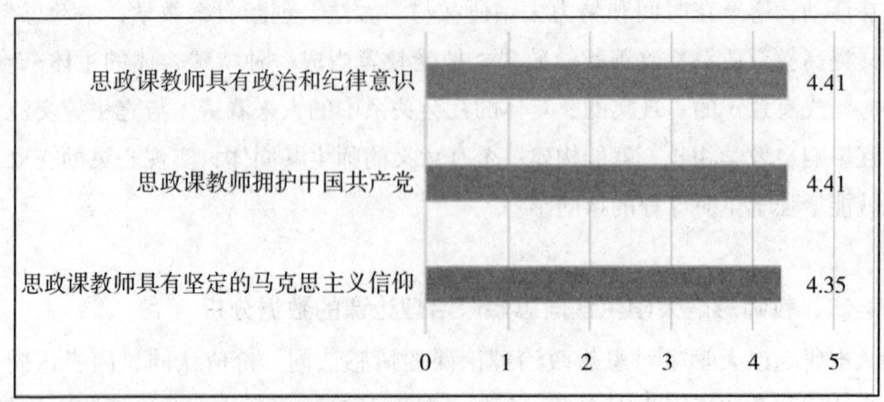

图 4.1 大学生对思想政治理论课教师政治素质评价均值分布情况

得分为 4.34，“思想政治理论课教师对课堂的要求很严格”得分为 4.23。上述结果表明，大学生对思想政治理论课教师的专业素质的评价较高。

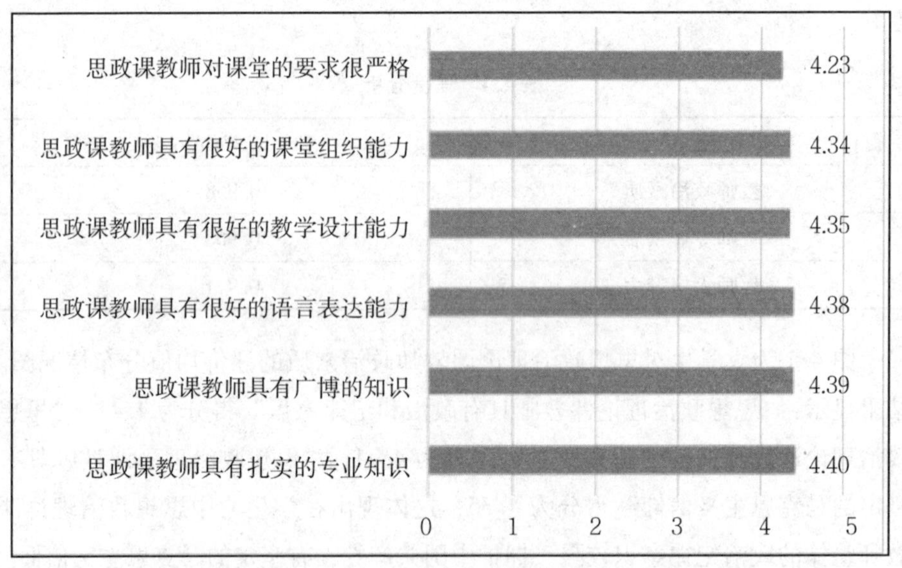

图 4.2 大学生对思想政治理论课教师专业素质评价均值分布情况

图 4.3 为大学生对思想政治理论课教师人格魅力评价均值分布情况图。结果显示，“思想政治理论课教师具有乐观的人生态度”得分为 4.41，“思想政治理论课教师为人客观公正”得分为 4.38，“思想政治理论课教师关爱学

生”得分为4.33，“思想政治理论课教师总会耐心解答我的疑问”得分为4.32，“思想政治理论课教师热爱教学”得分为4.38，“思想政治理论课教师上课有吸引力，注重营造教学氛围”得分为4.28，“思想政治理论课教师具有较强的人格魅力（例如，风趣幽默）”得分为4.30。结果表明，思想政治理论课教师具有乐观的人生态度，关爱学生，具有较强的人格魅力。

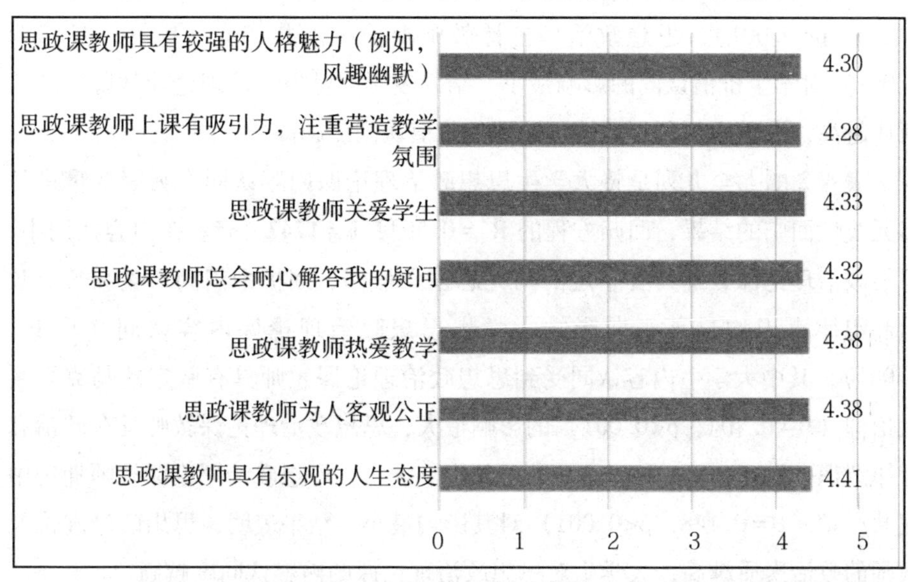

图4.3　大学生对思想政治理论课教师人格魅力评价均值分布情况

表4.2为思想政治理论课教师的政治素质对大学生思想政治理论课认同的影响分析表。表4.2的前三列是将大学生思想政治理论课情感认同作为因变量进行多元线性回归的结果，回归方程的 $R^2=0.244$，$F=554.866$。关于情感认同，思想政治理论课教师具有坚定的马克思主义信仰（$B=0.339$，$p<0.001$）、拥护中国共产党（$B=0.089$，$P<0.01$）、具有政治和纪律意识（$B=0.083$，$P<0.01$）的政治素质对大学生思想政治理论课情感认同具有显著的正向影响。其中，思想政治理论课教师具有坚定的马克思主义信仰的影响最大，其次是思想政治理论课教师拥护中国共产党，最后是思想政治理论课教师具有政治和纪律意识。上述结果表明，思想政治理论课教师的政治素质越高，大学生对思想政治理论课的情感认同度越高。

表4.2的四至六列是将大学生思想政治理论课价值认同作为因变量进行

多元线性回归的结果，回归方程的 $R^2=0.468$，$F=1511.761$。就价值认同而言，思想政治理论课教师具有坚定的马克思主义信仰、拥护中国共产党和具有政治和纪律意识均显著正向影响大学生对思想政治理论课的价值认同（均 $P<0.001$），其中教师具有坚定的马克思主义信仰（$B=0.362$，$p<0.001$）对大学生影响最大，其次是思想政治理论课教师具有政治和纪律意识（$B=0.246$，$p<0.001$），思想政治理论课教师拥护中国共产党（$B=0.103$，$p<0.001$）对学生价值认同的影响最小。结果表明，思想政治理论课教师的政治素质越高，大学生对思想政治理论课的价值认同度越高。

表 4.2 的七至九列是将大学生思想政治理论课内容认同作为因变量进行多元线性回归的结果，回归方程的 $R^2=0.504$，$F=1747.135$。在内容认同中，思想政治理论课教师具有坚定的马克思主义信仰、拥护中国共产党和具有政治和纪律意识均显著正向影响大学生思想政治理论课内容认同（均 $P<0.001$），其中大学生内容认同受到思想政治理论课教师具有坚定的马克思主义信仰（$B=0.404$，$p<0.001$）的影响最大，思想政治理论课教师具有政治和纪律意识（$B=0.185$，$p<0.001$）对其影响次之，思想政治理论课教师拥护中国共产党（$B=0.148$，$p<0.001$）对其影响最小。结果表明，思想政治理论课教师的政治素质越高，大学生对思想政治理论课的内容认同度越高。

表 4.2 的十至十二列是将大学生思想政治理论课行为认同作为因变量进行多元线性回归的结果，回归方程的 $R^2=0.449$，$F=1398.14$。在行为认同中，思想政治理论课教师具有坚定的马克思主义信仰（$B=0.420$，$p<0.001$）、拥护中国共产党（$B=0.074$，$P<0.01$）和具有政治和纪律意识（$B=0.199$，$P<0.001$）对大学生行为认同存在显著正向影响，其中教师具有坚定的马克思主义信仰对学生的认同影响最大，其次是教师的政治和纪律意识对学生的认同影响，最后是教师拥护中国共产党的领导。上述结果表明，思想政治理论课教师的政治素质越高，大学生对思想政治理论课的行为认同度越高。

表 4.2 最后三列是将大学生思想政治理论课总体认同作为因变量进行多元线性回归的结果，回归方程的 $R^2=0.493$，$F=1673.861$。思想政治理论课教师具有坚定的马克思主义信仰（$B=0.410$，$p<0.001$）、拥护中国共产党（$B=0.118$，$p<0.001$）以及具有政治和纪律意识（$B=0.201$，$P<0.001$）都

显著正向影响大学生思想政治理论课总体认同，其中思想政治理论课教师具有坚定的马克思主义信仰对大学生的影响最大，教师具有政治和纪律意识的影响次之，教师拥护中国共产党的影响最小。上述结果表明，思想政治理论课教师的政治素质越高，大学生对思想政治理论课的总体认同度越高。

在上述五个回归方程中，思想政治理论课教师具有坚定的马克思主义信仰、拥护中国共产党和具有政治和纪律意识均显著影响大学生对思想政治理论课的情感认同、价值认同、内容认同、行为认同和总体认同，并且思想政治理论课教师具有坚定的马克思主义信仰对大学生思想政治理论课认同的影响最大。结果表明，思想政治理论课教师的政治素质对大学生思想政治理论课认同有着重要的影响，并且思政课教师对马克思主义的信仰是影响思想政治理论课教学效果的最重要因素。习近平总书记强调“要让有信仰的人讲信仰”，思想政治理论课教师必须“打铁还需自身硬”，坚定马克思主义信仰，坚定理想信念，坚决拥护中国共产党，提高政治和纪律意识，这样才能提升思想政治理论课的说服力与感染力，增强大学生对课程内容、价值、情感的认同。

在表 4.3 所示的思想政治理论课教师专业素质对大学生思想政治理论课情感认同的影响分析中，表前三列是将大学生思想政治理论课情感认同作为因变量进行多元线性回归的结果，回归方程的 $R^2=0.294$，$F=357.641$。就情感认同而言，思想政治理论课教师具有扎实的专业知识（$B=0.060$，$P<0.1$）、具有很好的教学设计能力（$B=0.159$，$P<0.001$）、具有很好的课堂组织能力（$B=0.145$，$P<0.001$）、对课堂的要求很严格（$B=0.201$，$P<0.001$）均显著正向影响大学生对思想政治理论课的情感认同。其中，思想政治理论课教师对课堂的要求很严格对大学生对思想政治理论课情感认同的影响最大。

表 4.2 思想政治理论课教师政治素质对大学生思想政治理论课认同影响分析

因变量 / 自变量	情感认同			价值认同			内容认同			行为认同			总体认同		
	标准化系数（B）	T值	P值	标准化系数（B）	T值	P值	标准化系数（B）	T值	P值	标准化系数（B）	T值	P值	标准化系数（B）	T值	P值
思想政治理论课教师具有坚定的马克思主义信仰	0. 339***	12. 729	0. 000	0. 362***	16. 213	0. 000	0. 404***	18. 774	0. 000	0. 420***	18. 489	0. 000	0. 410***	18. 836	0. 000
思想政治理论课教师拥护中国共产党	0. 089**	2. 729	0. 006	0. 103***	3. 762	0. 000	0. 148***	5. 588	0. 000	0. 074**	2. 669	0. 008	0. 118***	4. 411	0. 000
思想政治理论课教师具有政治和纪律意识	0. 083**	2. 616	0. 009	0. 246***	9. 285	0. 000	0. 185***	7. 241	0. 000	0. 199***	7. 386	0. 000	0. 201***	7. 776	0. 000
R^2	0. 244			0. 468			0. 504			0. 449			0. 493		
F	554. 866			1511. 761			1747. 135			1398. 14			1673. 861		

（注：*** P<0. 001，** P<0. 01，* P<0. 05）

表 4.3 的四至六列是将大学生思想政治理论课价值认同作为因变量进行多元线性回归的结果，回归方程的 $R^2=0.493$，F=836.749。在价值认同中，思想政治理论课教师具有扎实的专业知识（B=0.186，P<0.001）、具有广博的知识（B=0.116，P<0.001）、具有很好的语言表达能力（B=0.096，P<0.001）、具有很好的教学设计能力（B=0.147，P<0.001）、具有很好的课堂组织能力（B=0.089，P<0.01）、对课堂的要求很严格（B=0.121，P<0.001）均显著正向影响大学生对思想政治理论课的价值认同，且价值认同受到思想政治理论课教师具有扎实的专业知识的影响最大。

表 4.3 的七至九列是将大学生思想政治理论课内容认同作为因变量进行多元线性回归的结果，回归方程的 $R^2=0.54$，F=1008.578。就内容认同而言，思想政治理论课教师具有扎实的专业知识（B=0.177，P<0.001）、具有广博的知识（B=0.094，P<0.001）、具有很好的语言表达能力（B=0.077，P<0.01）、具有很好的教学设计能力（B=0.158，P<0.001）、具有很好的课堂组织能力（B=0.110，P<0.001）、对课堂的要求很严格（B=0.177，P<0.001）均显著正向影响大学生对思想政治理论课的内容认同。上述影响因素结果比较显示，思想政治理论课教师对课堂的要求很严格对大学生思想政治理论课内容认同的影响程度最大。

表 4.3 的十至十二列是将大学生思想政治理论课行为认同作为因变量进行多元线性回归的结果，回归方程的 $R^2=0.509$，F=890.82。在行为认同中，思想政治理论课教师具有扎实的专业知识（B=0.182，P<0.001）、具有很好的语言表达能力（B=0.049，P<0.1）、具有很好的教学设计能力（B=0.109，P<0.001）、具有很好的课堂组织能力（B=0.115，P<0.001）、对课堂的要求很严格（B=0.302，P<0.001）显著正向影响大学生对思想政治理论课的行为认同。其中，思想政治理论课教师对课堂的要求很严格对大学生思想政治理论课行为认同的影响最大。

表 4.3 后三列是将大学生思想政治理论课总体认同作为因变量进行多元线性回归的结果，回归方程的 $R^2=0.541$，F=1014.011。在总体认同中，思想政治理论课教师具有扎实的专业知识（B=0.181，P<0.001）、具有广博的知识（B=0.055，P<0.05）、具有很好的语言表达能力（B=0.077，P<

0.01)、具有很好的教学设计能力（B=0.138，P<0.001)、具有很好的课堂组织能力（B=0.123，P<0.001)、对课堂的要求很严格（B=0.223，P<0.001）均显著正向影响大学生对思想政治理论课的总体认同。在上述影响因素中，思想政治理论课教师对课堂的要求很严格对大学生思想政治理论课总体认同的影响最大。结果表明，思想政治专业教师的专业素质对大学生思想政治理论课认同具有显著的影响，提高思政课教师的专业素质有助于提高大学生对思想政治理论课的总体认同度，具体表现在提高大学生对思想政治理论课的情感认同、价值认同、内容认同和行为认同四个方面。

对比分析来看，在表4.3的回归方程中，思想政治理论课教师具有扎实的专业知识、具有很好的教学设计能力、具有很好的课堂组织能力、对课堂的要求很严格均显著影响大学生对思想政治理论课的情感认同、价值认同、内容认同、行为认同以及总体认同。思想政治理论课教师具有广博的知识显著影响大学生对思想政治理论课的价值认同、内容认同和总体认同；思想政治理论课教师具有很好的语言表达能力显著影响大学生对思想政治理论课的价值认同、内容认同、行为认同以及总体认同。在上述影响因素中，教师对课堂的要求很严格对情感认同、内容认同、行为认同和总体认同的影响最大，具有扎实的专业知识对价值认同的影响最大。这表明思想政治理论课教师必须切实提升自身专业能力、夯实专业知识、创新教学方式、丰富课堂内容、严格管理课堂，才能获得学生的信服与认同，使课堂充满感染力。

表4.4是思想政治理论课教师人格魅力对大学生思想政治理论课认同的影响分析表。其前三列是将大学生思想政治理论课情感认同作为因变量进行多元线性回归的结果，回归方程的 $R^2=0.311$，F=332.867。就情感认同而言，思想政治理论课教师为人客观公正（B=0.141，P<0.001)、总会耐心解答疑问（B=0.106，P<0.001)、上课具有吸引力（B=0.218，P<0.001）以及具有较强的人格魅力（例如，风趣幽默）（B=0.139，P<0.001）具有显著的正向影响。在上述影响因素中，思想政治理论课教师上课具有吸引力对大学生思想政治理论课情感认同影响最明显。

表 4.3 思想政治理论课教师专业素质对大学生思想政治理论课认同影响分析

因变量 / 自变量	情感认同			价值认同			内容认同			行为认同			总体认同		
	标准化系数（B）	T 值	P 值	标准化系数（B）	T 值	P 值	标准化系数（B）	T 值	P 值	标准化系数（B）	T 值	P 值	标准化系数（B）	T 值	P 值
思想政治理论课教师具有扎实的专业知识	0.060#	1.866	0.062	0.186***	6.862	0.000	0.177***	6.837	0.000	0.182***	6.792	0.000	0.181***	6.991	0.000
思想政治理论课教师具有广博的知识	-0.029	-0.899	0.369	0.116***	4.226	0.000	0.094***	3.596	0.000	0.017	0.624	0.532	0.055*	2.114	0.035
思想政治理论课教师具有很好的语言表达能力	0.047	1.473	0.141	0.096***	3.559	0.000	0.077**	3.007	0.003	0.049#	1.863	0.063	0.077**	2.993	0.003
思想政治理论课教师具有很好的教学设计能力	0.159***	5.052	0.000	0.147***	5.511	0.000	0.158***	6.217	0.000	0.109***	4.151	0.000	0.138***	5.435	0.000

续表

因变量 / 自变量	情感认同			价值认同			内容认同			行为认同			总体认同		
	标准化系数（B）	T值	P值	标准化系数（B）	T值	P值	标准化系数（B）	T值	P值	标准化系数（B）	T值	P值	标准化系数（B）	T值	P值
思想政治理论课教师具有很好的课堂组织能力	0. 145***	4. 742	0. 000	0. 089**	3. 424	0. 001	0. 110***	4. 472	0. 000	0. 115***	4. 501	0. 000	0. 123***	4. 985	0. 000
思想政治理论课教师对课堂的要求很严格	0. 201***	9. 935	0. 000	0. 121***	7. 080	0. 000	0. 177***	10. 865	0. 000	0. 302***	17. 922	0. 000	0. 223***	13. 724	0. 000
R^2	0. 294			0. 493			0. 54			0. 509			0. 541		
F	357. 641			836. 749			1008. 578			890. 82			1014. 011		

（注：*** P<0. 001，** P<0. 01，* P<0. 05，# P<0. 1）

表4.4的四至六列是将大学生思想政治理论课价值认同作为因变量进行多元线性回归的结果，回归方程的 $R^2=0.5$，F=736.043。在价值认同中，思想政治理论课教师具有乐观的人生态度（B=0.165，P<0.001）、为人客观公正（B=0.127，P<0.001）、热爱教学（B=0.105，P<0.001）、总会耐心解答疑问（B=0.148，P<0.001）、关爱学生（B=0.053，p<0.05）、上课具有吸引力（B=0.098，P<0.001）、具有较强的人格魅力（B=0.070，p<0.01）具有显著的正向影响。综合来看，思想政治理论课教师具有乐观的人生态度对大学生对思想政治理论课的价值认同影响最明显。

表4.4的七至九列所示是将大学生思想政治理论课内容认同作为因变量进行多元线性回归的结果，回归方程的 $R^2=0.554$，F=915.254。思想政治理论课教师具有乐观的人生态度（B=0.117，P<0.001）、为人客观公正（B=0.144，P<0.001）、热爱教学（B=0.078，P<0.01）、关爱学生（B=0.071，P<0.01）、总会耐心解答疑问（B=0.148，P<0.001）、上课有吸引力（B=0.132，P<0.001）以及具有较强的人格魅力（B=0.117，P<0.001）显著正向影响大学生对思想政治理论课的内容认同。其中，思想政治理论课教师总会耐心解答疑问对大学生思想政治理论课内容认同的影响最大。

表4.4的十至十二列是将大学生思想政治理论课行为认同作为因变量进行多元线性回归的结果，回归方程的 $R^2=0.52$，F=798.368。在行为认同中，思想政治理论课教师具有乐观的人生态度（B=0.083，P<0.001）、为人客观公正（B=0.114，P<0.001）、热爱教学（B=0.047，p<0.1）、总会耐心解答疑问（B=0.169，P<0.001）、教师关爱学生（B=0.063，p<0.05）、上课有吸引力（B=0.181，P<0.001）以及具有较强的人格魅力（B=0.124，P<0.001）均显著正向影响大学生对思想政治理论课的行为认同。在上述影响因素中，思想政治理论课教师上课有吸引力对大学生思想政治理论课行为认同的影响最明显。

表 4.4 思想政治理论课教师人格魅力对大学生思想政治理论课认同影响分析

因变量 / 自变量	情感认同			价值认同			内容认同			行为认同			总体认同		
	标准化系数（B）	T值	P值	标准化系数（B）	T值	P值	标准化系数（B）	T值	P值	标准化系数（B）	T值	P值	标准化系数（B）	T值	P值
思想政治理论课教师具有乐观的人生态度	-0.003	-0.100	0.920	0.165***	7.650	0.000	0.117***	5.728	0.000	0.083***	3.899	0.000	0.131***	6.414	0.000
思想政治理论课教师为人客观公正	0.141***	4.597	0.000	0.127***	4.867	0.000	0.144***	5.843	0.000	0.114***	4.443	0.000	0.140***	5.661	0.000
思想政治理论课教师热爱教学	-0.020	-0.656	0.512	0.105***	4.014	0.000	0.078**	3.174	0.002	0.047#	1.819	0.069	0.047#	1.897	0.058
思想政治理论课教师总会耐心解答我的疑问	0.106***	3.796	0.000	0.148***	6.203	0.000	0.148***	6.556	0.000	0.169***	7.249	0.000	0.155***	6.898	0.000

续表

因变量 / 自变量	情感认同			价值认同			内容认同			行为认同			总体认同		
	标准化系数（B）	T值	P值	标准化系数（B）	T值	P值	标准化系数（B）	T值	P值	标准化系数（B）	T值	P值	标准化系数（B）	T值	P值
思想政治理论课教师关爱学生	0. 015	0. 509	0. 611	0. 053*	2. 112	0. 035	0. 071**	2. 988	0. 003	0. 063*	2. 558	0. 011	0. 041#	1. 723	0. 085
思想政治理论课教师上课有吸引力，注重营造教学氛围	0. 218***	8. 347	0. 000	0. 098***	4. 385	0. 000	0. 132***	6. 275	0. 000	0. 181***	8. 312	0. 000	0. 171***	8. 143	0. 000
思想政治理论课教师具有较强的人格魅力（例如，风趣幽默）	0. 139***	5. 079	0. 000	0. 070**	2. 988	0. 003	0. 117***	5. 317	0. 000	0. 124***	5. 423	0. 000	0. 124***	5. 612	0. 000
R^2	0. 311			0. 5			0. 554			0. 52			0. 555		
F	332. 867			736. 043			915. 254			798. 368			917. 151		

（注：*** P<0. 001，** P<0. 01，* P<0. 05，# P<0. 1）

表 4. 5　思想政治理论课教师对大学生思想政治理论课认同影响分析

因变量 / 自变量	情感认同			价值认同			内容认同			行为认同			总体认同		
	标准化系数（B）	T 值	P 值	标准化系数（B）	T 值	P 值	标准化系数（B）	T 值	P 值	标准化系数（B）	T 值	P 值	标准化系数（B）	T 值	P 值
政治素质	0. 012	0. 491	0. 624	0. 230***	11. 357	0. 000	0. 185***	9. 620	0. 000	0. 111***	5. 505	0. 000	0. 163***	8. 398	0. 000
专业素质	0. 207***	6. 732	0. 000	0. 287***	11. 197	0. 000	0. 271***	11. 101	0. 000	0. 239***	9. 335	0. 000	0. 286***	11. 640	0. 000
人格魅力	0. 333***	10. 554	0. 000	0. 225***	8. 543	0. 000	0. 318***	12. 681	0. 000	0. 385***	14. 617	0. 000	0. 321***	12. 715	0. 000
R^2	0. 291			0. 506			0. 553			0. 507			0. 548		
F	707. 018			1761. 633			2129. 332			1764. 071			2082. 669		

（注：*** P<0. 001，** P<0. 01，* P<0. 05）

表 4. 4 的最后三列是将大学生思想政治理论课总体认同作为因变量进行多元线性回归的结果，回归方程的 $R^2=0.555$，F=917. 151。在总体认同的影响因素中，思想政治理论课教师具有乐观的人生态度（B=0. 131，P<0. 001）、为人客观公正（B=0. 140，P<0. 001）、热爱教学（B=0. 047，P<0. 1）、总会耐心解答疑问（B=0. 155，P<0. 001）、关爱学生（B=0. 041，P<0. 1）、上课有吸引力（B=0. 171，P<0. 001）以及具有较强的人格魅力（B=0. 124，P<0. 001）均显著正向影响大学生思想政治理论课总体认同，其中思想政治理论课教师上课有吸引力影响最明显。

对比分析来看，在上述回归方程中，思想政治理论课教师具有乐观的人生态度、热爱教学、关爱学生均显著正向影响大学生对思想政治理论课的价值认同、内容认同、行为认同和总体认同。思想政治理论课教师为人客观公正、总会耐心解答我的疑问、上课有吸引力、具有较强的人格魅力均显著正向影响大学生对思想政治理论课的情感认同、价值认同、内容认同、行为认同和总体认同。综上所述，思想政治理论课教师的人格魅力对大学生思想政治理论课认同具有显著正向影响，教师的人格魅力越高，学生对思想政治理论课的认同度也越高。

表 4. 5 为思想政治理论课教师（包括政治素质、专业素质、人格魅力）整体表现对大学生思想政治理论课认同的影响分析结果表。表格的前三列是将大学生思想政治理论课情感认同作为因变量进行多元线性回归的结果。回归方程的 $R^2=0.291$，F=707. 018。就情感认同而言，思想政治理论课教师的人格魅力（B=0. 333，p<0. 001）对大学生思想政治理论课情感认同存在显著正向影响，且影响最大，教师的专业素质（B=0. 207，p<0. 001）对情感认同亦有显著正向影响且影响最小。

表 4. 5 的四至六列是将大学生思想政治理论课价值认同作为因变量进行多元线性回归的结果。回归方程的 $R^2=0.506$，F=1761. 633。就价值认同而言，思想政治理论课教师的政治素质（B=0. 230，P<0. 001）、专业素质（B=0. 287，P<0. 001）和人格魅力（B=0. 225，P<0. 001）对价值认同有显著正向影响，其中专业素质的影响最大，政治素质的影响次之，人格魅力的影响最小。

表 4.5 的七至九列是将大学生思想政治理论课内容认同作为因变量进行多元线性回归的结果。回归方程的 $R^2=0.553$，$F=2129.332$。就内容认同而言，人格魅力（$B=0.318$，$p<0.001$）对内容认同的影响最大，其次是专业素质（$B=0.271$，$p<0.001$），政治素质（$B=0.185$，$p<0.001$）的影响最小。

表 4.5 的十至十二列是将大学生思想政治理论课行为认同作为因变量进行多元线性回归的结果。回归方程的 $R^2=0.507$，$F=1764.071$。就行为认同而言，人格魅力（$B=0.385$，$p<0.001$）对行为认同影响最显著，其次是专业素质（$B=0.239$，$p<0.001$），政治素质（$B=0.111$，$p<0.001$）影响最小。

表 4.5 的十三至十五列是将大学生思想政治理论课总体认同作为因变量进行多元线性回归的结果。回归方程的 $R^2=0.548$，$F=2082.669$。思想政治理论课教师的人格魅力（$B=0.321$，$p<0.001$）、专业素质（$B=0.286$，$p<0.001$）、政治素质（$B=0.163$，$p<0.001$）均显著正向影响大学生思想政治理论课总体认同，且人格魅力的影响最大。综上所述，思想政治理论课教师的人格魅力对大学生思想政治理论课总体认同、情感认同、内容认同、行为认同的影响最大，其次是教师的专业素质，政治素质的影响最小。

三、教师影响大学生认同思想政治理论课的特征

综合以上数据分析，教师在大学生认同思想政治理论课的要素中具有举足轻重的影响作用，并且体现出显著的特征。教师影响大学生认同思想政治理论课的主要表现特征有以下方面。

第一，教师的人格魅力对大学生思想政治理论课认同影响突出。调查显示，教师的人格魅力对大学生思想政治理论课的行为认同、内容认同、情感认同均具有显著影响，具有强烈的个人魅力已成为学生信服、认同、喜爱教师的重要指标。人格魅力在自陈评价中是具有较为开放的意义，其中可能内含了学识、亲和、尊敬、修为等多种意义，这也在一定意义上反映出大学生对思想政治理论课教师角色的多重期待。

第二，思想政治理论课教师政治素质作为影响大学生认同思想政治理论课的重要因素，成为彰显课程政治属性的标志之一。教师具有坚定的马克思主义信仰是思想政治理论课教师政治素养的核心要求，其对大学生认同思想

政治理论课的影响尤为显著。思想政治理论课始终致力于引导大学生树立马克思主义信仰，追求建设中国特色社会主义，实现中华民族伟大复兴的共同理想。思想政治理论课教师发挥榜样示范作用，只有自身真懂真信马克思主义，通过言传身教、寓教于行，将抽象的理论转化成具体的行为，在现实生活中潜移默化地影响学生，在实际教学中讲深、讲活马克思主义，真正用马克思主义的理论魅力感染学生，用马克思主义的真理力量征服学生。

第三，教师具有扎实的专业知识并对课堂的要求很严格对大学生认同思想政治理论课的影响全面且显著。思想政治理论课教师严格的课堂管理有助于提高学生上课的认真程度，促进学生积极参与课堂互动，能在一定程度上保证教学质量，增强学生的学习获得感。教师维护课堂秩序、严格管理课堂等教学外部环节对大学生认同思想政治理论课的价值、内容，形成倾向性的积极情感和行为规范等都具有显著的影响，体现出教师管理的效应。此外，思想政治理论课教师的专业知识对大学生思想政治理论课价值认同的影响最大，其体现出大学生对思想政治理论课与其他课程要求的共性特征，即教师的专业化知识是影响学生评价和认同的基础。因此，教师应当将教学与科研相结合，了解前沿研究动态，加深专业知识的学习，提升专业化水平，由此优化教学效果，提高大学生对课程的认同度。

第四，教师上课具有吸引力、注重营造教学氛围对大学生思想政治理论课认同影响显著，这表明思想政治理论课对学生的吸引程度和活跃的课堂学习氛围将有助于提升大学生对思想政治理论课的认同度。思想政治理论课本身具有学理性与政治性、思想性与科学性兼顾的特征，理论的抽象性和历史性都需要灵活多样的教学形式加以支撑。因此，通过教学设计使教学内容生动形象起来，提高思想政治理论课内容的吸引力和感染力，教师以自身积极向上、热爱教学的热情带动学生情感，与学生产生共鸣，同时注重教学过程中学生的参与程度，形成充分交流、讨论，思想碰撞的教学氛围，这样才能取得良好的教学效果，增强学生对思想政治理论课的认同感。

第五章

学习动机对大学生认同思想政治理论课的影响

学习动机是学生学习并掌握课堂知识的动力或需求，常表现为学生引起并维持学习活动，趋向教师设定目标的心理历程。学习动机是大学生认同思想政治理论课的内在支配和调节因素，潜在影响大学生的学习态度。学习动机教育作为非智力因素教育的突破口，是针对性地激发大学生的学习主动性和积极性，优化思想政治理论课教育教学效果，有效培育和提升大学生思想政治素养的重要内容。

一、学习动机影响大学生认同思想政治理论课的理论分析

动机作为人的心理倾向的重要组成部分，它是引起并维持个体从事某种活动的内部动力，是考察主体行为缘由的因素。动机为人的行为发动、维持和促进提供能量，影响行为的强度与效果。同时，动机具有相应的指向性，使人的行为趋向特定目标，表现出明显的选择性。动机的作用不仅体现为主体行为产生之前的驱动，而且体现为主体活动产生后的维持和调整过程。学习动机是激发或维持学习者学习活动的一种动因或力量，一般表现为学习者的意图、愿望、心理期待，或希望达到的目标等，是直接影响学生进行学习的内部动力。广义的学习是经过实践引起个体知识或行为相对持久的变化，是个体与外界环境之间相互作用的结果。学习动机是主体参加学习活动负有责任的状态，包括引发或者抑制某种关涉学习的不同行为方向。

（一）学习动机与需要相辅作用是激发、指向和强化学生学习活动的前提

学习活动是社会活动的重要类型，是在学习需要与学习动机的推动下，学习者对学习活动进行选择、驱动和调节的过程。学习动机与需要直接影响

学习效果。需要是主体对有机体内部环境或外部条件的要求，表现为主体的生存和发展对客观条件的依赖。动机在需要的基础上产生，当需要达到一定强度时，动机才能转化为推动或者抑制某种行为的内部动力，即动机是被意识到的需要。作为动机基础的需要不仅产生于主体自身，而且来自主体社会活动的交往过程。需要与动机相辅作用对认同行为的发生起着重要的导向作用。马克思主义认为利益是人类一切活动的根本动因，“人们奋斗所争取的一切，都同他们的利益相关”①。这里所指的利益，不是机械唯物主义所理解的那种产生于人的自私本性的需求，而是指客体满足主体的某种需要，既包括物质需求，又包括精神需求，学界通常将其解释为“人们活动目的、动机、过程、结果的一个发展过程”②。这种需要反映在思想政治理论课的学习中，就可表现为，当大学生具有获取外部利益、求知求新、提升自我等多方面的物质和精神需要时，这种需要将会转化为动力，增强大学生投入思想政治理论课学习活动的自觉行为。

大学生对思想政治理论课的认同建立在大学生的现实需要及其转化为具体行为的基础之上。人的需要是衡量价值的尺度，是人们价值观念的来源。思想政治理论课的内容、形式等能够满足大学生对社会政治、经济、文化发展等规律性认识的需要，帮助他们解答现实生活中自身、自身与社会之间发展所面临的问题，把握社会发展中出现的一系列问题的本质，并在其中获得价值判断的指向，帮助大学生恢复和保持心理平衡状态，进而才能推动大学生在不断提升精神追求层次的过程中形成富有强烈责任意识的学习实践。拥有责任意识的学习实践已经不仅仅是基于个人价值需要满足后所产生的动机力量，而且更主要的是基于社会价值需要的满足所产生的动机力量。大学生的学习需要和动机所立足的利益规定着他们的学习行为取向和学习行为强度。统筹社会价值与个人价值追求的高层次发展需要与动机，主导大学生积极主动的学习实践活动，有助于增强大学生对思想政治理论课的认同。

---

① 中共中央马克思恩格斯列宁斯大林著作编译局．马克思恩格斯全集：第一卷［M］．北京：人民出版社，1956：82.

② 金晔．利益、话语与价值认同——高校马克思主义大众化路径优化的三个维度［J］．社会科学，2015（3）：30-33.

（二）兴趣偏好是学习动机产生的牵引

大学生的学习动机常内含自身的兴趣偏好。认同主体的认同活动过程总会趋向一定的方向和目标，主体对这一目标进行选择和判断，其中认同主体的兴趣偏好在选择中发挥重要的牵引作用。兴趣是主体主动认识某种事物或从事某项活动的心理倾向。兴趣作为一种积极的、内在的活动和主观体验，常带有积极的内部倾向，表现出主动探索的欲望和需求。瑞士心理学家皮亚杰指出，"兴趣，实际上，就是需要的延伸，它表现出对象与需要之间的关系，因为我们之所以对一个对象发生兴趣，是由于它能满足我们的需要"①。强烈的兴趣激发主体追求需要满足的力量，这就是主体认同目标对象的动力所在。

思想政治理论课通过内容、形式或载体等多方面激发大学生的学习兴趣，不仅能调动他们学习的注意力，而且能够增强他们克服学习困难或学习惰性的意志力，推动大学生主动探究未知，并使他们将学习内容与人生规划、社会责任等相融合，形成积极学习状态。学习兴趣有直接兴趣和间接兴趣之分。基于对对象和活动本身具有积极情绪反应的直接兴趣，能够对大学生学习思想政治理论课产生直接动力；基于对活动结果具有某种期待性反应的间接兴趣，能够使大学生对学习活动保持持久动力。培养大学生学习思想政治理论课的直接兴趣和间接兴趣，促进两者的转化，是激发学生的学习动机、提高所学课程认同度的关键。

（三）学习动机的性质与强度决定认同的方向与强度

学习动机的选择和倾向都体现出其所具有的方向差异特征。学习动机的性质一般体现在追求学习目标的积极性和消极性的差别上。积极性学习动机能够使学生具有平衡的成功感和失败感，学生的推动力来自自身、他人、社会之间的协调关系，学生具有利他性的责任意识，展现出乐观自信的学习实践活动力量；消极学习动机则专注于自身功利性所得或拘泥于课程学习的获利结果，缺少自身与社会发展愿景关系的关注视野，利己倾向显著。持有积极学习动机的大学生与思想政治理论课的教学目标与价值导向相匹配，有助

① 皮亚杰．儿童的心理发展：心理学研究文选［M］．傅统先，译．济南：山东教育出版社，1982：55.

于其产生正向情感体验，其学习动机将会更加强烈，进而表现出对思想政治理论课的热情，形成思想政治理论课认同；持有消极学习动机的大学生常会与思想政治理论课的价值取向相矛盾，甚至伴有不良情感体验，大学生的学习动机将会减弱，不利于其形成思想政治理论课认同。学习动机还具有主动性和被动性的差别。主动性动机具有自觉追求和选择对象的主观意愿，主体认同对象的持久性强；被动性动机则受外界环境影响后转化为影响行为的推动力，需要持续的强化才能保持主体行为方式。大学生的主动学习动机与被动学习动机都是增强大学生认同思想政治理论课的重要渠道。

学习动机的强度影响大学生认同思政理论课的强度。心理学家耶克斯和多德森（Yerkes & Dodson）通过实验证明动机强度和学习或实践效率之间的关系并非一种线性关系，而是呈倒 U 形曲线关系。在一般难度的学习或实践任务条件下，随着学习动机的增强，大学生的学习活动强度也将随之增强。达到中等强度学习动机的主体推动力的效率最高，有助于激励大学生建立清晰的学习目标，增强他们的求知欲，提高思维的活跃程度和专注度，形成学习的自觉性与自律性，在增强学习获得感的同时增强大学生对高校思想政治理论课的认同感。大学生学习思想政治理论课的动机过弱，不利于调动他们学习的积极性，难以提高他们对思想政治理论课的认同度，但如果学习动机强度过大，容易导致焦虑和紧张，干扰学习活动使学习效率下降，同样也会降低大学生对思想政治理论课的认同度。大学生学习动机与他们认同课程之间的关系还会受到学习任务难度的影响。一般而言，中等难度的学习与实践任务，中等学习动机强度所产生的内在推动力效率最高；较为简单的学习和实践任务，则需要较强的学习动机才更有利于达到最优的学习效率；面对较难的学习和实践任务，在任务完成需要较高的身心唤醒的作用下，较低的学习动机就能达到较高的学习和实践效率。因此，基于学习任务难度差异所体现的学习动机特征，思想政治理论课教师需要合理运用教学手段，兼顾教学任务难度激发大学生的学习动机，使其保持较高的学习和实践效率。

二、学习动机影响大学生认同思想政治理论课的数据分析

本研究将学习思想政治理论课是为了了解党的大政方针和基本国策、学

习思想政治理论课是为了国家的富强贡献自己的力量、学习思想政治理论课是为了适应社会对人才的需求、学习思想政治理论课是为了提高自身的思想政治理论素质、学习思想政治理论课是为了树立正确的三观、学习思想政治理论课是为了提高自身的思想品德修养、学习思想政治理论课是为了丰富自身知识结构、学习思想政治理论课是为了解决专业课学习中出现的问题、学习思想政治理论课是为了提高解决现实问题的能力等作为考查学生主动动机的题目。本研究将学习思想政治理论课是为了通过考试获得学分、学习思想政治理论课是为了获得奖学金、学习思想政治理论课是为了考研或出国、学习思想政治理论课是为了考公务员或工作等作为考查学生被动动机的题目。

经信度检验，结果如表 5.1 所示，主动动机和被动动机的 Cronbach's Alpha 值分别为 0.971 和 0.929，上述指标均大于 0.9，这说明主动动机和被动动机量表的内部一致性信度甚佳。

表 5.1　信度分析

变量	Cronbach's Alpha
主动动机	0.971
被动动机	0.929

图 5.1 为大学生思想政治理论课学习动机各题项的具体得分情况图。结果表明，被动动机题项中，"学习思政课是为了考公务员或工作"得分为 3.34，"学习思政课是为了考研或出国"得分为 3.24，"学习思政课是为了获得奖学金"得分为 3.21，"学习思政课是为了通过考试获得学分"得分为 3.45。主动动机题项中，"学习思政课是为了提高解决现实问题的能力"得分为 4.10，"学习思政课是为了解决专业课学习中出现的问题"得分为 4.10，"学习思政课是为了丰富自身知识结构"得分为 4.26，"学习思政课是为了提高自身的思想品德修养"得分为 4.29，"学习思政课是为了树立正确的三观"得分为 4.28，"学习思政课是为了提高自身的思想政治理论素质"得分为 4.28，"学习思政课是为了适应社会对人才的需求"得分为 4.19，"学习思政课是为了国家的富强贡献自己的力量"得分为 4.20，"学习思政课是为了理解党的大政方针和基本国策"得分为 4.21。值得注意的是，在大学生思想政

治理论课学习动机中，主动动机的得分均高于被动动机的得分。

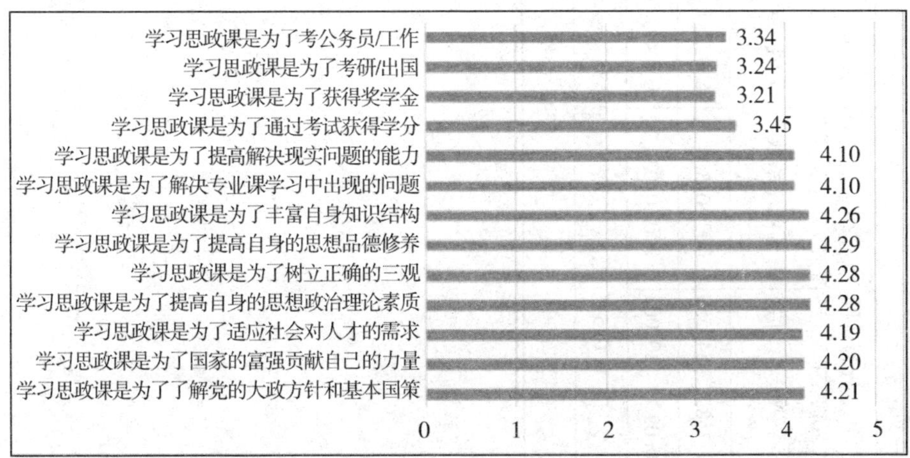

图 5.1 大学生思想政治理论课学习动机均值分布情况

随后，本研究探究了主动动机和被动动机对大学生思想政治理论课认同的影响。研究员运用 SPSS 软件进行多元线性回归分析，所得结果如表 5.2 所示。表 5.2 的前三列是将大学生思想政治理论课情感认同作为因变量进行多元线性回归的结果。回归方程的 $R^2=0.368$，$F=1501.981$。具体来看，主动动机（$B=0.578$，$P<0.001$）、被动动机（$B=0.079$，$P<0.001$）对情感认同均有显著的正向影响。主动动机和被动动机越强，大学生对思想政治理论课的情感认同度越高。相比较而言，主动动机对大学生思想政治理论课情感认同的影响更大。

表 5.2 的四至六列是将大学生思想政治理论课价值认同作为因变量进行多元线性回归的结果。回归方程的 $R^2=0.591$，$F=3731.264$。具体来看，主动动机（$B=0.774$，$P<0.001$）对价值认同有显著的正向影响，被动动机（$B=-0.016$，$P<0.1$）对价值认同有比较显著的负向影响。上述结果表明，大学生的主动动机越强，他们对思想政治理论课价值的认同度越高，被动动机越弱，越认同思想政治理论课的价值。主动动机和被动动机与大学生认同思想政治理论课的价值所体现出的反方向相关关系，说明具有积极属性的主动动机对大学生思想政治理论课价值认同存在显著正向影响，具有一定功利属性的被动动机对大学生认同思想政治课价值具有反向作用。

表 5.2 学习动机对大学生思政课认同影响分析

因变量 \ 自变量	情感认同			价值认同			内容认同			行为认同			总体认同		
	标准化系数（B）	T 值	P 值	标准化系数（B）	T 值	P 值	标准化系数（B）	T 值	P 值	标准化系数（B）	T 值	P 值	标准化系数（B）	T 值	P 值
主动动机	0.578***	49.638	0.000	0.774***	82.691	0.000	0.802***	92.226	0.000	0.758***	84.559	0.000	0.809***	96.925	0.000
被动动机	0.079***	6.795	0.000	-0.016#	-1.73	0.084	0.01	1.175	0.24	0.09***	10.062	0.000	0.036***	4.304	0.000
R^2	0.368			0.591			0.648			0.625			0.675		
F	1501.981			3731.264			4737.704			4297.061			5343.618		

（注：*** P<0.001，** P<0.01，* P<0.05，# P<0.1）

表5.2的七至九列是将大学生思想政治理论课内容认同作为因变量进行多元线性回归的结果。回归方程的 $R^2=0.648$，$F=4737.704$。具体来看，主动动机（$B=0.802$，$P<0.001$）对内容认同有显著的正向影响，被动动机对内容认同的影响不显著。主动动机越强，大学生对思想政治理论课的内容认同度越高。

表5.2的十至十二列是将大学生思想政治理论课行为认同作为因变量进行多元线性回归的结果。回归方程的 $R^2=0.625$，$F=4297.061$。具体来看，主动动机（$B=0.758$，$P<0.001$）、被动动机（$B=0.09$，$P<0.001$）对行为认同均有显著的正向影响，主动动机和被动动机越强，大学生对思想政治理论课的行为认同度越高。相比较而言，主动动机对大学生思想政治理论课行为认同的影响更大。

表5.2的最后三列是将大学生思想政治理论课总体认同作为因变量进行多元线性回归的结果。回归方程的 $R^2=0.675$，$F=5343.618$。具体来看，主动动机（$B=0.809$，$P<0.001$）、被动动机（$B=0.036$，$P<0.001$）对总体认同均有显著的正向影响，主动动机和被动动机越强，大学生对思想政治理论课的总体认同度越高。相比较而言，主动动机对大学生思想政治理论课总体认同的影响更大。

对比分析来看，主动动机显著影响大学生对思想政治理论课的情感认同、价值认同、内容认同、行为认同和总体认同；被动动机显著影响大学生对思想政治理论课的情感认同、价值认同、行为认同和总体认同，对内容认同的影响不显著。

接着，本研究探究了人口统计特征（包括性别、家乡是不是革命老区、生源地、是不是独生子女、民族、学校、年级、是不是学生干部、政治面貌、家庭收入）对大学生思想政治理论课学习动机的影响，并运用SPSS软件进行多元线性回归分析，所得结果如表5.3所示。

表5.3的前三列是将大学生学习思想政治理论课的主动动机作为因变量进行多元线性回归的结果。回归方程的 $R^2=0.013$，$F=6.564$。具体来看，家乡是不是革命老区（$B=-0.046$，$P<0.01$）、是不是独生子女（$B=-0.044$，$P<0.01$）、民族（$B=-0.061$，$P<0.001$）、是不是学生干部（$B=-0.032$，$P<$

0.05)、家庭收入（B=-0.046，P<0.01）对主动动机有显著的负向影响。上述结果表明，家乡是革命老区的大学生学习思想政治理论课的主动动机较强，独生子女大学生学习思想政治理论课的主动动机较强，汉族大学生学习思想政治理论课的主动动机较强，担任学生干部的大学生学习思想政治理论课的主动动机较强，家庭收入低的大学生学习思想政治理论课的主动动机较强。在上述影响因素中，相比较而言，民族背景对大学生学习思想政治理论课主动动机的影响最大，家乡是否为革命老区、是否为独生子女以及家庭收入情况对大学生学习思想政治理论课主动动机的影响居于其次，是否为学生干部的显著性较弱。

表5.3的后三列是将大学生学习思想政治理论课的被动动机作为因变量进行多元线性回归的结果。回归方程的 $R^2=0.017$，F=8.936。具体来看，性别（B=-0.082，P<0.001）、家乡是否为革命老区（B=-0.07，P<0.001）、是否为独生子女（B=-0.032，P<0.05）、是否为学生干部（B=-0.037，P<0.01）对被动动机有显著的负向影响，而学校（B=0.056，P<0.001）对被动动机有显著的正向影响。上述结果表明，男生学习思想政治理论课的被动动机较强，家乡是革命老区的大学生学习思想政治理论课的被动动机较强，独生子女学习思想政治理论课的被动动机较强，学生干部学习思想政治理论课的被动动机较强，高职高专院校的大学生学习思想政治理论课的被动动机较强。在上述影响因素中，比较而言，性别对大学生学习思想政治理论课被动动机的影响最大，来自革命老区和学校背景对大学生学习思想政治理论课被动动机的影响作用居于其次，是否为独生子女的影响作用的显著性较弱。

表5.3 人口统计特征对大学生思想政治理论课学习动机影响分析

因变量 / 自变量	主动动机			被动动机		
	标准化系数（B）	T值	P值	标准化系数（B）	T值	P值
性别	0.024	1.579	0.114	-0.082***	-5.412	0.000
家乡是不是革命老区	-0.046**	-3.271	0.001	-0.07***	-4.996	0.000
生源地	-0.023	-1.486	0.137	-0.007	-0.437	0.662
是不是独生子女	-0.044**	-2.79	0.005	-0.032*	-2.072	0.038

续表

因变量 / 自变量	主动动机			被动动机		
	标准化系数（B）	T 值	P 值	标准化系数（B）	T 值	P 值
民族	-0.061***	-4.355	0.000	-0.001	-0.104	0.917
学校	-0.002	-0.155	0.877	0.056***	3.762	0.000
年级	-0.02	-1.445	0.148	-0.013	-0.925	0.355
是不是学生干部	-0.032*	-2.244	0.025	-0.037**	-2.627	0.009
政治面貌	-0.021	-1.487	0.137	0.02	1.403	0.161
家庭收入	-0.046**	-3.212	0.001	0.015	1.023	0.306
R^2	0.013			0.017		
F	6.564			8.936		

（注：*** P<0.001，** P<0.01，* P<0.05）

表 5.4 为不同专业的大学生思想政治理论课学习动机的差异比较分析表。调查对象数据中，工科专业的大学生有 1916 名，理科专业的大学生有 731 名，文科专业的大学生有 1838 名，其他专业的大学生有 675 名。统计结果显示，在主动动机中，文科专业的大学生得分最高，为 4.25，其次是工科专业的大学生得分为 4.23，理科专业的大学生得分为 4.21，最后是其他专业的大学生得分为 4.12。在被动动机中，文科专业的大学生得分最高，为 3.35，其次是工科专业的大学生得分为 3.31，其他专业的大学生得分为 3.23，最后是理科专业的大学生得分为 3.22。上述结果表明，各专业的大学生思想政治理论课学习动机差异不大，但值得注意的是，文科专业的大学生思想政治理论课学习主动动机和被动动机均为最高。

表 5.4 不同专业的大学生思想政治理论课学习动机的差异比较

变量		N	均值	标准差	标准误	均值 95% 置信区间		极小值	极大值
						下限	上限		
主动动机	专业								
	工科	1916	4.23	0.862	0.02	4.2	4.27	1	5
	理科	731	4.21	0.855	0.032	4.15	4.27	1	5
	文科	1838	4.25	0.835	0.019	4.22	4.29	1	5
	其他	675	4.12	0.883	0.034	4.05	4.18	1	5
	总数	5160	4.22	0.855	0.012	4.2	4.25	1	5
被动动机	专业								
	工科	1916	3.31	1.21	0.028	3.26	3.36	1	5
	理科	731	3.22	1.211	0.045	3.14	3.31	1	5
	文科	1838	3.35	1.176	0.027	3.3	3.41	1	5
	其他	675	3.23	1.111	0.043	3.14	3.31	1	5
	总数	5160	3.3	1.186	0.017	3.27	3.33	1	5

三、学习动机影响大学生认同思想政治理论课的特征

综合以上数据分析，大学生的学习动机对他们认同思想政治理论课表现出以下特征。

第一，从总体层面来看，大学生学习思想政治理论课的主动动机强度高于被动动机。在大学生学习思想政治理论课学习动机各题项中，主动动机的得分均高于4，而被动动机的得分均高于3，大学生学习思想政治理论课的主动动机整体要强于被动动机。主动动机中不仅包括学习思想政治理论课是为了提高自身的思想政治理论素质、树立正确的三观、提高自身的思想品德修养、丰富自身知识结构等，还包括了解党和国家的大政方针政策、为了国家的富强贡献自己的力量等内容。动机属性具有较强的社会性和利他性，反映出当代大学生不仅注重完善自身，而且关心国家发展，有积极的社会责任意

识和情怀。

第二，大学生学习思想政治理论课的主动动机对大学生认同思想政治理论课的影响显著高于被动动机。通过对表 5.2 的分析可以看到，主动动机对大学生思想政治理论课情感认同、内容认同、价值认同、行为认同和总体认同的影响均比被动动机要大。这在一定程度上说明，当大学生学习思政课是有了解党和国家的大政方针和基本国策，拥有国家民族情怀，乐于为国家的发展贡献自己的力量，致力于提高自身的思想政治理论素质，树立正确的三观、提高自身的思想品德修养，丰富自身知识结构等系列主动动机时，这种不带有功利性的内部动机与大学生求学求知的学习需要相结合转化成推动大学生认同思想政治理论课的重要力量，表现为大学生自觉学习的积极性和主动性更强，并从学习中获得乐趣。被动动机则与大学生想要获得来自外部环境的特定利益有关，虽然被动动机趋向的目标指向明确，目标与个体切身利益紧密联系，但其如果未能将这种动力延展为社会化需要，大学生将难以保持持久的学习动力、学习兴趣和抵御不良社会思潮干扰的自觉性。因此，大学生学习动机是他们认同思想政治理论课的影响因素，个人需要和社会需要的动机才能使大学生认同思想政治理论课的动力更加持久、稳定。鉴于此，提高大学生对思想政治理论课的认同度，需要借助多种方式将大学生学习的被动动机转化为主动动机，这样有助于优化学习效果。

第三，大学生学习思想政治理论课的主动动机存在显著的民族差异。通过表 5.3 可以看出，汉族大学生学习思想政治理论课的主动动机要明显高于少数民族的大学生。在不考虑样本数量可能导致数据差异的前提下，此结果可能存在文化、教育等多种原因。与汉族学生相比，少数民族大学生民族意识强，政治观念受到其民族文化的影响较大。由于他们长期生活在民族群体中，少数民族的经济生活、风俗习惯、语言文字、家庭教育，使他们形成了较强的本民族的民族意识，有着强烈的民族情感和民族归属感。如何处理各民族之间的关系，如何理解民族政策和定位中华民族共同体关系，如何将民族情感和民族归属感融入中华民族大家庭之中，形成开阔的民族情怀和中华民族共同创建中国特色社会主义建设事业的共同体意识等，是少数民族大学生需要经过较长时间的学习与实践才能形成的认知观念与情感体验。同时，在资讯极度开放、国内发展形势以及世界局势多样变化的环境背景下，少数民族大学生进一步增强了对国家政治制度、社会主义意识形态认知和认同的复杂性。因此，加强少数民族大学生的思想政治教育是高校育人工作的重要内容，培养和增强少数民族大学生对思想政治理论课认同的主动动机，需要准确把握高校少数民族大学生的思想意识的特殊规律，利用其思想和心理特点，铸牢中华民族共同体意识，激发其学习思想政治理论课的主动性。

第四，大学生学习思想政治理论课的被动动机在性别和学校上存在显著的差异。通过表 5. 3 可以看出，性别因素对大学生学习思想政治理论课被动动机的影响最大，高校男生学习思想政治理论课的被动动机要强于女生。这可能是受传统观念的影响，男生更注重未来的事业发展，面临的外界压力较大，因此学习思想政治理论课更多是通过考试获得学分、获得奖学金、考研或出国、考公务员或工作等。大学生学习思想政治理论课的被动动机还存在显著的学校差异。根据表 5. 3 可以看出，高职高专院校的大学生学习思想政治理论课的被动动机更强。这可能是因为随着我国教育水平的提高，高校毕业生人数不断增长，就业人群十分庞大。就业单位的选人、用人标准多将学校和学历作为重要依据，高职高专院校的大学生在就业机会和就业质量方面承受较大的压力。此外，大多高职院校的教育目标是培养技术应用型人才，在实际的教育和教学过程中，重视技术、技能和动手能力的培养，高职高专院校的大学生与高校大学生相比继续深造求学的人数比例较小。他们更倾向选择对口的职业，因而更加注重本专业的课程学习，聚焦自身发展的因素较多，所以在被动动机方面表现较为显著，这也为高职高专院校加强思想政治教育提供了重要依据。

第五，大学生思想政治理论课的学习动机存在学科差异。通过表 5. 4 可以看出，文科专业的大学生学习思想政治理论课的主动动机和被动动机均高于理科专业、工科专业和其他专业的大学生。这与文科专业的大学生平时接触文史哲课较多、高中积累了一定的理论基础有关，包括文科学生高中时学习过马克思主义哲学方面的知识，因而对思想政治理论课的内容比较熟悉，理解起来也较为容易，所以在学习中表现出积极主动性。理工科专业和其他专业的大学生相对文科学生而言，他们接受的人文社会科学知识不多，知识基础较为薄弱，学习兴趣不高，难以产生积极情感体验，因此他们的学习动机表现较弱。同时，这种现象与理工科专业和其他专业的大学生所处的教育环境、是否重视思想政治教育也密切关联。因而，思政课程建设与课程思政建设相辅相成，是高校推动人才培养的必要途径。

第六章

重要他人对大学生认同思想政治理论课的影响

“重要他人”理论较早由美国社会学家米尔斯（C. W. Mills）在乔治·米德（George Mead）自我发展理论的基础上提出。米尔斯认为，“重要他人”是在个体社会化过程中具有重要影响的人物。“重要他人”包括对个人智力、语言及思维方式的发展和行为习惯、生活方式及价值观的形成有着重要影响的父母、教师、受崇拜的人物及同辈群体等。① 大学生活阶段是青年经过群体生活逐渐适应社会文化环境，形成符合社会规范、价值观念等人格特征的重要社会化过程。在此期间，大学生在生活与学习中的“重要他人”对其思想观念和行为方式具有重要引导作用，他们是大学生评价和认同思想政治理论课的主要影响因素。

一、重要他人影响大学生认同思想政治理论课的理论分析

重要他人是在个体的发展过程中对个体产生重要影响的具体人物，一般包括家人、教师、好友、同辈群体以及个体崇拜对象等。重要他人对大学生的影响不仅包括观念、情绪，而且包括价值观、行为方式、生活习惯等。重要他人是大学生实现社会化发展的关键影响因素，重要他人以直接或间接方式影响个体道德知识、情感以及行为，进而影响他们的道德判断和道德行为。同时，重要他人还是个体形成认知、构建自我形象、树立自我概念、调控自我行为的参照。重要他人影响大学生认同思想政治理论课的理论依据包括以下几方面。

---

① 侯丹娟．论人的思想政治教育需要的产生——基于发生学视角［J］．江西师范大学学报（哲学社会科学版），2016，49（6）：36-39.

（一）态度转变的认知平衡理论

重要他人影响大学生认同思想政治理论课的过程是一种态度改变的过程。态度在本质上是对一定目标的评价倾向，建立在认知、情感反应、行为意向等基础上。态度的形成和变化是与人的认知、情感、倾向性和行为等系统性关联和相互作用的结果。认知平衡理论认为人的心理活动是在人与社会因素（社会事件、他人、文化观念等）的相互作用中实现动态平衡的，人的态度形成或变化受到态度主体、他人、态度对象三者的影响。心理学家弗里茨·海德（F. Heider）提出的态度改变的认知平衡理论，又被称为“P-O-X 理论”，P 与 O 代表交流互动的双方，X 代表影响 P 或 O 态度的第三方，即态度主体、与主体关系密切的他人、态度对象之间存在一种三角形模式关系。当 P、O、X 三方面关系协调时，三角体系则呈均衡状态，主体态度无须改变。当三方面认知失调时，这将引起态度主体内心的焦虑与不安，导致主体设法改变态度，来恢复内心的平衡。认知平衡理论注重人与人之间在态度上的相互影响，强调人们社会态度的转变是接受他人影响的结果。

重要他人对大学生认同思想政治理论课态度的影响是大学生追求认知平衡的过程。大学生对思想政治理论课的认知、情感和意识倾向等态度体系的形成和发展变化并不是一个独立的过程。父母、朋友、同学等重要他人表现出来的间接反映认同思想政治理论课的态度，一定程度上影响大学生的评价态度。当重要他人倾向肯定思想政治理论课的内容、价值等时，若与大学生的评价态度相矛盾，大学生将会产生焦虑或情绪波动，大学生或者努力调整自身的评价态度，协调自身认知与重要他人认同方向趋同，倾向积极认同思想政治理论课，又或者通过影响和改变重要他人的态度方向，与自身态度方向保持一致，重新形成认知平衡。当重要他人对思想政治理论课缺少积极认同，甚至具有消极态度时，若此态度与大学生认同思想政治理论课的态度相悖，大学生对思想政治理论课的认同态度同样会被破坏，大学生或者改变自身态度减弱对思想政治理论课认同的积极性，保持认知平衡，又或者致力于说服和改变重要他人的态度使其保持与自身相近的评价态度，从而恢复认知平衡。

（二）依恋关系及其延伸性发展

依恋是人与人之间形成的情感联结，表现为安全依恋、情感依恋、社会依恋等。依恋的认知发展理论认为，依恋关系的形成有赖个体认知的发展，习性学理论则将依恋提升到适应性生存的意义，围绕儿童与父母展开较丰富的研究。人与人的依恋关系的形成以满足需要为前提。儿童与亲近的照顾者之间通过肢体、眼神、语言或其他方式的互动形成安全、舒适或快乐的感觉，当这种感觉形成稳定的体验后，他们与提供者之间将形成依恋关系。依恋关系常以情感为纽带，情感是人的生理和心理的综合反映，具有人际交流黏合剂的功能，积极友好的情感交流信号将引发人与人之间情感反响的共鸣，并彼此感染，从而产生和谐亲密的互动行为。

学界当前对依恋关系的关注更多是聚焦儿童时期的情感表现，但有研究者认为，最初的依恋一般建立在儿童和父母或者其他照顾者之间，而这种情感联结的质量可能会影响儿童以后人生中其他关系的建立。① 个体在幼年时能否获得安全、信任的依恋关系与他们所处的家庭环境、获得关注程度、对象态度等具有较强的相关性。早期个体依恋关系将使个体在与他人互动交往中形成内部心理加工模式，即产生对自身和自身与他人关系的认知态度，此态度将会在个体成长和发展过程中不断用于解释现实和处理人际关系。有研究认为，早期能够获得较多的及时安全照顾和回应的个体，他们将启动积极心理的工作模式，相信人们可以依赖和信任；早期受到忽视、未能形成安全依恋关系的个体，将启动消极心理的工作模式，可能有不安全感和缺乏信任感。保持积极和谐的个人与他人之间的心理加工模式，更有可能帮助个体与朋友或未来的亲密他人建立安全和相互信赖的关系。②

大学生的重要他人是大学生信任且互动较多的对象，能够使大学生产生积极愉悦的情感体验。依恋关系的相关理论和研究能在一定程度上解释大学生与重要他人之间延伸性情感联结的特征。大学生与重要他人的交往基于积极心理活动的加工形式，他们形成安全、乐观的信任关系，这样满足了大学生在心理和精神层面的需求。重要他人对大学生产生的影响建立在积极情感和信任的基础上，在积极情感的动力和调节作用下，大学生接受来自重要他

① 伍尔福克. 伍尔福克教育心理学：第十一版［M］. 伍新春，译. 北京：中国人民大学出版社，2012：59.

② 谢弗，基普. 发展心理学［M］. 邹泓，译. 北京：中国轻工业出版社，2011：262-265.

人的认知和行为影响，包括他们对思想政治理论课的评价态度。大学生的父母是大学生早期依恋的对象，这种依恋虽然已经摆脱了低层次物质需求满足以及个体生存能力差异所带来的安全体验，但亲情、爱和归属感等积极体验依然是父母与大学生之间的重要联结。大学生在这种情感联结中较多受到父母态度的影响，父母态度成为大学生认知认同思想政治理论课的重要影响中介。在大学生的学习生活环境中，教师、同学、朋友、室友等是他们学习环境中的主要交往对象，大学生与他们形成较为亲密的交往信任关系，产生延伸性依恋情感体验。这样将使大学生在潜移默化中受到重要他人的态度影响，进而影响大学生对思想政治理论课的认同。

（三）观察学习和替代强化的榜样示范

重要他人作为大学生在学习和生活中的态度表现和行为方式的重要人际影响来源，体现了马克思所揭示的人在现实性上的社会关系本质。马克思对人的本质的阐释，不同于传统人性的理解观点，而是将人放在具有复杂的经济关系、政治关系、伦理道德关系、文化关系等综合环境中，强调其在现实意义上的特征，即社会关系的总和。人在社会关系中彰显的本质属性反映了人与人之间的交互影响，这种影响体现在个体的社会化进程中。西方马克思主义法兰克福学派代表人物哈贝马斯提出了交往理论，并认为，人的交往行为是主体之间通过符号协调的互动所实现的人与人之间的相互理解和观点认同，语言是其基本媒介，语言中蕴含的交往目的、交往规范等内容影响着个体之间的交往方向。主体之间在交往过程中以多种形式实现交互影响。观察学习、替代强化等形式是认知学习理论研究者提出的重要交往学习类型。观察学习是个体通过观察和模仿周围他人的行为，预期行为结果，从而获得自身的思维与行为方式的过程。重要他人是对大学生容易产生示范作用的对象。替代强化是重要他人对大学生的思想观点、行为选择产生影响的重要形式。替代强化是个体通过观察他人因行为受到强化增加其重复这个行为的机会，即观察者并不需要得到直接的回报，而是只要看到他人某种行为得到强化，就会加强产生这个行为的动机。观察学习和替代强化以他人为榜样，通过观察、模仿改变自身行为、思维和情绪。观察学习和替代强化使个体从他人的示范中习得语言方式和内容、情绪情感表达、行为方式及其内在的观念偏好等，进而实现自我塑造。

重要他人能够以观察学习和替代强化的方式影响大学生对思想政治理论课的认同。作为大学生重要他人的教师、父母、朋友、室友等人对国家政治制度、指导理论、中国特色社会主义建设事业以及中华优秀传统文化、革命文化和社会主义先进文化的态度和认同程度，在他们与大学生的交往互动中，会对大学生认同思想政治理论课产生示范性影响。重要他人对大学生认同思想政治理论课发挥的影响作用，一方面体现在重要他人对思想政治理论课课程内容、形式的评价，直接影响大学生的认同态度上；另一方面，体现在重要他人对思想政治理论课相关信息的观点表达、价值评价、兴趣爱好以及动机目的等，会间接影响大学生的认同态度上。观察学习和替代强化所发挥的示范作用，既包括对大学生认同思想政治理论课的思维观念的影响，也包括对大学生认同思想政治理论课的情感及其表达的影响，同时还包括对大学生认同思想政治理论课的实践活动的影响。

二、重要他人影响大学生认同思想政治理论课的数据分析

以重要他人为变量的问卷设计采用李克特五级量表，每一陈述有“非常同意”“同意”“不一定”“不同意”“非常不同意”五种回答，分别记为5、4、3、2、1分。数据经信度分析检验，结果如表6.1显示，重要他人对大学生思想政治理论课认同的Cronbach’s Alpha值为0.958，大于0.9，这说明重要他人检测的内部一致性信度很好。

表6.1　信度分析

变量	Cronbach’s Alpha
重要他人	0.958

经统计分析，大学生的辅导员、专业课教师和与大学生接触的其他教师对高校思想政治理论课的认同均值分别为4.14、4.05、4.08，均大于4，这表明大学生接触的多数大学教师对大学生学习思想政治理论课很重视，其中辅导员的重视程度最高。大学生的父母对思想政治理论课学习也表现出较高的直接重视程度，均值分别为3.86和3.81。大学生的父母经常在家里看时政类

新闻或书籍的调查，均值分别为4.02和3.81，这体现出大学生的父母对与思想政治理论课相关的形势与政策等内容的关注程度较高。此外，大学生的好朋友和宿舍室友对思想政治理论课表现出较高的喜爱度，均值分别为3.75和3.72。以上调查的重要他人对思想政治理论课重视程度均值均大于3.5，这表明大学生群体的重要他人均以直接或间接方式表现出对思想政治理论课较高的重视程度。

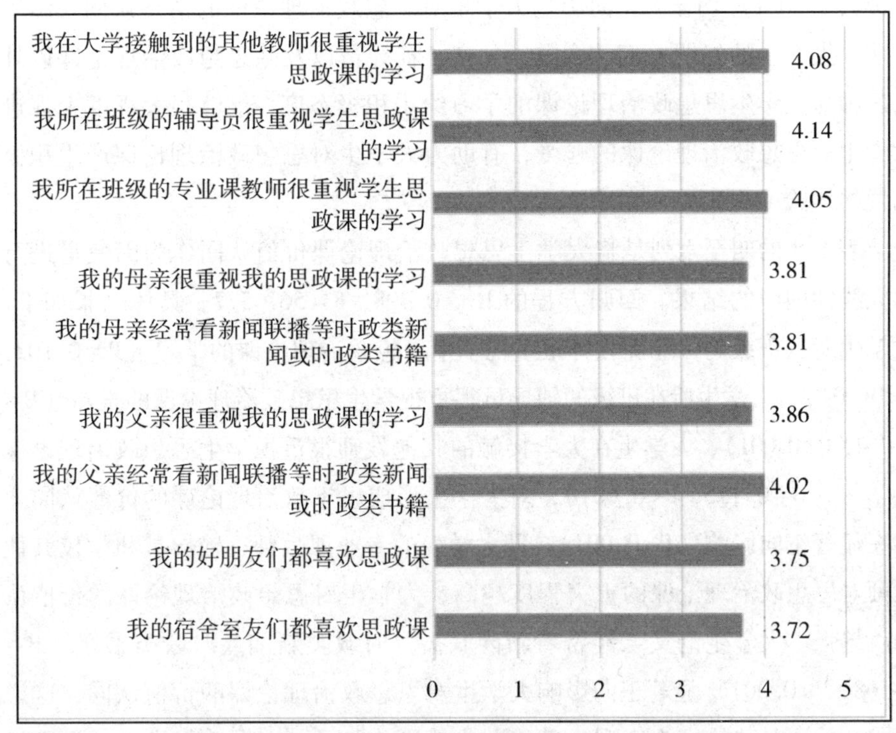

图6.1 重要他人对高校思想政治理论课的重视程度

调查研究以情感认同、价值认同、内容认同、行为认同和总体认同为因变量，比较分析重要他人对大学生认同思想政治理论课的影响，如表6.2所示。其中，表6.2的前三列是将大学生思想政治理论课情感认同作为因变量进行多元线性回归的结果。回归方程的 $R^2=0.491$，$F=551.347$。具体来看，大学生的宿舍舍友们喜欢思想政治理论课（$B=0.164$，$P<0.001$）、大学生的好朋友们喜欢思想政治理论课（$B=0.220$，$P<0.001$）、大学生的父亲重视其

思想政治理论课的学习（B=0.092，P<0.001）、大学生所在班级的辅导员很重视学生思想政治理论课的学习（B=0.074，P<0.001）、大学生所在班级的专业课教师很重视学生思想政治理论课的学习（B=0.059，P<0.01）、大学生接触的其他教师很重视学生思想政治理论课的学习（B=0.073，P<0.01）、大学生的母亲经常看新闻联播等时政类新闻或时政类书籍（B=0.046，P<0.05）、大学生的父亲经常看新闻联播等时政类新闻或时政类书籍（B=0.032，P<0.1）均显著正向影响大学生对思想政治理论课的情感认同。结果表明，大学生的好朋友们、舍友、父亲、辅导员以及除思想政治理论课以外的教师对大学生思想政治理论课的学习给予积极态度，能够很大程度上促进大学生对思想政治理论课的喜爱，有助力大学生对思想政治理论课产生积极愉悦的体验。

表6.2的四至六列是将大学生思想政治理论课价值认同作为因变量进行多元线性回归的结果。回归方程的 $R^2=0.498$，F=567.577。具体结果如下，大学生所在班级的专业课教师很重视学生思想政治理论课的学习（B=0.102，P<0.001）、大学生所在班级的辅导员很重视学生思想政治理论课的学习（B=0.264，P<0.001）、大学生在大学接触的其他教师很重视学生思想政治理论课的学习（B=0.175，P<0.001），对大学生形成思想政治理论课的价值认同均存在显著正向影响（P<0.001），即大学生的专业课教师、辅导员和学校其他教师对思想政治理论课的重视程度越高，大学生对思想政治理论课的价值认同就越强。大学生的父亲经常看新闻联播等时政类新闻或时政类书籍（B=0.168，P<0.001）显著正向影响大学生对思想政治理论课的价值认同，这说明父亲关注时政的行为表现，潜移默化地影响孩子，有助于促进大学生通过思想政治理论课学习，肯定课程的社会价值和自我价值。宿舍室友对思想政治理论课的喜爱程度对大学生思想政治理论课的价值认同具有较显著的影响（B=0.084，P<0.01）。好朋友的表现对大学生产生思想政治理论课的价值认同具有一定影响（B=0.045，P<0.1）。

表6.2的七至九列是将大学生思想政治理论课内容认同作为因变量进行多元线性回归的结果。回归方程的 $R^2=0.559$，F=726.293。具体来看，宿舍室友们都喜欢思想政治理论课（B=0.100，P<0.001）、大学生的父亲经常看

新闻联播等时政类新闻或时政类书籍（B=0.168，P<0.001）、大学生所在班级的专业课教师很重视学生思想政治理论课的学习（B=0.102，P<0.001）、大学生所在班级的辅导员很重视学生思想政治理论课的学习（B=0.279，P<0.001）、大学生在大学接触的其他教师很重视学生思想政治理论课的学习（B=0.142，P<0.001）对大学生思想政治理论课内容认同均呈现显著的正向影响（P<0.001），大学生的好朋友们喜欢思想政治理论课（B=0.083，P<0.01）对大学生思想政治理论课内容认同具有较显著的正向影响。

表6.2的十至十二列是将大学生思想政治理论课行为认同作为因变量进行多元线性回归的结果。回归方程的R^2=0.645，F=1038.652。具体来看，大学生的宿舍室友们都喜欢思想政治理论课（B=0.150，P<0.001）、大学生的好朋友们喜欢思想政治理论课（B=0.087，P<0.001）、大学生的父亲很重视大学生的思想政治理论课学习（B=0.073，P<0.001）、大学生的父亲经常看新闻联播等时政类新闻或时政类书籍（B=0.122，P<0.001）、大学生所在班级的专业课教师很重视学生思想政治理论课的学习（B=0.091，P<0.001）、大学生所在班级的辅导员很重视学生思想政治理论课的学习（B=0.203，P<0.001）、大学生在大学接触的其他教师很重视学生思想政治理论课的学习（B=0.118，P<0.001）对大学生思想政治理论课的行为认同均呈现显著正向影响（P<0.001）。大学生的母亲经常看新闻联播等时政类新闻或时政类书籍（B=0.052，P<0.01），对大学生思想政治理论课的行为认同具有较显著的正向影响。大学生的母亲很重视大学生的思想政治理论课的学习（B=0.035，P<0.1），对大学生思想政治理论课的行为认同具有一定的正向影响。以上结果显示，大学生的重要他人以不同的强度影响着大学生对思想政治理论课的行为认同。

表 6.2 重要他人对大学生思想政治理论课认同影响分析

因变量 / 自变量	情感认同			价值认同			内容认同			行为认同			总体认同		
	标准化系数（B）	T值	P值	标准化系数（B）	T值	P值	标准化系数（B）	T值	P值	标准化系数（B）	T值	P值	标准化系数（B）	T值	P值
我的宿舍室友们都喜欢思想政治理论课	0. 164***	6. 279	0. 000	0. 084**	3. 245	0. 001	0. 100***	4. 131	0. 000	0. 150***	6. 878	0. 000	0. 106***	4. 765	0. 000
我的好朋友们都喜欢思想政治理论课	0. 220***	8. 155	0. 000	0. 045$^{\#}$	1. 676	0. 094	0. 083**	3. 312	0. 001	0. 087***	3. 855	0. 000	0. 122***	5. 311	0. 000
我的父亲经常看新闻联播等时政类新闻或时政类书籍	0. 032$^{\#}$	1. 956	0. 051	0. 168***	10. 257	0. 000	0. 168***	10. 920	0. 000	0. 122***	8. 805	0. 000	0. 141***	10. 022	0. 000
我的父亲很重视我的思想政治理论课的学习	0. 092***	4. 167	0. 000	0. 010	0. 475	0. 634	-0. 001	-0. 034	0. 973	0. 073***	3. 970	0. 000	0. 047*	2. 498	0. 013

续表

因变量 / 自变量	情感认同			价值认同			内容认同			行为认同			总体认同		
	标准化系数（B）	T值	P值	标准化系数（B）	T值	P值	标准化系数（B）	T值	P值	标准化系数（B）	T值	P值	标准化系数（B）	T值	P值
我的母亲经常看新闻联播等时政类新闻或时政类书籍	0.046*	2.196	0.028	−0.010	−0.491	0.623	−0.012	−0.596	0.551	0.052**	2.968	0.003	0.017	0.979	0.328
我的母亲很重视我的思想政治理论课的学习	0.035	1.475	0.140	−0.042#	−1.754	0.079	−0.010	−0.429	0.668	0.035#	1.752	0.080	0.011	0.560	0.575
我所在班级的专业课教师很重视学生思想政治理论课的学习	0.059**	2.783	0.005	0.102***	4.832	0.000	0.102***	5.154	0.000	0.091***	5.082	0.000	0.082***	4.508	0.000

续表

因变量 / 自变量	情感认同			价值认同			内容认同			行为认同			总体认同		
	标准化系数（B）	T值	P值	标准化系数（B）	T值	P值	标准化系数（B）	T值	P值	标准化系数（B）	T值	P值	标准化系数（B）	T值	P值
我所在班级的辅导员很重视学生思想政治理论课的学习	0.074***	3.561	0.000	0.264***	12.778	0.000	0.279***	14.414	0.000	0.203***	11.641	0.000	0.240***	13.487	0.000
我在大学接触的其他教师很重视学生思想政治理论课的学习	0.073**	3.378	0.001	0.175***	8.200	0.000	0.142***	7.112	0.000	0.118***	6.578	0.000	0.147***	8.046	0.000
R^2	0.491			0.498			0.559			0.645			0.63		
F	551.347			567.577			726.293			1038.652			972.49		

（注：*** P<0.001，** P<0.01，* P<0.05，# P<0.1）

表 6.2 的最后三列是将大学生思想政治理论课总体认同作为因变量进行多元线性回归的结果。回归方程的 $R^2=0.63$，$F=972.49$。大学生的宿舍室友们都喜欢思想政治理论课（B=0.106，P<0.001）、大学生的好朋友们喜欢思想政治理论课（B=0.122，P<0.001）、大学生的父亲经常看新闻联播等时政类新闻或时政类书籍（B=0.141，P<0.001）、大学生所在班级的专业课教师很重视学生思想政治理论课的学习（B=0.082，P<0.001）、大学生所在班级的辅导员很重视学生思想政治理论课的学习（B=0.240，P<0.001）、大学生在大学接触的其他教师很重视学生思想政治理论课的学习（B=0.147，P<0.001），都对大学生思想政治理论课的总体认同具有显著正向影响（P<0.001）。另外，大学生的父亲很重视大学生思想政治理论课的学习（B=0.047，P<0.05）对大学生思想政治理论课的总体认同具有一定显著性影响，但大学生的母亲对思想政治理论课的评价和其自身对时事政治等内容的关注等对大学生思想政治理论课的总体认同不存在显著影响。

此外，为了进一步研究大学生的重要他人的相关个人背景信息等对大学生认同思想政治理论课的影响作用，本研究分析了父母职业和学历背景对大学生思想政治理论课认同的影响，结果见表 6.3。统计结果显示，父母不同层次的学历、是否为党员、是否为政治教师对大学生思想政治理论课认同具有一定影响，且影响程度存在差异。

表 6.3 的一至三列是将大学生思想政治理论课的情感认同作为因变量进行多元线性回归的结果。回归方程的 $R^2=0.002$，$F=2.132$。父母是不是政治课教师的职业背景差异对大学生思想政治理论课情感认同具有一定的影响作用，父亲职业不是政治教师（B=0.041，P<0.05）的大学生对思想政治理论课的情感认同度较高，而母亲职业是政治教师（B=-0.039，P<0.05）的大学生对思想政治理论课的情感认同度较高。结果显示，母亲和父亲职业是否为政治教师都有可能对大学生思想政治理论课情感认同产生影响。

表 6.3 父母职业和学历背景对大学生思想政治理论课认同影响分析

因变量 / 自变量	情感认同			价值认同			内容认同			行为认同			总体认同		
	标准化系数（B）	T值	P值	标准化系数（B）	T值	P值	标准化系数（B）	T值	P值	标准化系数（B）	T值	P值	标准化系数（B）	T值	P值
父亲学历	0. 026	1. 224	0. 221	0. 010	0. 477	0. 633	0. 010	0. 465	0. 642	0. 015	0. 717	0. 473	0. 011	0. 515	0. 607
母亲学历	0. 000	0. 015	0. 988	−0. 003	−0. 141	0. 888	0. 002	0. 082	0. 934	0. 037#	1. 780	0. 075	0. 015	0. 711	0. 477
父亲政治面貌	0. 014	0. 901	0. 368	0. 026#	1. 656	0. 098	0. 029#	1. 842	0. 066	0. 026#	1. 654	0. 098	0. 026	1. 606	0. 108
母亲政治面貌	−0. 004	−0. 234	0. 815	−0. 012	−0. 782	0. 434	−0. 024	−1. 509	0. 131	−0. 038*	−2. 420	0. 016	−0. 028#	−1. 819	0. 069
父亲是否为政治教师	0. 041*	2. 430	0. 015	0. 040*	2. 342	0. 019	0. 041*	2. 420	0. 016	0. 025	1. 455	0. 146	0. 044*	2. 594	0. 010
母亲是否为政治教师	−0. 039*	−2. 263	0. 024	0. 004	0. 213	0. 832	−0. 001	−0. 061	0. 951	0. 008	0. 443	0. 658	−0. 006	−0. 330	0. 741
R^2	0. 002			0. 002			0. 003			0. 004			0. 003		
F	2. 132			2. 061			2. 32			3. 452			2. 606		

（注：*** P<0. 001，** P<0. 01，* P<0. 05，# P<0. 1）

表 6. 3 的四至六列是将大学生思想政治理论课价值认同作为因变量进行多元线性回归的结果。回归方程的 $R^2=0.002$，$F=2.061$。其中，父亲的政治面貌差异（$B=0.026$，$P<0.1$）对大学生思想政治理论课的价值认同具有一定正向影响，即父亲是中共党员的大学生对思想政治理论课价值认同的影响大。同时，父亲职业不是政治教师（$B=0.04$，$P<0.05$）的大学生对思想政治理论课的价值认同度更高。

表 6. 3 的七至九列是将大学生思想政治理论课内容认同作为因变量进行多元线性回归的结果。回归方程的 $R^2=0.003$，$F=2.32$。其中，父亲政治面貌信息差异（$B=0.029$，$P<0.1$）对大学生思想政治理论课的内容认同具有一定正向影响，即父亲是中共党员的大学生对思想政治理论课的内容认同度更高。父亲是否为政治教师的职业差异（$B=0.041$，$P<0.05$）对大学生思想政治理论课内容认同有显著影响，父亲不是政治教师的大学生对思想政治理论课内容表现出更高的认同度，这结果说明父母是政治课教师的职业身份并不一定增强学生对思想政治理论课的内容认同。

表 6. 3 的十至十二列是将大学生思想政治理论课行为认同作为因变量进行多元线性回归的结果。回归方程的 $R^2=0.004$，$F=3.452$。具体来看，母亲政治面貌（$B=-0.038$，$P<0.05$）对大学生思想政治理论课行为认同具有显著影响，即母亲不是中共党员的大学生对思想政治理论课的行为认同度更高。母亲学历差异（$B=0.037$，$P<0.1$）对大学生思想政治理论课行为认同有影响，即母亲学历越高的大学生对思想政治理论课的行为认同度越高。父亲政治面貌（$B=0.026$，$P<0.1$）对大学生思想政治理论课行为认同有影响，即父亲是党员的大学生对思想政治理论课的行为认同度更高。

表 6. 3 的最后三列是将大学生思想政治理论课总体认同作为因变量进行多元线性回归的结果。回归方程的 $R^2=0.003$，$F=2.606$。其中，父亲是否为政治教师的职业背景（$B=0.044$，$P<0.05$）对大学生思想政治理论课总体认同具有显著影响，即父亲不是政治课教师的大学生对思想政治理论课总体认同度更高。另外，母亲政治面貌差异（$B=-0.028$，$P<0.1$）对大学生思想政治理论课总体认同有影响，即母亲不是中共党员的大学生对思想政治理论课总体认同度更高。综合上述结果可以看出，父母的职业、政治面貌和学历背

景信息等对大学生思想政治理论课认同的影响并不是非常显著。

三、重要他人影响大学生认同思想政治理论课的特征

重要他人作为影响大学生认同思想政治理论课的重要因素，其整体影响作用以及不同群体产生的影响在强度和方向上有以下特征。

第一，从整体而言，大学生的重要他人对思想政治理论课的直接重视程度较高，反映出大学生具有良好的认同思想政治理论课的人际软环境。大学生的父母、室友、朋友以及各类教师等是大学生社会交往的主要对象，他们皆表现出对高校思想政治理论课有较高的重视程度，为大学生营造了具有积极正向引导和感染作用的思想政治理论课认同的人际交往环境。因此，大学生对思想政治理论课认同度的提升，不仅需要大学生自身的努力，而且需要对大学生具有较强带动作用的重要他人的积极示范引导。

第二，大学生的同龄群体对大学生认同思想政治理论课的影响体现出朋辈交流互动的显著优势。调查统计结果显示，室友、朋友等代表性的大学生同龄重要他人，不仅对大学生总体认同思想政治理论课具有显著影响作用，而且在情感认同、价值认同、内容认同和行为认同等不同维度的认同表现上也都有显著影响作用。与父母、教师等其他重要他人对大学生认同思想政治理论课的影响强度相比，朋辈群体对大学生认同思想政治理论课影响的强度贡献率较高。其中，室友、朋友等同龄重要他人对大学生思想政治理论课的情感认同的贡献率最突出，这反映出青年同龄群体之间情感互动交流更畅通和易于接受，也更有助于彼此学习，形成交互影响的效果。

第三，教师对大学生认同思想政治理论课的引导和影响作用显著，符合教师的社会角色定位与责任的社会期待。在高校，与大学生密切接触的辅导员、专业课教师以及学生认识交流的其他教师都对大学生认同思想政治理论课具有显著影响，并且表现在情感认同、价值认同、内容认同和行为认同各个维度。调查结果显示，教师对大学生认同思想政治理论课的影响中，对大学生的价值认同和内容认同的影响贡献较大，对大学生的情感认同的影响贡献相对较小，这体现出高校教师学理性深化内容的教育教学特征。

比较调查的三类教师对大学生认同思想政治理论课的影响，辅导员对大

学生认同思想政治理论课的影响最大。辅导员与大学生相处时间最长，是以生活化学习或教育方式影响大学生的群体。辅导员重视大学生的思想政治理论课学习，并在班级学生日常管理工作中回应思想政治理论课中的相关内容和观点，利用新媒体增强与学生之间的沟通，灵活指导开展第二课堂教育，组织学生团体、党团组织、班集体开展宣讲、教育活动等。在这些多样化的日常交流互动中，辅导员以显在或潜在方式影响着大学生对思想政治理论课的认同。专业课教师对大学生认同思想政治理论课的影响相对较小。专业课教师的角色具有专业领域背景色彩，加之学生对专业课学习价值的主观认同度较高，容易使学生将其与思想政治理论课教师相区别。专业课教师如果缺乏课程思政的教学意识，就难以真正实现立德树人，其教学如果缺失德育方向就成了一种没有目的的手段。其他类教师对大学生认同思想政治理论课的影响居中间。大学生接触的其他非专业教师与大学生更容易建立平等、亲和的师生关系，学生更愿意接近能够满足他们学习和精神需求的教师。因此，基于需要满足的体验和评价，其他类教师具有较强的大学生认同思想政治理论课影响作用。

第四，父母作为重要他人对大学生认同思想政治理论课的影响存在差别，父亲的影响更显著，母亲的影响不够显著。父亲重视大学生思想政治理论课的学习以及自身关注与课程内容紧密联系的时事新闻等情况，这对大学生认同思想政治理论课具有显著影响。母亲重视大学生思想政治理论课的学习以及关注与课程内容联系密切的时事新闻等却对大学生认同思想政治理论课没有显著影响。这在一定意义上体现出社会传统理念中父亲与母亲的角色对子女影响的倾向差别，并形成思维定式，如父亲的社会角色更容易与政治性和社会性的事物相关联，母亲的社会角色更容易与情感性和亲和性事物相关联等，从而对大学生认同思想政治理论课的影响形成差异。

第五，重要他人自身的背景性信息差别对大学生认同思想政治理论课影响不大。研究员以父母的政治面貌、学历以及政治课教师职业等为例，开展父母不同背景信息对大学生认同思想政治理论课影响的研究。结果显示，只有政治教师职业差别体现出一定的影响，学历等差别并不会对大学生认同思想政治理论课产生明显影响。这体现出重要他人对大学生认同思想政治理论课的影响，可能更多受到其具体态度影响，从而启示教育者，重要他人的符号化背景作用有限，实现对大学生认同思想政治理论课的教育引导，需要重要他人的态度与实践参与等。

第七章

教学方法与教学形式对大学生认同思想政治理论课的影响

任何一种教学方法和教学形式都是为最终的教学目标服务的。创新思想政治理论课教学方法与形式，对增强思政理论课课程的感染力、吸引力具有重要的辅助作用，是破解大学生认同思想政治理论课难题的有效途径。

一、教学方法与教学形式影响大学生认同思想政治理论课的理论分析

“教学方法是在教学过程中教师和学生为实现教学目的、完成教学任务而采取的教与学相互作用的活动方式的总称”①。教学方法对实现教学任务具有重要意义，适宜的教学方法与教学形式有助于调动学生学习思想政治理论课的积极性，激发学生的学习兴趣和求知欲望，同时在学习实践中培养学生的能力，在认同思想政治理论课的基础上陶冶学生的情操，锻炼学生的意志，提升学生的思想品德境界。

（一）认识和实践是方法形成的前提

“我们一般认为，方法是人们为了认识世界和改造世界，达到一定目的所采取的活动方式、程序和手段的总和”②。方法不是某种实体工具或实体因素，它总是与人的活动紧密地联系在一起，离开了人的认识或实践活动，方法就失去了存在的基础与价值。方法是人们在长期的实践活动和认识活动中形成、发展的关于人的自身活动的法则。就其本质而言，它是人对客观规律的科学把握与自觉运用。方法作为人自身活动的法则具有多种表现。第一，方法是人的活动（认识活动或者实践活动）的中介因素，是人们达到预期目

---

① 张乐天．教育学［M］．北京：高等教育出版社，2012：227.

② 张耀灿，郑永廷，等．现代思想政治教育学［M］．北京：人民出版社，2006：361.

的的一种手段、工具、途径、技术和范式。作为活动主体的人与作为活动客体的具体对象，正是通过方法才得以在活动中相互联系、相互作用。因此，方法随着主、客体具体情况的变化而变化，而且随着主、客体相互作用的过程即人的活动过程的消失而消失。第二，方法服务人的目的、活动的目的，总是和任务联系在一起。不同的任务、不同的目的，就要求有不同的方法。目的达成，任务实现，方法的使命也就此终结。第三，方法与理论总是联系在一起，无论是实践经验上升到理论，还是理论指导运用于实践中，都要靠一定的方法来完成。人在教育实践活动中探索的各种方法不仅取决于实践水平，而且也能推动教育实践发展。教育方法作为教育实践活动的中介，通过影响教育对象对实践活动的认知和判断，进而影响教育内容的传递和教育目标的达成。因此，思想政治理论课教学方法与形式在影响大学生认知和认同思想政治理论课的基础上将进一步影响其对思想政治理论课教学内容的接受度和认同度。

在马克思主义实践观中，实践是认识的现实基础，使认识得以产生和发展。人知识的两个来源包括直接经验和间接经验，直接经验指亲身参加变革世界的实践活动所获得的知识，间接经验指从他人或书本上学来的知识。在现实中，由于受社会条件、生产条件和科学技术发展水平的限制，个人实践范围较小，人难以事事获得直接经验，多数知识是从别人或书本那里学来的，拥有大量间接经验。大学生对国家政策方针、制度道路、理论文化等政治方面知识的了解与掌握，无论是源于思想政治理论课教师的教导与传授，还是通过网络等其他渠道汲取，都是间接经验。间接经验的获取效果较大程度受制于经验获取的方法与形式，同时也受到大学生对教学活动认同差异的中介作用的影响，即思想政治理论课教学中所使用的各种教学方式与手段不同程度影响着大学生对思想政治理论课的认知判断和认同，并间接影响思想政治理论课的教学效果。

（二）方法更迭和创新是解决矛盾的关键

唯物辩证法强调矛盾具有普遍性和特殊性，“自然界的（也包括精神的和社会的）一切现象和过程具有矛盾着的、相互排斥的、对立的倾向”[①]。矛盾存在于一切事物的发展过程中，事物发展的进程始终伴随矛盾变化的过程，“过程变化，旧过程和旧矛盾消灭，新过程和新矛盾发生，解决矛盾的方法也因之而不同”[②]，即不同性质和类型的矛盾需要运用相应的方法解决。矛盾是推动事物发展的内因，解决矛盾的方法与形式将影响事物发展的方向。方法创新以解决具体问题为指向，为破解矛盾提供手段、途径和程序等。解决矛盾和问题的方法是从理论到实践的必要中介，思想政治理论课教学方法与形式的变更与创新致力于解决思想政治教育进程中所包括的教与学、主动与被动、形式与效果、内容与方法、理论与实践等之间存在的各种矛盾。这些思想领域的矛盾相比较客观现象中的矛盾更加复杂和具有不确定性，大学生对思想政治理论课的认同程度就是影响思想政治教育方法解决矛盾问题、达到教育目的的关键因素。

（三）教学方法和教学形式是教学参与者认知判断交互影响的中介

教学方法和教学形式对教学参与者的认知判断的影响既可能产生于教师运用语言开展的直接讲解中，也可能产生于教学中教师与参与者之间交互作用过程中。“教学方式能否符合学生的认知习惯和主体需要是影响学生课堂参与度、理论认知度以及价值认同度的关键因素，关乎思想政治理论课的亲和力和获得感”[③]。思想政治理论课教学通过设计和运用多样化的教学方法和形式，将教学内容与现实生活世界相交融，把握学生的需求点、把控学生的兴奋点、把准学生思想的困惑点，将教育内容和方法进行隐性“嫁接”，凸显学生的主体地位，才能增强思想政治理论课的吸引力。

结构主义教学理论、建构主义理论、范例教学理论等都强调教学中的多主体交互作用，强调教学方法和形式对教学活动参与者的认知与判断的影响。注重多主体交互的系列教学理论皆立足学生具有学习主体性的核心理念，强调学生在其学习和知识体系形成发展中的主动作用，尤其注重教学方法在

---

① 中共中央马克思恩格斯列宁斯大林著作编译局．列宁全集：第五十五卷［M］．北京：人民出版社，1990：306.

② 毛泽东．毛泽东选集：第一卷［M］．北京：人民出版社，1991：311.

③ 张一．大学生思想政治理论课获得感的制约因素及提升策略［J］．思想理论教育导刊，2018（12）：99.

“师生”“生生”以及师生与外界对象之间的互动关系形成中的作用。探究性教学、抛锚式教学、交互式教学、范例式教学以及合作式教学等方法是体现多元参与者在交互影响中改变认知的常见教学方法。探究性教学方法在发展演变中形成多种变式，但其通常包括的要素是解决问题的假设、数据验证假设、得出结论、反思问题解决的思维过程等；抛锚式教学是基于问题教学的一种类型，即运用复杂和有趣的挑战性情境作为一个“锚”，用“锚”提供问题焦点，灵活寻找问题解决方案，进而提高学生掌握灵活知识的能力，而非惰性知识的能力；交互式教学通过设计有助于引导学生深入思考的策略，如常用的总结、提问、阐述或预期等，调动学生主动思考，形成知识体系；范例式教学通过让学生学习代表性、典型性的内容，在此基础上激发学生兴趣，培养学生自主学习能力，进而获得更加有价值的学习内容；合作式教学注重打造学生在学习中的协作关系，个体学习不断获得其他成员的支持，从而实现对知识的精细加工、理解和论证，合作教学中促使个体不断反思自身的理解并得出新的观点，这种互动学习对提高受教育者的推理能力和批判性思维能力具有重要意义。合作式教学从班级中的小组合作形式发展至今，已经超越了小组形式的合作方式，合作形式与范围被广泛拓展，校内不同教学团体间的合作、校内与校外相关社会组织或机构合作等逐渐增加，展现出合作式教学推动参与者交互学习的优势。① 教育部大力推进的“大思政课”理念及其实践方式进一步增强了教学过程的交互作用，是以改革教学方法影响大学生认同思想政治理论课，进而推动大学生更好地掌握和拓展教学内容，优化思想政治教育效果的重要方式。

二、教学方法与教学形式影响大学生认同思想政治理论课的数据分析

图 7.1 为思想政治理论课教师使用教学形式的调查统计图。结果显示，思想政治理论课教师较多使用的教学形式类别中，使用频次最高的是传统课堂教学形式，其次是智慧课堂教学形式，再次就是混合式教学方式，以及翻转课堂和网络慕课教学形式等。其中，传统的课堂教学仍然是主导形式，同

---

① 伍尔福克．伍尔福克教育心理学：第十一版［M］．伍新春，译．北京：中国人民大学出版社，2012：272-281.

时智慧课堂和混合教学等依托现代教育信息技术的教学形式也有较高占比。

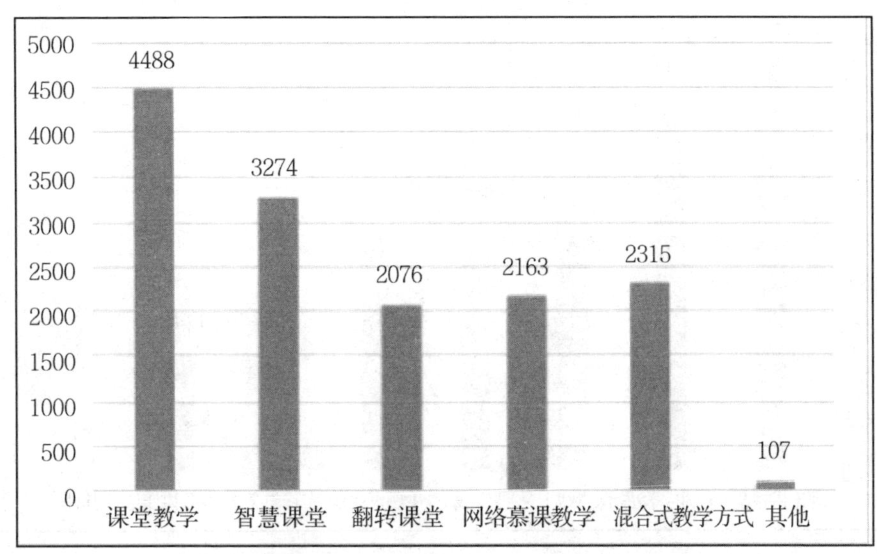

图 7.1　思想政治理论课教师使用的教学方式统计

图 7.2 为思想政治理论课教师使用教学手段的调查统计图。结果表明 4351 名学生选择理论讲授法，其次 3911 名学生选择案例教学法，课堂线上讨论法有 2579 名学生选择，课堂线下讨论法有 2557 名学生选择，1939 名学生选择主题汇报法，1883 名学生选择实践教学法，1246 名学生选择专题讲座法，71 名学生选择其他。综合统计结果，在上述备选的教学手段中，理论讲授法是思想政治理论课教师最常用的教学手段，其次是案例教学法。

图 7.3 为大学生曾体验到的较为有效的思想政治理论课教学手段统计图。结果显示，3647 名学生认为案例教学法最有效，3406 名学生选择理论讲授法，课堂线上、线下讨论法分别有 2355、2399 名学生选择，1727 名学生选择主题汇报法，1951 名学生选择实践教学法，1335 名学生选择专题讲座法，67 名学生选择其他。分析上述结果，比较而言，案例教学法和理论讲授法是大学生普遍认为较为有效的思想政治理论课教学手段。此外，实践教学法、主题汇报法、专题讲座法等教学手段的有效性评价也占有一定的比例。

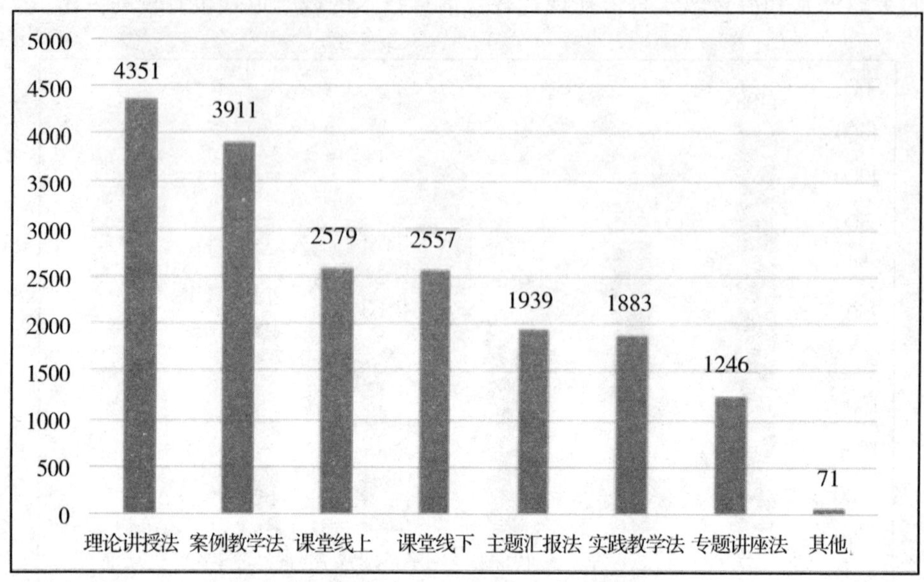

图 7.2 思想政治理论课教师使用的教学手段统计

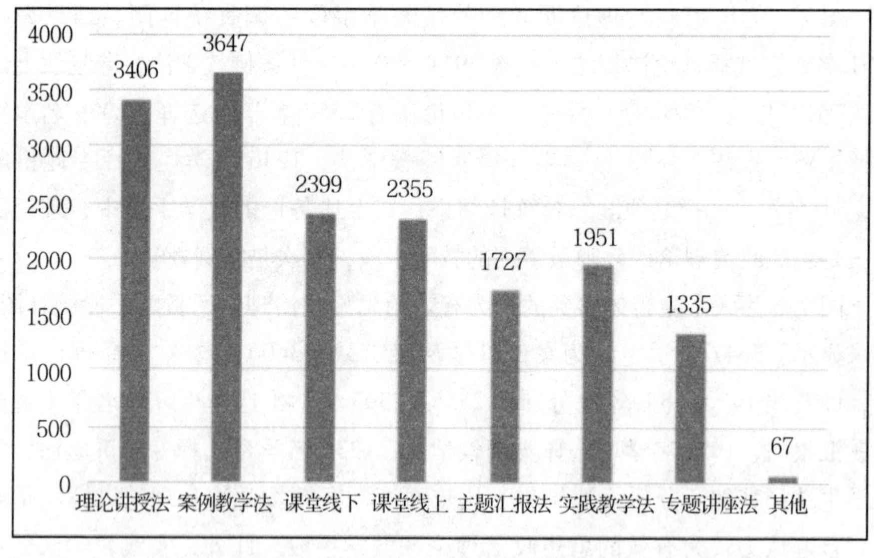

图 7.3 大学生曾体验到的较为有效的思想政治理论课教学手段

三、教学方法与教学形式影响大学生认同思想政治理论课的特征

教学方法和形式是调动大学生参与思想政治理论课学习主动性、激发学生学习兴趣的重要因素，是影响大学生认同思想政治理论课的技术中介。从学生评价的角度来看，教学方法和形式影响大学生认同思想政治理论课的特征表现为以下几方面。

第一，课堂教学形式以及理论讲授仍然是思想政治理论课教学最常用的方式和手段，而且具有较好的学生评价效果，是支撑大学生认同思想政治理论课的重要形式。从学生自身体验后的学习效果评价结果分析，学生曾体验到的较为有效的思想政治理论课教学手段中，理论讲授法的选择人数较多，这说明课堂教学在阐述马克思主义理论以及马克思主义中国化创新理论成果方面始终发挥着重要作用。思想政治理论课将“中国共产党为什么能，中国特色社会主义为什么好，马克思主义为什么行”一系列问题讲深讲透需要发挥课堂教学对理论剖析和理论传播的作用，以合适的方法匹配合适的内容才能达到相应的教学效果。

第二，案例教学法是学生评价具有好的效果的教学方法，同时也是教师使用频率高居第二位的教学方法。案例教学法是教师基于历史和现实中的事实编写教学案例或是选用现有教学范例，通过分析案例来解析其中蕴含的教学知识点。这种方法以案例的鲜活性和生动性增强教学吸引力，加深学生对案例中的知识点的印象。案例教学法运用生动形象的例子进行理论解释，有助于激发学生的学习兴趣，帮助学生掌握抽象的理论知识。以案例教学法为代表的生动灵活的教学方式能够在激发学生学习兴趣的同时，增强大学生对思想政治理论课的认同，从而优化学生学习效果。

第三，随着信息科技的发展，智慧课堂以及网络慕课的运用更加普及，这体现出思想政治理论课教学方法改革的与时俱进。教育手段的智能化更加契合青年学生的学习和生活习惯。教师借助信息化手段拓展教学空间，增强学生学习的自主性，强化教学互动，在科技赋能教学方法的过程中，有助于间接增强学生对思想政治理论课的认同，提高学生学习的主动性。

第四，线上教学、线下讨论法以及实践教学法等以交互为主的教学方法

与现实期待有差距。调查结果显示，网上教学以及线下讨论和实践教学等是思想政治理论课教师运用较少的方式，但在学生对教学效果的评价排序中，课堂线上、线下讨论法以及实践教学法是除案例教学法、理论讲授法之外最有效的教学手段。学生对交互性较强的教学手段具有较高的期待，但受制于班级人数较多、现代化教育信息技术的运用意识和水平不高，以及实践平台和基地的限制等，交互性教学手段的运用并未达到理想状态。具有较强互动性的教学手段有助于培养学生的自主思维能力，使学生们在互动和实践操作中体悟知识和道理，从而在情感、价值、内容、行为上增强对思想政治理论课的认同。

第八章

社会实践对大学生认同思想政治理论课的影响

实践育人是新时代推动高校思想政治理论课教学改革的重要内容。习近平总书记强调“我们的学习应该是全面的、系统的、富有探索精神的，既要抓住学习重点，也要注意拓展学习领域；既要向书本学习，也要向实践学习”①。2015年7月，中央宣传部、教育部印发的《普通高校思想政治理论课建设体系创新计划》提出实施高校思想政治理论课建设体系创新计划的基本原则：坚持理论与实际相结合、注重发挥实践环节的育人功能、创新推动学生实践教学和教师实践研修等。2017年2月，中共中央、国务院印发的《关于加强和改进新形势下高校思想政治工作的意见》，明确提出了“把思想价值引领贯穿教育教学全过程和各环节，形成教书育人、科研育人、实践育人……组织育人长效机制”。2020年12月，中共中央宣传部、教育部印发《新时代学校思想政治理论课改革创新实施方案》，强调要规范实践教学，把思想政治教育有机融入社会实践、志愿服务、实习实训等活动中，切实提高实践教学实效。2021年12月，教育部印发的《高等学校思想政治理论课建设标准（2021年本）》从实践教学学分落实、教学内容、指导教师以及实践教学基地等方面提出了明确要求。2022年7月，教育部等十部门关于印发《全面推进“大思政课”建设的工作方案》，提出开门办思政课，突出实践导向，设立一批实践教学基地，构建实践教学工作体系，丰富实践教学资源，开展多样化的实践教学形式。一系列的文件政策不仅强调了高校思想政治理论课实践教学的重要性，而且也为高校思想政治理论实践教学的有效实施从制度

① 习近平．在中央党校建校80周年庆祝大会暨2013年春季学期开学典礼上的讲话［N］．人民日报，2013-03-03（1）．

上提供了保障。

一、社会实践影响大学生认同思想政治理论课的理论分析

大学生社会实践是大学生在高校及其培养目标的引导下，以大学为依托，以社会为舞台，开展接触社会、了解社会、服务社会，并从中接受教育、培养综合素质的一系列有组织、有计划活动的总称。① 实践是大学生直接参与经济社会文化建设的有效途径，是大学生学以致用、成才报国的重要平台。作为个体社会化的重要手段，社会实践是影响大学生认同思想政治的关键因素。

（一）马克思主义实践观揭示实践是认识的源泉

实践是人的存在方式，是人所特有的对象化活动，实践是人能动地改造客观世界的社会活动，实践观点是马克思主义哲学首要的基本观点。实践是由人发动同时又是为了人的活动，实践既是客观的实在的活动，又是人自觉能动的活动，同时也是社会的实践，是历史地发展着的实践。马克思主义的科学实践观认为，人类实践是以生产实践为最基本形式的，以生产力和生产关系的矛盾运动为根本动力的，人与环境、主体和客体互相作用的、能动的社会物质活动。② 马克思曾指出："哲学家们只是用不同的方式解释世界，而问题在于改变世界。"③"改变世界"的必要性与紧迫性就体现了实践对人的主观思维决定性作用。马克思主义的辩证唯物论把实践概念引入认识论中，认为实践是认识的源泉、是认识发展的动力、是检验真理的唯一标准，认识的发生、发展和归宿，归根到底都离不开社会实践。实践内在地概括了人与自然、人与人以及人与其意识的关系，人通过实践构成了基本的社会关系。制造社会物质生活资料的实践、改造社会关系的实践、创造精神文化的实践等作为实践的基本类型，形成了多样化的物质、政治和精神生活世界。个人是社会的有机体，马克思指出，"人的本质并不是单个人所固有的抽象物。在

---

① 刘晓东．大学生社会实践理论与实务［M］．北京：高等教育出版社，2014：2.

② 陶富源．实践主导论［M］．合肥：安徽人民出版社，2000：18.

③ 中共中央马克思恩格斯列宁斯大林著作编译局．马克思恩格斯选集：第一卷［M］．北京：人民出版社，2012：140.

其现实性上，它是一切社会关系的总和”①。社会中的每个人都通过实践形成的社会关系提升自身的认识水平，并逐渐形成相对稳定的认识结构、情感和意志状态，其差异将决定各主体对客体信息的加工、整理、解释，进而影响主体对客观事物的理解。高校思想政治理论课教育教学的实践指向希望达成的思想和品格塑造，既涉及精神生活领域内容，也涉及物质和政治生活领域内容，推进受教育者实现知、情、意、行的统一。大学生通过社会实践能够在社会交往中深刻理解个人与社会的关系，全面认识社会政治结构、辨识意识形态属性等。大学生对思想政治理论课的认同包含了大学生对思想政治理论课的认知与情感态度以及行为指导等，这种认识关系是在社会实践的影响下产生的，最终由实践关系所决定。

（二）社会嵌入理论揭示主体学习认知受制于复杂社会因素互动

社会嵌入理论研究了人际关系及其衍生的社会网络对社会主体的社会活动的影响作用，强调社会主体的社会地位和境况、社会关系网络范围和特征、个体的社会化过程等是影响人的社会活动结果的主要因素。社会嵌入理论揭示的个体社会化过程所关联的诸多社会网络对其社会活动产生影响的代表性形式即社会学习。个体的社会经济状况、社会关系以及社会化过程等都将影响其学习认知结果，而且各种社会环境因素并非简单累加对个体产生影响，而是多要素交织对社会主体产生综合影响。个体认知的社会关系既包括宏观的稳定的社会经济、文化、环境等条件作用下的网络关系，也包括一定情境背景下创建的实践环境，即基于共同的实践目标设计实践方案，共同开展实践活动，分享经验和体会，在实践中共同学习和进步的实践共同体环境。在校大学生的社会实践对大学生自身认知水平以及品格修养等具有重要影响。无论是大学生所处的社会化发展的自然文化社会环境，还是在教育教学过程中构建的自然学习环境以及现实模拟环境，大学生在其中都可以通过操作性学习，在实践进程中体验课堂学习的理论，领悟抽象知识和规律，从而确定学习认知方向。社会实践是高校思想政治理论课的重要教学方式，旨在通过大学生的自主学习和操作性学习，深化对思想政治理论的理解和认识。大学

---

① 中共中央马克思恩格斯列宁斯大林著作编译局．马克思恩格斯选集：第一卷［M］．北京：人民出版社，2012：139.

生社会实践可以分为“大学生课程学习中的社会实践活动、大学生校园社会实践活动、大学生校外社会实践活动以及虚拟社会实践活动”①。大学生对思想政治理论课的认同也是一种情感、认识和态度的嵌入结果，是在个体和社会网络的交互作用中形成的。大学生的社会实践作为一种特殊的社会交往形式，使大学生在不断拓展和丰富的社会交往中体悟社会，培养思维能力，进而影响他们对高校思想政治理论课的认知和评价态度，形成思想政治理论课的认同。

（三）社会学习理论强调实践性学习的必要

社会学习理论较早由美国心理学家班杜拉提出，强调个体学习过程及其认知水平会受到社会因素的影响。直接学习和替代学习是影响学习者认知的主要方式。直接学习是通过学习者亲自参与活动并体验活动的结果而进行的学习。学习者在活动中不断得到活动结果的期待和激励，从而影响活动动机并增强学习信念，保障活动的有效性。替代学习则是通过集中注意力、建构表象、记忆、分析外界或对象的表现或行动方式所进行的学习。这种学习结果在得到外部支持和鼓励或者自我鼓励后将得到强化，从而形成一定的行为方式或者改变原有的行为习惯。② 社会学习理论在发展中逐渐补充和强化了认知因素，致力于解读人们如何发展社交、情绪、认知与行为能力，以及如何调节自身的行为和动机等，这些是社会认知研究的重要组成部分。社会实践作为社会学习的重要形式，其过程实质上是主客观发生交互作用并形成多种社会关系的过程。通过实践活动，个体在参照与比较中达成自我认识与自我界定，改造主观世界进而改造外在活动方式。社会实践既可以实现直接学习效果，也可以实现替代学习效果。高校社会实践将理论与实际相结合，通过校内实践途径开展活动。大学生以兴趣爱好、学术研讨、学科交流、学生生活、志愿服务、社会问题等为基础自由组成小组或社团，利用课外时间开展校园实践活动。这种活动引导学生将自身成长融入社会发展需要中，使大学

---

① 胡树，吴满意．大学生社会实践教育理论与方法［M］．北京：人民出版社，2010：61-62.

② 伍尔福克．伍尔福克教育心理学：第十一版［M］．伍新春，译．北京：中国人民大学出版社，2012：190-191.

生在把握专业知识的基础上，增强个人的社会责任意识。同时，高校通过校外实践途径，引导学生参与“三下乡”活动、社区志愿活动、知识普及和理论宣传工作、支教工作等。这些活动指导学生深入社区了解基层问题与民生诉求，了解国情，理解国家方针政策，积累社会实践经验，锻炼毅力。在实践中，学生实现了自我教育，提升了社会认知能力。社会实践作为联通个人与周围环境交互的学习环节，通过认知、情感和态度导向的中介作用，成为影响大学生认同思想政治理论课的重要因素。

二、社会实践影响大学生认同思想政治理论课的数据分析

研究运用李克特五级指标调查了大学生对校内外社会实践活动的评价和体验情况。经信度检验，社会实践的 Cronbach's Alpha 值为 0.966（表 8.1），指标大于 0.9，这说明社会实践量表的内部一致性信度甚佳。

表 8.1 信度分析

变量	Cronbach's Alpha
社会实践	0.966

图 8.1 所示为大学生对社会实践评价各题项的具体得分情况，结果表明，“我积极参与形式丰富的校内外社会实践活动”得分为 4.14，“参与社会实践过程中深化了我对思想政治理论课相关知识点的认知”得分为 4.18，“参与社会实践有助于深入社会、了解国情”得分为 4.25，“社会实践活动验证了思想政治理论课教学观点的正确性”得分为 4.23，“我觉得参与社会实践很有意义”得分为 4.28，“参与社会实践让我更加坚定马克思主义信仰”得分为 4.25。可以看出，大学生对参加社会实践的主动性，参加实践活动的收获，特别是对思想政治理论课学习内容的社会体验和态度等方面的评价结果得分较高，均超过 4.0 分。其中体现大学生实际参与社会实践活动的主观意愿的得分在选项中偏低，这体现出大学生参加社会实践主观能动性还不够强。

表 8.2 为社会实践评价对大学生思想政治理论课认同影响分析表。研究以大学生思想政治理论课的情感认同、价值认同、内容认同、行为认同和总体认同为因变量，以社会实践评价为自变量，采用多元线性回归分析，分析

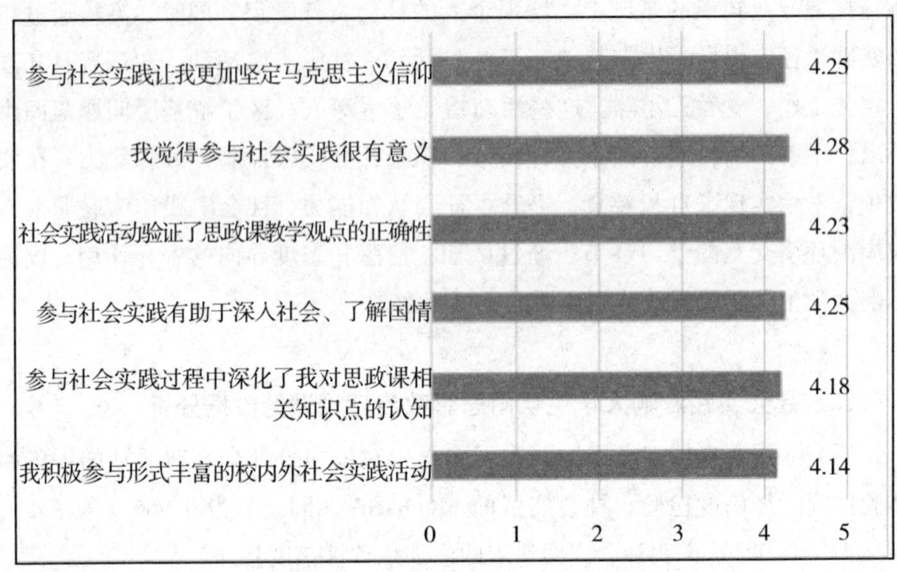

图 8.1　大学生对社会实践评价均值分布情况

结果如表 8.2 所示。

表 8.2 的前三列是将大学生思想政治理论课情感认同作为因变量进行多元线性回归的结果。回归方程的 $R^2=0.39$，$F=548.797$。其中，我积极参与形式丰富的校内外社会实践活动（$B=0.214$，$P<0.001$），参与社会实践过程中深化了我对思想政治理论课相关知识点的认知（$B=0.234$，$P<0.001$），社会实践活动验证了思想政治理论课教学观点的正确性（$B=0.121$，$P<0.001$），参与社会实践让我更加坚定马克思主义信仰（$B=0.082$，$P<0.01$）对情感认同具有显著的正向影响。上述结果表明，积极参与形式丰富的校内外社会实践活动的大学生对思想政治理论课的情感认同度较高，具体表现为以下几方面：认为参与社会实践过程中深化了对思想政治理论课相关知识点认知的大学生对思想政治理论课的情感认同度较高；认为社会实践活动验证了思想政治理论课教学观点的正确性的大学生对思想政治理论课的情感认同度较高；参与社会实践让自己更加坚定马克思主义信仰的大学生对思想政治理论课的情感认同度较高。比较上述影响因素，参与社会实践过程中深化了大学生对思想政治理论课相关知识点认知的社会实践评价对大学生思想政治

理论课情感认同的影响最大。

表 8.2 的四至六列是将大学生思想政治理论课价值认同作为因变量进行多元线性回归的结果。回归方程的 $R^2=0.571$，F = 1143.345。其中，我积极参与形式丰富的校内外社会实践活动（B = 0.070，P<0.001），参与社会实践过程中深化了我对思想政治理论课相关知识点的认知（B = 0.158，P<0.001），参与社会实践有助于深入社会、了解国情（B = 0.087，P<0.001），社会实践活动验证了思想政治理论课教学观点的正确性（B = 0.196，P<0.001），我觉得参与社会实践很有意义（B = 0.135，P<0.001），参与社会实践让我更加坚定马克思主义信仰（B = 0.164，P<0.001）均对价值认同具有显著的正向影响。上述结果表明，积极参与形式丰富的校内外社会实践活动的大学生对思想政治理论课的价值认同度较高，认为参与社会实践过程中深化了自己对思想政治理论课相关知识点的认知的大学生对思想政治理论课的价值认同度较高，认为参与社会实践有助于深入社会、了解国情的大学生对思想政治理论课的价值认同度较高，认为社会实践活动验证了思想政治理论课教学观点的正确性的大学生对思想政治理论课的价值认同度较高，觉得参与社会实践很有意义的大学生对思想政治理论课的价值认同度较高，认为参与社会实践让自己更加坚定马克思主义信仰的大学生对思想政治理论课的价值认同度较高。比较分析结果可知，社会实践活动验证了思想政治理论课教学观点的正确性的社会实践评价对大学生思想政治理论课价值认同的影响最大。

表 8.2 的七至九列是将大学生思想政治理论课内容认同作为因变量进行多元线性回归的结果。回归方程的 $R^2=0.638$，F = 1511.723。其中，我积极参与形式丰富的校内外社会实践活动（B = 0.106，P<0.001），参与社会实践过程中深化了我对思想政治理论课相关知识点的认知（B = 0.164，P<0.001），参与社会实践有助于深入社会、了解国情（B = 0.108，P<0.001），社会实践活动验证了思想政治理论课教学观点的正确性（B = 0.187，P<0.001），我觉得参与社会实践很有意义（B = 0.112，P<0.001），参与社会实践让我更加坚定马克思主义信仰（B = 0.182，P<0.001）均对内容认同具有显著的正向影响。上述结果表明，积极参与形式丰富的校内外社会实践活动

的大学生对思想政治理论课的内容认同度较高，认为参与社会实践过程中深化了自己对思想政治理论课相关知识点的认知的大学生对思想政治理论课的内容认同度较高，认为参与社会实践有助于深入社会、了解国情的大学生对思想政治理论课的内容认同度较高，认为社会实践活动验证了思想政治理论课教学观点正确性的大学生对思想政治理论课的内容认同度较高，觉得参与社会实践很有意义的大学生对思想政治理论课的内容认同度较高，认为参与社会实践让自己更加坚定马克思主义信仰的大学生对思想政治理论课的内容认同度较高。比较分析结果可知，社会实践活动验证了思想政治理论课教学观点正确性的社会实践评价对大学生思想政治理论课内容认同的影响最大。

表 8.2 的十至十二列是将大学生思想政治理论课行为认同作为因变量进行多元线性回归的结果。回归方程的 $R^2=0.657$，$F=1646.335$。其中，我积极参与形式丰富的校内外社会实践活动（$B=0.255$，$P<0.001$），参与社会实践过程中深化了我对思想政治理论课相关知识点的认知（$B=0.243$，$P<0.001$），参与社会实践有助于深入社会、了解国情（$B=0.060$，$P<0.01$），社会实践活动验证了思想政治理论课教学观点的正确性（$B=0.148$，$P<0.001$），我觉得参与社会实践很有意义（$B=0.063$，$P<0.01$），参与社会实践让我更加坚定马克思主义信仰（$B=0.105$，$P<0.001$）均对行为认同具有显著的正向影响。上述结果表明，积极参与形式丰富的校内外社会实践活动的大学生对思想政治理论课的行为认同度较高，认为参与社会实践过程中深化了自己对思想政治理论课相关知识点的认知的大学生对思想政治理论课的行为认同度较高，认为参与社会实践有助于深入社会、了解国情的大学生对思想政治理论课的行为认同度较高，认为社会实践活动验证了思想政治理论课教学观点的正确性的大学生对思想政治理论课的行为认同度较高，觉得参与社会实践很有意义的大学生对思想政治理论课的行为认同度较高，认为参与社会实践让自己更加坚定马克思主义信仰的大学生对思想政治理论课的行为认同度较高。分析结果可知，我积极参与形式丰富的校内外社会实践活动对大学生思想政治理论课行为认同的影响最明显。

表 8.2　社会实践评价对大学生思想政治理论课认同影响分析

因变量/自变量	情感认同			价值认同			内容认同			行为认同			总体认同		
	标准化系数（B）	T 值	P 值	标准化系数（B）	T 值	P 值	标准化系数（B）	T 值	P 值	标准化系数（B）	T 值	P 值	标准化系数（B）	T 值	P 值
我积极参与形式丰富的校内外社会实践活动	0.214***	10.614	0.000	0.070***	4.135	0.000	0.106***	6.790	0.000	0.255***	16.876	0.000	0.169***	11.648	0.000
参与社会实践过程中深化了我对思想政治理论课相关知识点的认知	0.234***	9.105	0.000	0.158***	7.318	0.000	0.164***	8.291	0.000	0.243***	12.627	0.000	0.210***	11.401	0.000
参与社会实践有助于深入社会、了解国情	-0.011	-0.429	0.668	0.087***	3.888	0.000	0.108***	5.256	0.000	0.060**	2.980	0.003	0.080***	4.150	0.000

续表

因变量 / 自变量	情感认同			价值认同			内容认同			行为认同			总体认同		
	标准化系数（B）	T值	P值	标准化系数（B）	T值	P值	标准化系数（B）	T值	P值	标准化系数（B）	T值	P值	标准化系数（B）	T值	P值
社会实践活动验证了思想政治理论课教学观点的正确性	0. 121***	4. 444	0. 000	0. 196***	8. 616	0. 000	0. 187***	8. 919	0. 000	0. 148***	7. 250	0. 000	0. 182***	9. 311	0. 000
我觉得参与社会实践很有意义	0. 031	1. 238	0. 216	0. 135***	6. 527	0. 000	0. 112***	5. 891	0. 000	0. 063**	3. 413	0. 001	0. 100***	5. 605	0. 000
参与社会实践让我更加坚定马克思主义信仰	0. 082**	3. 183	0. 001	0. 164***	7. 613	0. 000	0. 182***	9. 174	0. 000	0. 105***	5. 463	0. 000	0. 153***	8. 276	0. 000
R^2	0. 39			0. 571			0. 638			0. 657			0. 685		
F	548. 797			1143. 345			1511. 723			1646. 335			1870. 712		

（注：*** P<0. 001，** P<0. 01，* P<0. 05）

表 8.2 的最后三列是将大学生思想政治理论课总体认同作为因变量进行多元线性回归的结果。回归方程的 $R^2=0.685$，$F=1870.712$。其中，我积极参与形式丰富的校内外社会实践活动（$B=0.169$，$P<0.001$），参与社会实践过程中深化了我对思想政治理论课相关知识点的认知（$B=0.210$，$P<0.001$），参与社会实践有助于深入社会、了解国情（$B=0.080$，$P<0.001$），社会实践活动验证了思想政治理论课教学观点的正确性（$B=0.182$，$P<0.001$），我觉得参与社会实践很有意义（$B=0.100$，$P<0.001$），参与社会实践让我更加坚定马克思主义信仰（$B=0.153$，$P<0.001$）均对总体认同具有显著的正向影响。上述结果表明，积极参与形式丰富的校内外社会实践活动的大学生对思想政治理论课的总体认同度较高，认为参与社会实践过程中深化了自己对思想政治理论课相关知识点的认知的大学生对思想政治理论课的总体认同度较高，认为参与社会实践有助于深入社会、了解国情的大学生对思想政治理论课的总体认同度较高，认为社会实践活动验证了思想政治理论课教学观点正确性的大学生对思想政治理论课的总体认同度较高，觉得参与社会实践很有意义的大学生对思想政治理论课的总体认同度较高，认为参与社会实践让自己更加坚定马克思主义信仰的大学生对思想政治理论课的总体认同度较高。比较分析结果可知，参与社会实践过程中深化了我对思想政治理论课相关知识点的认知的社会实践评价对大学生思想政治理论课总体认同的影响最大。

总体而言，积极参与形式丰富的校内外社会实践活动、参与社会实践过程中深化了我对思想政治理论课相关知识点的认知、社会实践活动验证了思想政治理论课教学观点的正确性这三项社会实践评价对大学生思想政治理论课情感认同、价值认同、内容认同、行为认同和总体认同均具有非常显著的正向影响。参与社会实践有助于深入社会、了解国情与我觉得参与社会实践很有意义这两项社会实践评价对价值认同、内容认同和总体认同具有非常显著的正向影响，对行为认同具有比较显著的正向影响，对情感认同不具备显著影响。参与社会实践让我更加坚定马克思主义信仰对价值认同、内容认同、行为认同和总体认同都具有非常显著的正向影响，对情感认同具有较为显著的正向影响。

为了探究人口统计特征对大学生评价社会实践的影响，研究中采用多元线性回归分析，以人口统计特征为自变量，以社会实践评价为因变量，所得结果如表 8.3 所示。回归方程的 $R^2=0.013$，$F=6.941$。其中，家乡是不是革命老区（B=-0.047，P<0.01）、民族（B=-0.065，P<0.001）、年级（B=-0.027，P<0.1）、是不是学生干部（B=-0.054，P<0.001）、家庭收入（B=-0.047，P<0.01）对社会实践评价具有显著的负向影响。上述结果表明，家乡是革命老区的大学生对社会实践评价较高，汉族大学生对社会实践评价较高，低年级的大学生对社会实践评价较高，担任学生干部的大学生对社会实践评价较高，家庭收入较低的大学生对社会实践评价较高。比较分析结果可知，民族因素对社会实践评价的影响最大。

表 8.3 人口统计特征对大学生对社会实践评价影响分析

因变量 / 自变量	社会实践评价		
	标准化系数（B）	T 值	P 值
性别	0.007	0.446	0.656
家乡是不是革命老区	-0.047**	-3.328	0.001
生源地	-0.021	-1.373	0.170
是不是独生子女	-0.019	-1.190	0.234
民族	-0.065***	-4.656	0.000
学校	0.003	0.203	0.839
年级	-0.027#	-1.898	0.058
是不是学生干部	-0.054***	-3.822	0.000
政治面貌	-0.015	-1.073	0.283
家庭收入	-0.047**	-3.233	0.001
R^2	0.013		
F	6.941		

（注：*** P<0.001，** P<0.01，* P<0.05，# P<0.1）

表 8.4 为不同专业的大学生对社会实践评价的差异比较分析表。结果表

明，1916 名工科专业的学生、731 名理科专业的学生、1838 名文科专业的学生，还有其他专业学生 675 名，共 5160 名学生参与社会实践评价。不同专业的学生对社会实践评价有所差别，但并不显著。其中，工科专业的学生对社会实践评价得分为 4.38，理科、文科专业的学生，得分均为 4.37，其他专业的学生对社会实践评价的得分为 4.3，学生总体对社会实践评价得分为 4.37。相对而言，工科专业的大学生对社会实践评价最高。

表 8.4　不同专业的大学生对社会实践评价的差异比较

变量		N	均值	标准差	标准误	均值 95% 置信区间		极小值	极大值
						下限	上限		
社会实践评价	专业								
	工科	1916	4.38	0.796	0.018	4.35	4.42	1	5
	理科	731	4.37	0.793	0.029	4.31	4.43	1	5
	文科	1838	4.37	0.784	0.018	4.34	4.41	1	5
	其他	675	4.3	0.805	0.031	4.24	4.36	1	5
	总数	5160	4.37	0.793	0.011	4.34	4.39	1	5

三、社会实践影响大学生认同思想政治理论课的特征

社会实践作为教育教学的重要手段，始终是高校思想政治理论课教学改革所关注的焦点之一。社会实践也是当前推进“大思政课”建设的主要抓手，是大学生评价思想政治理论课效果以及认同思想政治理论课程度的主要影响因素。通过调查研究，我们可以概括出社会实践影响大学生认同思想政治理论课的特征。

第一，大学生给予高校社会实践较高的整体评价，为大学生认同思想政治理论课奠定了良好的基础。不同专业的大学生对高校社会实践的评价差异不显著。大学生积极肯定在校参加的社会实践或学校组织指导的社会实践，并对社会实践的意义评价很高，同时认可社会实践对自身坚定马克思主义信仰、了解社会和了解国情的积极价值，由此增强了大学生在认同思想政治理

论课基础上的学习主动性。

第二，具有不同身份特征的大学生对社会实践的评价表现出显著差别。调查显示，担任过学生干部的大学生对社会实践评价较高。年级依据大学生所处年级分为大一、大二、大三、大四共四个年级选项，年级与大学生对社会实践的评价呈现显著的负向关系，年级越高，对社会实践的评价越低。这可能与低年级学生相较于高年级学生忙于考研和求职活动，更有时间和精力参与社会实践活动有关。从学生专业角度而言，不同专业的大学生对社会实践评价的差异不大，但工科专业的学生对社会实践评价最高。

第三，来自红色老区的大学生与非红色老区大学生对社会实践的评价表现出显著差异。调查显示，家乡在革命老区的大学生对社会实践的评价较高，这可能与来自革命老区的大学生从小接受红色教育并经常参与红色主题活动等有关。红色社会实践的内容与思想政治理论课知识密切相关，能够帮助大学生更深入理解课程内容和现实社会，提高他们对社会实践的认可度。

第四，大学生消费水平的差异表现出对思政课认同的差异性。按照大学生月消费 1000 元及以下到 3000 元及以上划分了四个额度的月消费区域，调查结果显示，不同大学生月消费差异在他们对高校思政课实践教学的认同评价上也表现出较为显著的差异。其中，消费水平较低的学生对社会实践的认同度较高。研究认为这与受到消费条件限制的大学生课外忙于处理学业和勤工助学有关系，他们可能因时间和经济压力自行安排的社会活动并不多，因而对学校组织的社会实践活动较积极，对待社会实践的态度也认真，并给予了较高的认同评价。由此也体现出，高校组织的社会实践作为思政课的重要构成部分具有现实意义。

第九章

课程考核方式对大学生认同思想政治理论课的影响

课程考核是教学体系的组成部分，是考察大学生学习思想政治理论课的必要手段，也是影响大学生认同思想政治理论课程的重要因素。高校思想政治理论课兼具知识性和价值性，其教育教学效果也具有潜隐性和延迟性。2015年，中宣部和教育部在《普通高校思想政治理论课建设体系创新计划》中明确指出，要“坚持知行合一原则，创新考试考核办法，探索建立科学全面准确评价学生思想政治理论课学习效果的评价体系”。教育部发布的2021版高等学校思想政治理论课建设标准中强调要改革考试评价方式，建立健全科学全面准确的考试考核评价体系，注重过程考核和教学效果考核。思想政治理论课考核通过反馈“教”与“学”的结果信息及时调整教学内容和方法，这是优化教育教学效果的关键环节。课程考核过程和结果不仅能检验大学生接收课程知识的程度和水平，而且能反映大学生的主观获得感，间接影响大学生对课程内容和价值的整体评价。高校思想政治理论课的考核内容、形式以及公正程度等都将通过间接评价机制影响大学生对思想政治理论课的认同。

一、课程考核方式影响大学生认同思想政治理论课的理论分析

思想政治理论课的教学考核与评价注重两方面：一方面，关注学生对马克思主义理论和思想道德修养科学知识的系统掌握情况；另一方面，注重引导学生将马克思主义理论和思想道德规范内化，使学生按照人类社会发展规律改造主观世界和客观世界，使学生形成目的性认识，实现正确价值导向的效果。课程考核或评价作为教学环节之一影响大学生对思想政治理论课的认

同，学生可以从马克思主义相关重要论述以及系列教育理论获得支撑。

（一）马克思主义关于教育评价的相关理念

马克思主义理论的教育旨向是教育教学考核评价的依据。马克思恩格斯创立的理论明确指出无产阶级革命斗争的任务和方向是建立共产主义社会，“它将是这样一个联合体，在那里，每个人的自由发展是一切人的自由发展的条件”①。每个人的自由全面发展作为社会主义国家建立和发展的最终目标，也是社会主义国家教育发展的必然指向。马克思恩格斯非常重视教育在人的全面发展中所起的作用，认为教育可以培养人的各种能力，使人摆脱旧式分工带来的片面发展，促使个人得到全面的发展。② 教育目标是教育教学评价的依据，高校思想政治理论课是传播和武装马克思主义理论以及马克思主义中国化发展成果的主渠道。马克思主义理论确立的教育发展目标引导着思想政治理论课教育教学的方向，教育教学考核方式则应匹配教育目标，助力人的自由全面的发展。

辩证唯物主义认识论坚持实践是检验真理的唯一标准是马克思主义教育评价的根本准则。马克思在《关于费尔巴哈的提纲》中提出，“哲学家们只是用不同的方式解释世界，问题在于改变世界”③，科学的理论不仅是解释世界的工具，还是改造世界的武器，而实践则是检验理论科学性的根本途径。列宁也特别注重理论联系实践，认为应该将教育与现实的政治、经济、文化建设和教育对象的生活、学习、工作相联系，强调“我们决不能将马克思的理论看作某种一成不变的和神圣不可侵犯的东西；恰恰相反，我们深信：它只是给一种科学奠定了基础，社会党人如果不愿意落后于实际生活，就应当在各方面把这门科学推向前进”④。实践检验真理的教育评价准则对高校思想政治理论课教育教学考核评价的要求是将课程理论知识与实践知识进行综合考

---

① 中共中央马克思恩格斯列宁斯大林著作编译局．马克思恩格斯选集：第一卷［M］．北京：人民出版社，2012：422.

② 张耀灿．高校思想政治理论课教育教学质量监测体系研究［M］．北京：经济科学出版社，2014：42.

③ 中共中央马克思恩格斯列宁斯大林著作编译局．马克思恩格斯选集：第一卷［M］．北京：人民出版社，2012：140.

④ 中共中央马克思恩格斯列宁斯大林著作编译局．列宁选集：第一卷［M］．北京：人民出版社，1995：274.

量，对理论认知和价值去向综合判断。基于事实和结合实践的教育评价对大学生的学习效果和主观评价将发挥中介作用，影响大学生认同思想政治理论课的教学内容和价值。

（二）教育系统要素论

系统要素论较早是由美籍奥地利学者贝塔朗菲（Bertalanffy）提出的，其观点引申于生物学的“机体论”，强调系统由多要素联结构成且要素之间通过彼此关联机制实现物质、信息和能量的转换，从而达成一定的目的。系统具有开放性、层次性、整体性和自组织性等，系统面向要素之外的环境具有较强的开放吸纳能力，且要素能够构成不同层次的整体，而且整体功能大于系统要素之和，同时系统要素之间的适应调节机制使系统具有较强的修复性和演变性，保持系统运行和最优功能的发挥。系统要素论具有鲜明的马克思主义哲学色彩。例如，马克思主义经典作家曾生动列举了结构与功能之间关系的例子，即拿破仑描写骑术不精但有纪律的法国骑兵和当时最善于单个格斗但没有纪律的骑兵——马木留克兵之间的战斗说明了系统的质与量关系及其功能，“两个马木留克兵绝对能打赢三个法国兵，一百个法国兵与一百个马木留克兵势均力敌，三百个法国兵大都能战胜三百个马木留克兵，而一千个法国兵总能打败一千五百个马木留克兵”①。这就是系统与结构、整体与部分的功能差异。

系统论运用于教育教学领域所形成的教育系统论中，强调教学设计和实施过程的整体性、层次性。教育系统观点既可能运用于思想政治理论课某一门课程的设计中，也可能运用于整体思想政治理论课的实施中。在不同层次的系统中都涉及教学评价要素，及时的评价回馈既是不断监控思想政治理论课教学过程并合理调整教学方案的重要依据，也是构建思想政治理论教学良性循环的重要节点。② 思想政治理论课教学考核作为课程系统中的重要环节，其设计理念和实施方式不仅影响教学目标的实现，而且还将影响大学生对思

① 中共中央马克思恩格斯列宁斯大林著作编译局．马克思恩格斯文集：第九卷［M］．北京：人民出版社，2009：136.

② 薛晓斌．思想政治理论课教学科学化：理论与实证研究［M］．北京：人民出版社，2020：40.

想政治理论课的评价和认同。考核要素在思想政治理论课程系统中发挥反馈调节作用，能使课程始终保持动态优化从而实现良性发展，同时也间接调节着大学生认同思想政治理论课的程度。

（三）解放教育理论与主体间性教育理论

解放教育理论的代表人物是巴西教育家保罗·弗莱雷（Paulo Freire）。解放教育理论的形成受到马克思主义的影响，尤其是受马克思的《关于费尔巴哈的提纲》的影响显著。解放教育理论将教育的本质定性为“教育即政治”，认为“教育的全部活动在本质上都是政治。政治不是教或学的某一方面。不管教师和学生是否承认他们工作和学习的政治性，教育的所有形式都是政治的”①。解放教育理论提出教育不仅是传播知识的方法，而且是再造意识形态的重要途径，并体现在教育倡导的人与社会关系的价值取向中。解放教育理论在发展中顺应社会环境变化，逐渐注重“平等对话式”教学，反对被动教学，并积极开展课程改革，主张对话教学，引导师生对话、生生对话以及学生与文本进行对话等，实现在交流互动中获得知识和启发，改变学生的认知和情感。解放教育理论的观点在一定程度上反映出高校思想政治理论课引导学生认同社会主流意识形态的属性要求，凸显了思想政治理论课具有价值性和知识性相统一的特征，对应课程特征的考核与评价方式也应体现。课程定位、属性和内容特征等是影响学生认同课程的要素之一，课程考核内容与形式能否匹配课程特征成为间接影响课程认同程度的要素。

主体间性教育理论建立在以海德格尔、哈贝马斯等为代表的学者提出的主体间性观点的基础上，强调主体之间交往的重要性，提出主体在相互作用、交流和沟通的关系中体现其内在属性。主体间性也被称为“主体际性”“交互主体性”等，其包括两层含义：一是主体间的互识，即交往过程中两个或两个以上的主体间相互认识、相互理解；二是主体间的共识，即在交往过程中两个或两个以上的主体对同一事物有相同的理解，形成主体间的共通。② 主体间性教育理论认为教育的目的不仅是传播知识，而且重要的是将知识转化为

---

① 黄志成．被压迫者的教育学：弗莱雷解放教育理论与实践［M］．北京：人民教育出版社，2003：18.

② 霍力岩，高宏钰．当代西方教育学理论［M］．上海：华东师范大学出版社，2017：158.

人的智慧，教育既要培养学生改造外部世界的能力，也要培养学生完善内在精神世界的能力。主体间性教育理论注重教育过程的交往、对话和理解，认为交往本身就是教育，因为交往互动过程就是主体之间知识和经验以及价值取向共享的过程。对话是交往的载体，对话双方在一起相互讨论来获得真理。① 教育中的对话是地位和人格平等的条件下主体之间的互动，主体进而实现对问题的理解。在主体间性教育理念指导下，教育教学主张过程性和交互性，使受教育者在交互作用中产生了对教育课程和内容的认同。思想政治理论课教育教学的考核与评价在当前改革中更加注重过程考核以及在互动中的考核，即在教学的课堂内和课堂外通过教师与学生的互动、学生之间的讨论以及师生与社会实践对象之间的交流，实现对大学生思想认识和价值观念的引导和塑造。思想政治理论课的教育发展趋势，以及考核的灵活性和多样性，将间接影响大学生对思想政治理论课的认同。

二、课程考核方式影响大学生认同思想政治理论课的数据分析

经信度检验，结果如表 9.1 所示，课程考核方式评价的 Cronbach's Alpha 值为 0.970，大于 0.9，这表明课程考核方式量表的内部一致性信度甚佳。

表 9.1　信度分析

变量	Cronbach's Alpha
课程考核方式评价	0.970

图 9.1 为大学生对思想政治理论课考核方式评价均值分布情况表。结果表明，“我对我所在学校的思政课考核方式很满意”得分为 4.18，“考核评价结果具有很高的可信度”得分为 4.19，“考核评价方式很公平”得分为 4.21，“注重对学生平时学习态度的考核评价”得分为 4.21，“注重对学生综合能力素质进行考核评价”得分为 4.18，“能够全面合理地评价学生的学习情况”得分为 4.16。大学生对思想政治理论课的考核方式评价均值都在 4 以上，其中认为“考核评价方式很公平”与“注重对学生平时学习态度的考核评价”

① 伽达默尔．赞美理论［M］．夏镇平，译．上海：三联书店，1988：69.

的得分最高。

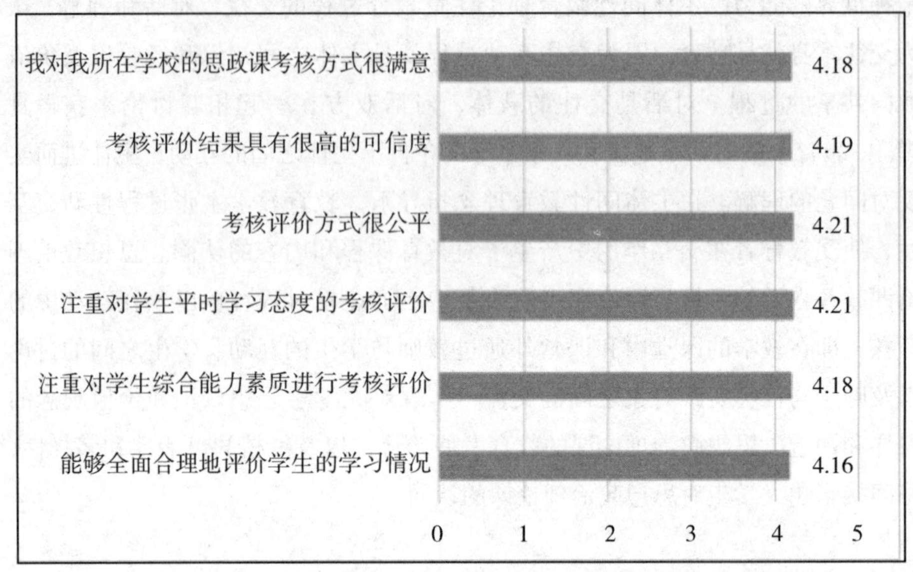

图 9.1　大学生对思想政治理论课考核方式评价均值分布情况

此外，本研究还探究了课程考核方式评价对大学生思想政治理论课认同的影响，在 SPSS 软件中对其进行多元线性回归分析，所得结果如表 9.2 所示。表 9.2 的前三列是将大学生思想政治理论课情感认同作为因变量进行多元线性回归的结果。回归方程的 $R^2=0.368$，$F=500.022$。具体来看，能够全面合理地评价学生的学习情况（$B=0.175$，$P<0.001$）、注重对学生综合能力素质进行考核评价（$B=0.110$，$P<0.001$）、注重对学生平时学习态度的考核评价（$B=0.089$，$P<0.01$）、考核评价结果具有很高的可信度（$B=0.078$，$P<0.01$）、我对我所在学校的思想政治理论课考核方式很满意（$B=0.164$，$P<0.001$）这五方面的因素对情感认同均有较为显著的正向影响。上述结果表明，当学生认为思想政治理论课考核能够全面合理地评价学生的学习情况、注重对学生综合能力素质进行考核评价、注重对学生平时学习态度的考核评价、考核评价结果具有很高的可信度、对所在学校的思想政治理论课考核方式很满意时，其对思想政治理论课的情感认同度较高。在上述影响因素中，能够全面合理地评价学生的学习情况这一因素对大学生思想政治理论课情感

认同的影响最大。

表 9.2 的第四至六列是将大学生思想政治理论课价值认同作为因变量进行多元线性回归的结果。回归方程的 $R^2=0.494$，$F=839.25$。具体来看，能够全面合理地评价学生的学习情况（$B=0.133$，$P<0.001$）、注重对学生综合能力素质进行考核评价（$B=0.126$，$P<0.001$）、注重对学生平时学习态度的考核评价（$B=0.214$，$P<0.001$）、考核评价方式很公平（$B=0.140$，$P<0.001$）、考核评价结果具有很高的可信度（$B=0.058$，$P<0.05$）、我对我所在学校的思想政治理论课考核方式很满意（$B=0.082$，$P<0.001$）这六方面的因素对价值认同均有显著的正向影响。在上述影响因素中，注重对学生平时学习态度的考核评价这一因素对大学生思想政治理论课价值认同的影响最大。

表 9.2 的第七至九列是将大学生思想政治理论课内容认同作为因变量进行多元线性回归的结果。回归方程的 $R^2=0.564$，$F=1111.446$。具体而言，能够全面合理地评价学生的学习情况（$B=0.179$，$P<0.001$）、注重对学生综合能力素质进行考核评价（$B=0.173$，$P<0.001$）、注重对学生平时学习态度的考核评价（$B=0.151$，$P<0.001$）、考核评价方式很公平（$B=0.128$，$P<0.001$）、考核评价结果具有很高的可信度（$B=0.059$，$P<0.01$）、我对我所在学校的思想政治理论课考核方式很满意（$B=0.114$，$P<0.001$）这六方面的因素对内容认同均有着较为显著的正向影响。其中，能够全面合理地评价学生的学习情况这一因素对大学生思想政治理论课内容认同的影响最明显。

表 9.2 的第十至十二列是将大学生思想政治理论课行为认同作为因变量进行多元线性回归的结果。回归方程的 $R^2=0.566$，$F=1121.063$。具体而言，能够全面合理地评价学生的学习情况（$B=0.180$，$P<0.001$）、注重对学生综合能力素质进行考核评价（$B=0.117$，$P<0.001$）、注重对学生平时学习态度的考核评价（$B=0.187$，$P<0.001$）、考核评价方式很公平（$B=0.067$，$P<0.01$）、考核评价结果具有很高的可信度（$B=0.103$，$P<0.001$）、我对我所在学校的思想政治理论课考核方式很满意（$B=0.151$，$P<0.001$）这六方面的因素对行为认同均有着较为显著的正向影响。在上述影响因素中，注重对学生平时学习态度的考核评价这一因素对大学生思想政治理论课行为认同的影响最大。

表 9.2 课程考核方式评价对大学生思想政治理论课认同的影响分析

因变量/自变量	情感认同			价值认同			内容认同			行为认同			总体认同		
	标准化系数（B）	T值	P值	标准化系数（B）	T值	P值	标准化系数（B）	T值	P值	标准化系数（B）	T值	P值	标准化系数（B）	T值	P值
能够全面合理地评价学生的学习情况	0.175***	6.507	0.000	0.133***	5.503	0.000	0.179***	7.987	0.000	0.180***	8.060	0.000	0.191***	8.836	0.000
注重对学生综合能力素质进行考核评价	0.110***	3.922	0.000	0.126***	5.006	0.000	0.173***	7.405	0.000	0.117***	5.011	0.000	0.143***	6.325	0.000
注重对学生平时学习态度的考核评价	0.089**	3.395	0.001	0.214***	9.150	0.000	0.151***	6.938	0.000	0.187***	8.638	0.000	0.158***	7.552	0.000
考核评价方式很公平	0.031	1.221	0.222	0.140***	6.250	0.000	0.128***	6.150	0.000	0.067**	3.218	0.001	0.123***	6.138	0.000
考核评价结果具有很高的可信度	0.078**	2.846	0.004	0.058*	2.368	0.018	0.059**	2.599	0.009	0.103***	4.540	0.000	0.076**	3.440	0.001

续表

因变量 / 自变量	情感认同			价值认同			内容认同			行为认同			总体认同		
	标准化系数（B）	T值	P值	标准化系数（B）	T值	P值	标准化系数（B）	T值	P值	标准化系数（B）	T值	P值	标准化系数（B）	T值	P值
我对我所在学校的思想政治理论课考核方式很满意	0. 164***	6. 395	0. 000	0. 082***	3. 551	0. 000	0. 114***	5. 357	0. 000	0. 151***	7. 097	0. 000	0. 133***	6. 463	0. 000
R^2	0. 368			0. 494			0. 564			0. 566			0. 593		
F	500. 022			839. 25			1111. 446			1121. 063			1251. 096		

（注：*** P<0. 001，** P<0. 01，* P<0. 05）

表 9.2 的最后三列是将大学生思想政治理论课总体认同作为因变量进行多元线性回归的结果。回归方程的 $R^2=0.593$，$F=1251.096$。具体来看，能够全面合理地评价学生的学习情况（B=0.191，P<0.001）、注重对学生综合能力素质进行考核评价（B=0.143，P<0.001）、注重对学生平时学习态度的考核评价（B=0.158，P<0.001）、考核评价方式很公平（B=0.123，P<0.001）、考核评价结果具有很高的可信度（B=0.076，P<0.01）、我对我所在学校的思想政治理论课考核方式很满意（B=0.133，P<0.001）这六方面的因素对总体认同均有着比较显著的正向影响。在上述影响因素中，能够全面合理地评价学生的学习情况这一因素对大学生思想政治理论课总体认同的影响最明显。

通过上述五个回归方程的数据对比分析可知，能够全面合理地评价学生的学习情况、注重对学生综合能力素质进行考核评价、注重对学生平时学习态度的考核评价、考核评价结果具有很高的可信度以及我对我所在学校的思想政治理论课考核方式很满意对大学生对思想政治理论课情感认同、价值认同、内容认同、行为认同以及总体认同均有着显著正向影响。考核评价方式很公平对价值认同、内容认同、行为认同以及总体认同均有着显著正向影响，对情感认同的影响不显著。

表 9.3 是将课程考核方式评价作为因变量，人口统计特征作为自变量进行多元线性回归的结果。回归方程的 $R^2=0.016$，$F=8.343$。具体来看，除了性别（B=0.036，P<0.05）对课程考核方式评价有较为显著的正向影响之外，家乡是不是革命老区（B=-0.031，P<0.05）、生源地（B=-0.029，P<0.1）、是不是独生子女（B=-0.037，P<0.05）、民族（B=-0.069，P<0.001）、学校（B=-0.042，P<0.01）、年级（B=-0.032，P<0.05）、是不是学生干部（B=-0.034，P<0.05）、家庭收入（B=-0.061，P<0.001）八个因素均对课程考核方式评价有较为显著的负向影响，其中的民族对课程考核方式评价的影响最大。结果表明，高校的女生比男生对思想政治理论课课程考核方式评价高，家乡是革命老区的大学生对思想政治理论课课程考核方式评价较高，城镇大学生对思想政治理论课课程考核方式评价较高，汉族大学生对思想政治理论课课程考核方式评价较高，985 院校的学生对思想政治理论课课程考核方式评价较高，低年级大学生对思想政治理论课课程考核方式评价较高，担

任学生干部的大学生对思想政治理论课课程考核方式评价较高，家庭收入低的大学生对思想政治理论课课程考核方式评价较高。

表 9.3 人口统计特征对大学生对课程考核方式评价影响分析

因变量 / 自变量	课程考核方式评价		
	标准化系数（B）	T 值	P 值
性别	0.036*	2.373	0.018
家乡是不是革命老区	−0.031*	−2.224	0.026
生源地	−0.029#	−1.869	0.062
是不是独生子女	−0.037*	−2.372	0.018
民族	−0.069***	−4.945	0.000
学校	−0.042**	−2.778	0.005
年级	−0.032*	−2.267	0.023
是不是学生干部	−0.034*	−2.412	0.016
政治面貌	−0.014	−1.018	0.309
家庭收入	−0.061***	−4.265	0.000
R^2	0.016		
F	8.343		

（注：*** P<0.001，** P<0.01，* P<0.05，#P<0.1）

表 9.4 为不同专业的大学生对课程考核方式评价差异比较分析表。结果表明，总计调查大学生人数为 5160 名，其中工科专业的大学生有 1916 名，理科专业的大学生有 731 名，文科专业的大学生有 1838 名，其他专业的大学生有 675 名。首先，不同专业的大学生均值得分在 4 以上，总体得分为 4.19；其次，文科专业的大学生得分为 4.24，是所有专业中最高的；再次，工科和理科专业的大学生得分均为 4.20；最后，其他专业的大学生得分为 4.01，是所有专业中最低的。

表 9.4 不同专业的大学生对课程考核方式评价的差异比较分析

变量		N	均值	标准差	标准误	均值 95% 置信区间		极小值	极大值
						下限	上限		
课程考核方式评价	专业								
	工科	1916	4.20	0.882	0.02	4.16	4.24	1	5
	理科	731	4.20	0.872	0.032	4.13	4.26	1	5
	文科	1838	4.24	0.832	0.019	4.2	4.28	1	5
	其他	675	4.01	0.916	0.035	3.95	4.08	1	5
	总数	5160	4.19	0.87	0.012	4.16	4.21	1	5

三、课程考核方式影响大学生认同思想政治理论课的特征

课程考核方式不仅是教师评价学生学习情况并以此调整和优化教学效果的重要依据，还是学生形成课程评价态度的中介。调查研究显示，课程考核方式对大学生认同思想政治理论课的影响有以下特征。

第一，大学生对思想政治理论课的考核方式整体评价较高，并显著影响大学生对思想政治理论课的认同度。通过图 9.1 可知，大学生对思想政治理论课的考核方式评价均值都在 4 以上。其主要体现为大学生普遍认为其所在学校的思想政治理论课能够全面合理地评价学生的学习情况，注重对学生综合能力素质和平时学习态度的考核评价，考核评价结果具有很高的可信度，并且大学生对所在学校的思政课考核方式很满意。

第二，大学生对思想政治理论课考核关注的侧重点不同，这反映出他们认同思想政治理论课类别的显著性有所差别。首先，能够全面合理地评价学生的学习情况对大学生思想政治理论课情感认同的影响最大。本研究发现当前大学生对所在学校思想政治理论课所采取的考核方式普遍比较满意，这与思想政治理论课的考核方式与时俱进、不断改革、逐渐趋于多元化有关，考核比较全面合理，符合大学生的心理预期。其次，注重对学生平时学习态度的考核评价这一因素对大学生思想政治理论课价值认同以及行为认同的影响均最大。这说明大学生更倾向过程性的考核方式，关注平时学习在考核中的

表现，并不青睐考核结果，这启示高校需要积极创新思想政治理论课的考核方式，注意将过程性考核与结果性考核相结合，这样既能够真实有效地检测出学生学习思想政治理论课的效果，又能使学生满意。最后，能够全面评价学生综合素质而非单一评价学生掌握的知识性内容的表现，对大学生总体认同思想政治理论课以及对思想政治理论课内容认同的影响均较大。这表明，大学生倾向能够对自身进行全面合理考核的考核评价，这反映出新时代的大学生具有强烈的全面发展的愿望，将学习作为掌握知识、提升思维能力和培养综合素养等社会适应性要求的途径，拓展了大学生学习的视野，其符合高校思想政治理论课所具有的知识性和价值性相统一的课程特征。

第三，大学生的民族差异、家庭收入、学校类别等因素对他们评价思想政治理论课具有显著影响。首先，大学生对思想政治理论课考核方式评价呈现民族差异，且影响最显著。汉族大学生要比少数民族大学生对思想政治理论课考核方式评价更高，这可能与少数民族大学生的语言适应能力有关，长期在少数民族地区使用地方语言的学生对汉语的驾驭能力将限制他们对考核多样化的评价。其次，大学生对思想政治理论课考核方式评价呈现显著的家庭收入差异。家庭收入较低的学生要比家庭收入较高的学生对思想政治理论课考核方式评价更高。这反映出经济条件较好的学生更倾向多样化的考核方式，对考核方式的改革诉求以及考核的公正合理意愿较为强烈，经济条件较差的学生则对考核方式的接受更被动。再次，大学生对思想政治理论课考核方式评价呈现显著的学校差异。“双一流”高校的大学生对思想政治理论课考核方式的评价较高，这反映出“双一流”高校在思想政治理论课考核方式的改革中更加趋近学生的意愿，同时可能与学生具有较强的自律性和积极竞争的意识有一定的关系。最后，比较而言，低年级大学生、独生子女大学生、大学生干部、来自革命老区的大学生、城镇大学生对思想政治理论课课程考核方式评价较高。

第四，不同专业的大学生对思想政治理论课课程考核方式评价均较高，且文科专业的大学生评价更高。不同专业的大学生对思想政治理论课课程考核方式评价得分的均值在 4 以上，这表明各个专业的大学生普遍认同思想政治理论课课程考核方式；其次，文科专业的大学生对思想政治理论课课程考核方式评价最高，这可能与思想政治理论课作为人文社科类课程，与文科专业的学生一直以来学习的课程具有较多的共通性考核特征有关，文科生更适应思想政治理论课的课程考核方式。

第十章

教材教辅对大学生认同思想政治理论课的影响

教材教辅是大学生学习的必备资源，也是规范和引导教学内容的蓝本。为进一步推进习近平新时代中国特色社会主义思想进教材进课堂进学生头脑，满足学生对思想政治理论课的新期待，教材需增强可读性和吸引力，发挥在大学生思想政治理论课认同中的作用。2019 年，教育部印发的《普通高等学校教材管理办法》指出，要大力“组织建设信息技术与教育教学深度融合、多种介质综合运用、表现力丰富的新形态教材”①。这就要求高校思想政治理论课教师重视教材建设与使用，并将纸质教材与数字资源有效结合，增强思想政治理论课的吸引力和感染力。2020 年，中共中央宣传部和教育部联合印发《新时代学校思想政治理论课改革创新实施方案》，其中明确指出大学阶段思想政治理论课的必修课教材实行“一纲一本”，由中央宣传部会同教育部组织编写本科、高等职业学校专科、研究生必修课教材，并按规定报中央审定。思想政治理论课教材关涉国家意识形态，是对大学生进行党的理论武装的重要指导，因此编写教材成为国家教育主管部门特别重视的工作。2024 年 3 月，教育部召开全国教材工作会议，强调要贯彻落实党中央关于教材建设工作的指导意见和决策部署，将教材建设作为教育强国建设的重点任务，致力于建设中国特色高质量教材体系。高校思想政治理论课教材的高质量发展将有效提高大学生对课程的认同度。

---

① 教育部关于印发《中小学教材管理办法》《职业院校教材管理办法》和《普通高等学校教材管理办法》的通知［EB/OL］. 中华人民共和国教育部网站，2019-12-19.

一、教材教辅影响大学生认同思想政治理论课的理论分析

高校思想政治理论课的教材教辅是思想政治教育主客体之间的信息中介，是国家哲学社会科学体系发展方向和水平的重要表征，是马克思主义理论学科发展的重要内容和主流意识形态话语权的反映，是大学生认同思想政治理论课的信息要素。

高校思想政治理论课的教材教辅以马克思主义和马克思主义中国化发展理论为主线，重点解答中国特色社会主义发展进程中的重大理论和实践问题，致力于提升大学生对中国特色社会主义的道路自信、理论自信、制度自信和文化自信。高校思想政治理论课的教材教辅典型体现出国家哲学社会科学发展的价值方向和理论特征。恩格斯说："一个民族要想站在科学的最高峰，就一刻也不能没有理论思维。"① 哲学社会科学是人类社会进步和人类文明发展的思想先导，不同历史时期的思想家，无论是西方古代历史和文艺复兴时期涌现出的文化和思想家，还是在资产阶级革命中产生的资产阶级思想家，他们为人类贡献的思想成果都彰显了时代理论思维的特征。马克思主义作为指导中国社会发展的科学理论同样也是继承和创新发展的理论成果，是在批判吸收康德、黑格尔、费尔巴哈等人的哲学思想，圣西门、傅立叶、欧文等人的空想社会主义思想，亚当·斯密、大卫·李嘉图等人的古典政治经济学思想的基础上形成的，体现了人类思想和文明发展的进步性。中华文明的历史发展进程中留下的浩如烟海的文化遗产，包含着丰富的哲学社会科学内容、治国理政智慧，是当代中国哲学社会科学发展的重要资源。习近平总书记在2016年召开的全国哲学社会科学工作座谈会上强调以马克思主义为指导是当代中国哲学社会科学区别于其他哲学社会科学的根本标志。不坚持以马克思主义为指导，哲学社会科学就会失去灵魂、迷失方向，最终也不能发挥应有作用。② 因此，在我国哲学社会科学发展进程中，巩固马克思主义在意识形态领域的指导地位，培育和践行社会主义核心价值观，是打造全国各族人民团

---

① 中共中央马克思恩格斯列宁斯大林著作编译局．马克思恩格斯文集：第九卷［M］．北京：人民出版社，2009：437.

② 习近平主持召开哲学社会科学工作座谈会［EB/OL］．新华网，2016-05-17.

结奋斗的共同思想的核心。高校思想政治理论课教材内容与时俱进体现了马克思主义及其与中国实际相结合、与中华优秀传统文化相结合后的理论成果和实践方式，彰显出中国哲学社会科学发展的立场和方向。高校思想政治理论课的教材教辅是维护国家主流意识形态的文本依据，对保障思想政治理论课发挥高校思想政治教育主战场的作用，正确引导大学生认识和理解“中国特色社会主义为什么好，中国共产党为什么能，马克思主义为什么行”等问题具有重要意义。因而，思想政治理论课教材文本的政治立场和方法论属性成为大学生评价和认同思想政治理论课的重要影响因素。

高校思想政治理论课的教材教辅是马克思主义理论学科发展进度和发展水平的系统性反映，是保障高校思想政治理论课的政治性与学理性统一、知识性与价值性统一的依据。随着马克思主义理论学科的蓬勃发展，马克思主义及其中国化发展的基础理论研究和实践探索取得了丰硕的成果。理论和实践成果也以较快的更新速度反映在教材内容中，使教材与时俱进，以党的创新理论武装大学生的头脑。随着马克思主义理论学科体系的逐步完善，其学术研究的空间不断扩大，深度也不断加深，并反映在高校思想政治理论课教材的理论内容之中，对解答世界问题、中国问题和时代问题等具有很强的权威性。这些成果不仅是高校思想政治理论课教师开展教学活动的依据，还是其引导学生思考和理解现实社会发展问题的重要参考。由于思想政治理论课自身兼备政治立场和学术研究的综合属性，教育教学过程重在通过知识传播实现价值观引导的任务，尤其是高校思想政治理论课与中学和小学的思想政治课的区别也在于其所具有的理论性。大学生自觉认同马克思主义理论观点，对思想和政治领域的问题认识清晰才能在潜移默化中接受教学中内蕴的价值观。所以，系统和透彻的马克思主义及其中国化理论研究成果是实现价值引导、达到高校思想政治理论课教学目的的前提。马克思主义及其中国化理论研究水平一定程度影响了高校思想政治理论课教材对大学生的吸引力和信服力，从而使教材成为大学生认同高校思想政治理论课的重要载体。

思想政治理论课教材的话语体系和话语风格是影响大学生认同思想政治理论课的外在因素。思想政治理论课教材的话语体系指称思想政治理论课教材中呈现的文本话语体系，教材话语是一种书面语言，注重内容叙述的科学性、逻辑性、完整性，体现了必要的规范性与思想性，已经在学科范围内得到认同并且普遍遵循。思想政治理论课的话语体系主要包括教材框架、基本概念、主要原理等内容性部分，以及话语表达的方式和风格特征等。教材和教学大纲的框架结构所呈现的是课程的入门知识，课程的知识概念和原理等需要使用规范的语言来阐述，并体现知识体系应有的品格和特性。思想政治理论课教材教辅所提供的丰富翔实、生动可信的素材，能够支撑思想政治理论课内容的思想性。思想政治理论课教材内容以灵活生动和紧密联系实际的方式进行话语表达，既能够避免抽象学习，也能够提高规范性话语的可信度，而且所展示的历史和现实情形越丰富，结论与结论之间的逻辑关系越严谨，就越能激发阅读者的探究精神和逻辑思维。高校思想政治理论课的教材教辅充分融入了中华优秀传统文化，并深入挖掘和创新转化优秀传统文化中的话语智慧，使教学话语更具中国风格、中国气派，彰显了中国人的精神气质和价值观，可以更加贴近大学生的生活和文化环境，从而在具有亲和性的语言环境中增强大学生对思想政治理论课的认同。

二、教材教辅影响大学生认同思想政治理论课的数据分析

数据经信度分析检验，思想政治理论课教材教辅的 Cronbach's Alpha 值为 0.966（见表 10.1），这说明思想政治理论课教材教辅量表的内部一致性信度很好。

表 10.1　信度分析

变量	Cronbach's Alpha
教材教辅评价	0.966

根据问卷调查结果，针对大学生对思想政治理论课的教材教辅评价做问卷分析，图 10.1 为评价的具体得分情况表。结果表明，“思想政治理论课教材内容能够紧密联系生活”得分为 4.18，“思想政治理论课教材内容符合我的知识储备和认知水平”得分为 4.21，“思想政治理论课教材内容生动易读，能激发我的兴趣”得分为 4.13，“思想政治理论课教材内容能够紧跟时代发展”得分为 4.25，“思想政治理论课教材编写符合我的心理预期”得分为

4.20，“思想政治理论课教材内容有助于我接受中国特色社会主义理论”得分为4.30。值得注意的是，在所有对思想政治理论课教材内容评价中，得分最低的是“思想政治理论课教材内容生动易读，能激发我的兴趣”，这表明思想政治理论课教材内容的生动性仍有待提高。

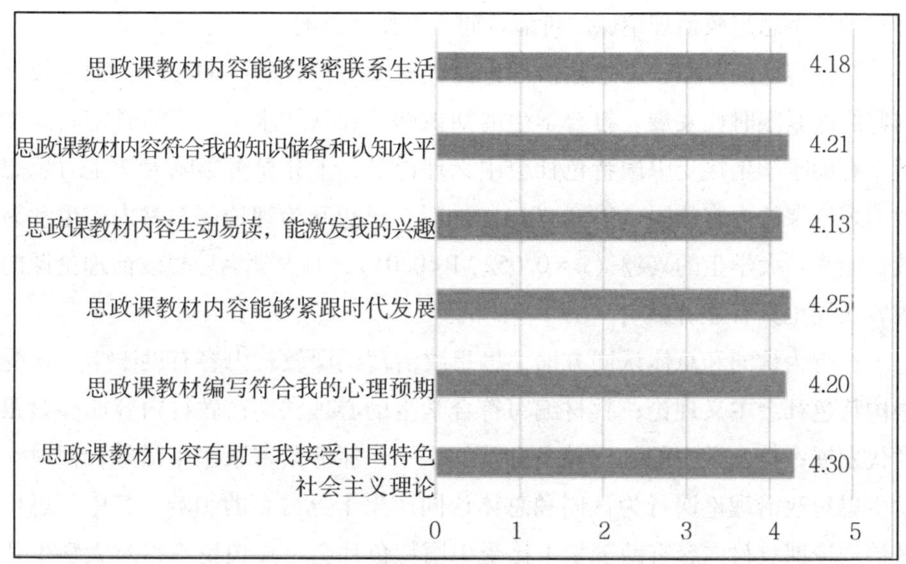

图 10.1 大学生对思想政治理论课教材教辅评价均值分布情况

同时，本文还以情感认同、价值认同、内容认同、行为认同和总体认同为因变量，分别分析了教材教辅对大学生思想政治理论课认同的影响（见表10.2）。

在情感认同方面，思想政治理论课教材内容符合学生的知识储备和认知水平（B=0.160，P<0.001）、思想政治理论课教材内容能够紧密联系生活（B=0.153，P<0.001）、思想政治理论课教材编写符合学生的心理预期（B=0.104，P<0.001）都显著影响大学生对思想政治理论课的情感认同。另外，思想政治理论课教材内容生动易读，能激发学生的兴趣（B=0.157，P<0.05），以及思想政治理论课教材内容有助于学生接受中国特色社会主义理论（B=0.060，P<0.05）对大学生认同思想政治理论课也有一定的影响。上述结果表明，思想政治理论课教材内容符合我的知识储备和认知水平对大学生思想政治理论课的情感认同影响最大。

在价值认同方面，思想政治理论课教材内容有助于学生接受中国特色社会主义理论、能够紧跟时代发展、能够紧密联系生活以及符合大学生的知识储备和认知水平均对大学生思想政治理论课价值认同产生非常显著的正向影响（均 P<0.001），同时思想政治理论课教材编写符合大学生的心理预期也能够对大学生思想政治理论课的价值认同产生显著影响。

在内容认同方面，思想政治理论课教材编写符合学生的心理预期、教材内容能够紧跟时代发展、符合学生的知识储备和认知水平、能够紧密联系生活、有助于学生接受中国特色社会主义理论等，十分显著影响大学生对思想政治理论课的内容认同（P<0.001）。同时，思想政治理论课教材内容生动易读，能激发大学生的兴趣（B=0.052，P<0.01），对大学生思想政治理论课的内容认同也具有显著影响。

在行为认同和总体认同方面，思想政治理论课教材内容有助于学生接受中国特色社会主义理论；教材编写符合学生的心理预期；教材内容能够紧跟时代发展；符合学生的知识储备和认知水平；能够紧密联系生活等，都对大学生思想政治理论课行为认同和总体认同产生十分显著的影响。其中，思想政治理论课教材内容有助于学生接受中国特色社会主义理论不仅对大学生认同思想政治理论课的行为影响最大，还对大学生总体认同思想政治理论课的影响最大。结果说明，思想政治理论课教材内容能够正向影响大学生对思想政治理论课的认同。

根据表 10.2 所有数据，思想政治理论课教材内容有助于大学生接受中国特色社会主义理论对大学生思想政治理论课价值认同影响最大（B=0.345，P<0.001）；思想政治理论课教材编写符合大学生的心理预期对大学生思想政治理论课情感认同、价值认同、内容认同、行为认同以及总体认同都有显著的影响（均 P<0.01）；思想政治理论课教材内容能够紧跟时代发展、符合学生的知识储备和认知水平、能够紧密联系生活三个变量对大学生思想政治理论课的价值、内容、行为和总体认同都有十分显著的影响（均 P<0.001），思想政治理论课教材内容生动易读，能激发学生的兴趣对大学生思想政治理论课的情感、内容、行为和总体认同有不同程度的影响。

表 10.2 教材教辅对大学生思想政治理论课认同影响分析

因变量 / 自变量	情感认同			价值认同			内容认同			行为认同			总体认同		
	标准化系数（B）	T值	P值	标准化系数（B）	T值	P值	标准化系数（B）	T值	P值	标准化系数（B）	T值	P值	标准化系数（B）	T值	P值
思想政治理论课教材内容有助于我接受中国特色社会主义理论	0.060*	2.519	0.012	0.345***	17.025	0.000	0.293***	15.719	0.000	0.194***	10.042	0.000	0.242***	13.312	0.000
思想政治理论课教材编写符合我的心理预期	0.104***	4.058	0.000	0.058**	2.634	0.008	0.076***	3.764	0.000	0.101***	4.790	0.000	0.095***	4.771	0.000
思想政治理论课教材内容能够紧跟时代发展	0.029	1.123	0.261	0.152***	6.845	0.000	0.160***	7.857	0.000	0.111***	5.247	0.000	0.128***	6.426	0.000

续表

因变量 / 自变量	情感认同			价值认同			内容认同			行为认同			总体认同		
	标准化系数（B）	T值	P值	标准化系数（B）	T值	P值	标准化系数（B）	T值	P值	标准化系数（B）	T值	P值	标准化系数（B）	T值	P值
思想政治理论课教材内容生动易读，能激发我的兴趣	0. 157*	6. 528	0. 000	0. 028	1. 358	0. 174	0. 052**	2. 745	0. 006	0. 126***	6. 390	0. 000	0. 101***	5. 423	0. 000
思想政治理论课教材内容符合我的知识储备和认知水平	0. 160***	6. 250	0. 000	0. 121***	5. 509	0. 000	0. 125***	6. 199	0. 000	0. 172***	8. 230	0. 000	0. 147***	7. 460	0. 000
思想政治理论课教材内容能够紧密联系生活	0. 153***	6. 044	0. 000	0. 084***	3. 863	0. 000	0. 139***	6. 933	0. 000	0. 127***	6. 145	0. 000	0. 148***	7. 570	0. 000
R^2	0. 382			0. 544			0. 616			0. 589			0. 634		
F	530. 028			1025. 61			1379. 005			1229. 207			1485. 76		

（注：*** P<0. 001，** P<0. 01，* P<0. 05）

人口统计学特征对大学生思想政治理论课教材教辅评价影响分析结果如下。回归方程的 $R^2=0.009$，$F=4.899$。家乡是不是革命老区（B=-0.056，P<0.001）、民族（B=-0.052，P<0.001）、是不是学生干部（B=-0.029，P<0.05）、家庭收入（B=-0.043，P<0.01）对大学生思想政治理论课教材教辅评价具有显著影响，而性别、学校对大学生思想政治理论课教材教辅评价的影响并不显著。数据显示，家乡是革命老区的大学生对思想政治理论课教材教辅评价较高，汉族大学生对思想政治理论课教材教辅的评价较高，担任学生干部的大学生对思想政治理论课教材教辅的评价较高，家庭收入低的大学生对思想政治理论课教材教辅评价较高。在上述影响因素中，家乡是不是革命老区对大学生思想政治理论课教材教辅评价影响最大。

表 10.3 人口统计特征对大学生评价思想政治理论课教材教辅影响分析

因变量 / 自变量	思想政治理论课教材教辅评价		
	标准化系数（B）	T 值	P 值
性别	0.007	0.443	0.658
家乡是不是革命老区	-0.056***	-4.007	0.000
生源地	-0.016	-1.014	0.311
是不是独生子女	-0.018	-1.158	0.247
民族	-0.052***	-3.724	0.000
学校	0.004	0.243	0.808
年级	-0.009	-0.635	0.526
是不是学生干部	-0.029*	-2.049	0.040
政治面貌	-0.020	-1.431	0.153
家庭收入	-0.043**	-3.002	0.003
R^2	0.009		
F	4.899		

（注：*** P<0.001，** P<0.01，* P<0.05）

最后，针对不同专业的大学生对思想政治理论课教材教辅的评价进行调查，问卷总数为5160份，其中工科1916份，理科731份，文科1838份，其他专业675份。问卷分析显示（见表10.4），各个专业的大学生对思想政治理论课教材教辅的认同程度都大于4，文科专业的大学生得分最高，为4.26，其较高的均分可能是因为文科大学生从高中以来就以文科类课程为主，学习文史哲课程的时间比较多，对文史知识能够有更充分和积极的理解，也易对文史哲课程产生较浓厚的兴趣。思想政治理论课内容中融合了丰富的文史哲知识，所以文科生表现出较高的认同度。其次是工科专业的大学生得分为4.23，理科专业的大学生得分为4.21，最后是其他专业大学生得分为4.05。

表10.4 不同专业的大学生对思想政治理论课教材教辅评价的差异比较

变量		N	均值	标准差	标准误	均值95% 置信区间		极小值	极大值
						下限	上限		
教材教辅评价	专业								
	工科	1916	4.23	0.863	0.02	4.19	4.27	1	5
	理科	731	4.21	0.875	0.032	4.14	4.27	1	5
	文科	1838	4.26	0.844	0.02	4.22	4.29	1	5
	其他	675	4.05	0.9	0.035	3.98	4.11	1	5
	总数	5160	4.21	0.865	0.012	4.19	4.24	1	5

三、教材教辅影响大学生认同思想政治理论课的特征

教材教辅是教师教学和学生学习的共同资源，高校思想政治理论课使用的教材教辅对大学生认同课程的影响表现出以下特征。

第一，大学生对思想政治理论课教材教辅的评价显著影响其对思想政治理论课的认同，体现在情感认同、价值认同、内容认同、行为认同和总体认同五方面。大学生对教材教辅的评价越高，其思想政治理论课情感认同、价值认同、内容认同、行为认同和总体认同均越高。这表明教材教辅内容有助于大学生接受中国特色社会主义理论、符合大学生的心理预期、能够紧跟时代发展、生动易读，能激发大学生的兴趣、符合大学生的知识储备和认知水平以及能够紧密联系生活。思想政治理论课的教材教辅是高校思想政治教育的重要载体，对高校思想政治教育以及大学生对思想政治理论课的认同有十

分重要的影响。这就启示高校应在提高思想政治理论课教材的理论性、可读性、时代性以及实践性上下功夫，通过提高大学生对思想政治理论课教材教辅的评价和接受度，进而增强其对思想政治理论课的认同感和获得感。

第二，思想政治理论课教材内容有助于大学生接受中国特色社会主义理论，对大学生思想政治理论课价值认同、内容认同、行为认同和总体认同有十分显著影响，且影响均最大。这说明思想政治理论课教材教辅能够有效发挥其作用，实现思想政治教育的目的，帮助学生形成正确的价值观念，对大学生思想政治理论课认同有重要的影响。思想政治理论课教材是为了实现教育目的而选择的一种教育材料。美国教育学家迈克尔·W. 阿普尔在其所著的《意识形态与课程》中提出："教育内容，即有关应当教什么问题，不仅仅是一个教育问题，而且从本质上讲也是一个意识形态和政治问题，因为教育内容只能是反映和代表了某一方面的意识形态和文化资源，而不能代表所有人的观点，也不能反映所有群体的价值。"① 在我国，思想政治教育作为我们党一贯的优良传统和政治优势，需要在一定准则的指导下选择教育内容，确定传递什么样的思想观念、政治观点和道德规范。符合主流价值观念、符合社会发展需要的思想政治理论课教材教辅能够激发大学生对思想政治理论课的认同。

第三，大学生对思想政治理论课教材教辅的评价对其思想政治理论课认同的影响中，相比于价值认同、内容认同、行为认同和总体认同，对情感认同的影响最小。根据数据分析结果，以情感认同作为因变量的回归方程的 R^2 和 F 值均最小，这表明教材教辅评价对情感认同的解释力最小。大学生对思想政治理论课的情感认同更依赖学生个体从感情上主观、积极地体会思想政治理论课的内容，这种认同需要建立在对思想政治理论全面、透彻的理解之上，还需要建立在对思想政治理论课的教师人格魅力、高超教学水平的认同之上。因此，教材教辅评价对大学生思想政治理论课的情感认同影响较小。这就要求在教学实践中，教师要将教材教辅与其他教育因素相结合，增强大学生对思想政治理论课的情感认同。

---

① 阿普尔．意识形态与课程［M］．黄敬忠，译．上海：华东师范大学出版社，2003：51-53.

第四，大学生对思想政治理论课教材教辅的评价受其身份、家乡是不是革命老区、民族以及家庭收入的影响。研究发现，不同家庭经济状况的大学生思想政治理论课教材教辅的评价存在显著差异，即富裕家庭的大学生对思想政治理论课教材教辅的评价低于不富裕家庭的大学生。这可能是因为富裕家庭的大学生往往拥有较优越的物质资源，可以接触更丰富和优秀的教学资源、信息等，使其对思想政治理论课教材教辅的期待度和认真度下降。不富裕家庭的大学生通常非常珍惜上大学的机会，对待学习的态度更加认真，会认真学习思想政治理论课教材教辅，有助于增强其思想政治理论课的获得感，进而提升其对思想政治理论课教材教辅的认同感。不同家庭住址的大学生往往生活在不同的环境中，并受有差异的文化和人群的影响。本文依据家乡是否为革命老区对大学生对思想政治理论课教材教辅的评价进行分析，结果显示，来自革命老区的大学生对思想政治理论课教材教辅的评价优于来自非革命老区的大学生。为此，高校可以积极开发红色资源，创建思想政治教育教学基地，并将各类资源融入教材教辅中，丰富思想政治教育教材教辅的内容，这样能使教材教辅更贴近学生的生活，增进学生对教材内容的理解，提高学生的学习兴趣。

第五，文科大学生对思想政治理论课教材教辅评价均高于其他专业的大学生。这可能与文科大学生在高中即以文科类课程为主，学习文史哲课程的时间和投入比较多有关。他们的文史哲知识积累较多且容易形成优先认知习惯和间接学习兴趣，思想政治理论课内容涉及较多文史哲知识，因此文科大学生对思想政治理论课教材教辅的评价相对较好。

第十一章

社会发展评价对大学生认同思想政治理论课的影响

社会发展是人类创造历史的社会实践过程。大学生对社会发展现状和趋势的评价潜在影响他们对社会发展的信心。一般而言，评价具有客观性和实践性，“评价是在主体对客体属性、本质、规律认识基础上而对客体进行的认识活动，因而评价具有客观性”①，而且“评价体现了主体与客体属性之间的相互关系，揭示了客体对主体的意义和价值”②，同时“评价也是一种实践活动，主体只有在实践中才能评判客体属性是否满足主体的自身需要”③。社会发展是否顺应历史趋势和体现社会进步，是否满足人类自身的需要等是大学生进行社会评价的重要依据。高校思想政治理论课既是阐释马克思主义理论的课程，也是观照现实社会的课程，大学生通过课内外获取的信息形成对社会发展的评价态度，这也将反向影响他们对思想政治理论课的认同。

一、社会发展评价影响大学生认同思想政治理论课的理论分析

高校思想政治理论课是实现立德树人根本任务的关键课程，“思想政治理论课是传播马克思主义理论、强化价值引领和维护国家意识形态安全的主战场，是传播马克思主义基本理论的有效载体，是培养社会主义事业接班人的重要保障”④。大学生对思想政治理论课的认同以及认同程度都关系着思想政

① 邢晶晶．批判与超越：马克思社会发展评价尺度思想的形成［J］．理论与改革，2015（5）：119-122.

② 周德清．社会转型时期文化失范的效应分析——以马克思的道德尺度和历史尺度相结合的原则为评价标准［J］．云南社会科学，2011（4）：48-51.

③ 林国标．马克思主义中国化评价体系的建构［J］．重庆社会科学，2012（7）：117-123.

④ 孙兰英．新时代办好思想政治理论课的根本指南［J］．红旗文稿，2019（8）：14-16.

治教育的效果。马克思主义认为，“物质的生产方式制约着整个社会生活、政治生活和精神生活的过程”①，因此，社会存在决定社会意识，社会意识是社会存在的反映。这里我们所说的社会发展状况就属于社会存在范畴，而大学生对思想政治理论课的认知与评价则属于社会意识范畴。任何社会的物质生产方式都会产生相应的社会生产关系和其他社会关系，社会主体对社会进行评价同样也建立在一定的社会关系基础上。马克思主义强调，“在历史上出现的一切社会关系和国家关系，一切宗教制度和法律制度，一切理论观点，只有理解了每一个与之相应的时代的物质生活条件，并且从这些物质条件中被引申出来的时候，才能理解”②。因此，大学生对高校思想政治理论课的评价和认同，从根本上取决于社会物质生产方式。社会物质生产方式具体化地反映社会经济发展状况、社会政治和文化发展面貌等，是大学生产生社会评价主观态度的依据。

社会发展状况与大学生对高校思想政治理论课的认同是辩证统一、相互作用的关系。评价是主观见之于客观的态度，是个体依据一定的参考标准和个人愿望评价对象价值的结果。社会发展状况与大学生对思想政治理论课的认知与评价之间的辩证关系，一方面体现为社会发展状况影响大学生对社会的信任度和满意度，进而影响他们对传播社会主流意识形态的思想政治理论课的认知与评价；另一方面，大学生对思想政治理论课的学习和对社会发展规律的理解、把握程度，则会影响他们对现实问题的思考方式和结果。大学生对社会发展状况的评价结果常伴随着一定的情绪和情感，积极的情绪情感对大学生认同思想政治理论课将产生动力作用，消极的情绪情感对大学生认同思想政治理论课则会产生制约作用。近年来，我国的社会经济发展一直处于稳定的中高速发展阶段。以科技创新为重要推力的新质生产力正在逐步塑造新的社会物质生产方式与竞争优势，保障了经济繁荣、社会稳定，使人民生活水平不断提高，社会事业全面发展，民生保障不断得到改善，从而人民

① 中共中央马克思恩格斯列宁斯大林著作编译局．马克思恩格斯文集：第二卷［M］．北京：人民出版社，2009：597.

② 中共中央马克思恩格斯列宁斯大林著作编译局．马克思恩格斯文集：第二卷［M］．北京：人民出版社，2009：597.

群众的获得感、幸福感、安全感全面增强。在此背景下，大学生对社会的发展评价具有较高的认可度，学生个人的幸福感也较强，这样有助于他们对具有较强政治性、理论性的思想政治理论课产生认同。

社会制度作为反映社会形态性质与社会结构特征的系列规范的综合体，是满足社会发展需要的确定性意识形态。社会制度是社会主体评价社会状况的底层逻辑，社会制度是国家治理的根本依据，国家治理需要遵循制度框架下的规范化要求，才能保障国家和社会发展。基于高校思想政治理论课的内容特征和强烈的意识形态属性，课程承担了中国特色社会主义制度理论和实践阐证的重担。因此，大学生对社会制度的评价将影响他们对思想政治理论课的认同。就目前来看，高校开设的思想政治理论课虽然内容的侧重点不同，但“‘制度自信’问题却构成了它们彼此联结的共同要点和中心议题”①。比如，“马克思主义基本原理概论”就以辩证唯物主义和历史唯物主义的视角洞悉了人类社会的发展规律，诠释了资本主义的本质，预见了社会主义的前途，为帮助大学生认识社会主义制度提供了理论指引。再如，“毛泽东思想和中国特色社会主义理论体系概论”突出了中国特色社会主义制度的优越性，引导大学生养成制度自信。学生对社会制度的认知并不完全拘囿于所学的内容，还会受到现实的客观现象的影响。国家制度属于政治层面的上层建筑，但是国家制度的实践与发展却体现了客观的社会发展状况。中国特色社会主义发展通过系统的规范化制度，将坚持中国共产党的领导，坚持以人民为中心以及集中力量办大事等显著制度优势充分转化为社会治理效能，更好地满足人民对美好生活的向往。大学生在现实生活中的实践体悟与思想政治理论课的内容形成互证，将有助于学生认同思想政治理论课的内容和价值方向。

历史性、辩证性、系统性和实践性等社会评价是大学生认同思想政治理论课的保障。社会存在本身就是继承性和发展创新性的统一体，评价社会不仅需要立足现实经济政治现状，而且需要贯通社会的历史发展进程，历史性地评判现实社会的成绩和不足，评价才能客观全面。社会评价的辩证性强调了在认识和分析现实社会发展中的问题，需要兼顾绝对性和相对性的统一，

① 孙瑛辉．制度自信：高校思想政治教育工作的中心议题［J］．吉林师范大学学报（人文社会科学版），2017（3）：120-124.

既要看到评价对象之间的对立性，也要看到对象之间的一致性；既要考虑评价的结果，也要考虑评价的过程；既要关注评价的个体，也要关注评价的群体等，辩证思维能使大学生更加全面、准确地评价社会实际情况，提升大学生的思维能力和解决问题的能力。系统性评价强调的是运用系统思维认识和理解对象，即将对象作为一个关联多种要素的整体加以评析，系统评价社会需要综合考虑社会发展的时空环境、物质文化条件、科技发展水平和人的能动创新能力等。系统评价社会现状能开阔人的视野，形成前瞻性和发展性的观点，推动大学生产生积极乐观的社会评价态度，主动认同思想政治理论课传播的社会主流价值，激发青年学生努力奋斗的动力。社会评价的实践性强调了社会评价的理论依据源于实践，理论从实践中来，反过来又能指导实践。实践把人的思想与客观现实联系起来，从而检验人的认识是否符合客观实际。实践证明，“马克思主义是指导全世界无产阶级和人民群众解放的世界观和方法论，无产阶级能够从马克思主义理论中获得发展前进的‘无限力量’，确定正确的斗争策略和战略方针”①。中国共产党在马克思主义理论的指导下，确立了科学的立场和观点，认清了事物发展的规律，找到了解决问题的路径，获得了实践上的巨大成功。这些理论和实践都是大学生进行社会评价的重要坐标，高校思想政治理论课引导大学生掌握马克思主义世界观和方法论，这为指导大学生科学评价社会现实，深化大学生对思想政治理论课的认同奠定了基础。

二、社会发展评价影响大学生认同思想政治理论课的数据分析

为了反映大学生对当前社会发展状况的评价，我们主要设置了四个问题：是否认同社会主义制度在我国得到了很好的实践和发展；是否认同马克思主义理论可以帮助中国共产党解决问题；是否认同当前我国的经济水平处于中高速发展的时期；是否认同作为一名中国人我的幸福指数较高。

经信度检验，结果如表 11.1 所示，社会发展评价的 Cronbach’s Alpha 值为 0.949，指标大于 0.9，这说明社会发展评价量表的内部一致性信度很好。

---

① 金民卿，赵振辉．中国共产党为什么“能”［J］．思想理论教育导刊，2019（10）：14-20.

表 11.1 信度分析

变量	Cronbach's Alpha
社会发展评价	0.949

图 11.1 为大学生对社会发展评价各题项的具体得分情况图。结果表明，"作为一名中国人我的幸福指数较高"得分为 4.34，"当前我国的经济水平处于中高速发展的时期"得分为 4.35，"马克思主义理论可以帮助中国共产党解决问题"得分为 4.37，"社会主义制度在我国得到了很好的实践和发展"得分为 4.40。可以看出，大学生对社会发展评价中各题项的得分差别不大，但相对来说"社会主义制度在我国得到了很好的实践和发展"得分最高。

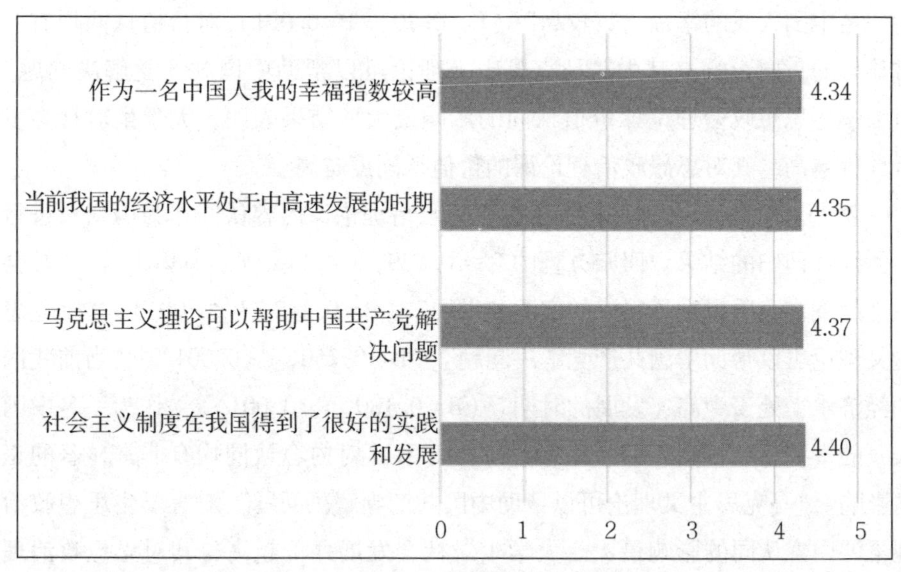

图 11.1 大学生对社会发展评价均值分布情况

此外，本研究运用回归分析探究了社会发展评价对大学生思想政治理论课认同的影响，并通过 SPSS 软件进行多元线性回归分析，所得结果如表 11.2 所示。表中的前三列是将大学生思想政治理论课的情感认同作为因变量进行多元线性回归的结果。回归方程的 $R^2=0.266$，$F=466.928$。具体来看，"社会主义制度在我国得到了很好的实践和发展"（$B=0.055$，$P<0.05$）、"马克思主义理论可以帮助中国共产党解决问题"（$B=0.183$，$P<0.001$）、"当前我国

的经济水平处于中高速发展的时期”（B=0.113，P<0.001）、“作为一名中国人我的幸福指数较高”（B=0.202，P<0.001）对情感认同均有显著的正向影响。上述结果表明，大学生对社会发展评价越高，其对思想政治理论课的情感认同度越高。在以上影响因素中，“作为一名中国人我的幸福指数较高”对大学生思想政治理论课情感认同的影响最大。

表11.2的四至六列是将大学生思想政治理论课的价值认同作为因变量进行多元线性回归的结果。回归方程的 $R^2=0.475$，F=1167.023。具体来看，“社会主义制度在我国得到了很好的实践和发展”（B=0.176，P<0.001）、“马克思主义理论可以帮助中国共产党解决问题”（B=0.229，P<0.001）、“当前我国的经济水平处于中高速发展的时期”（B=0.132，P<0.001）、“作为一名中国人我的幸福指数较高”（B=0.203，P<0.001）对价值认同均有非常显著的正向影响，其中“马克思主义理论可以帮助中国共产党解决问题”对大学生思想政治理论课价值认同的影响最大。结果表明，大学生对社会发展评价越高，其对思想政治理论课的价值认同度越高。

表11.2的七至九列是将大学生思想政治理论课内容认同作为因变量进行多元线性回归的结果。回归方程的 $R^2=0.529$，F=1446.06。具体来看，“社会主义制度在我国得到了很好的实践和发展”（B=0.143，P<0.001）、“马克思主义理论可以帮助中国共产党解决问题”（B=0.250，P<0.001）、“当前我国的经济水平处于中高速发展的时期”（B=0.180，P<0.001）、“作为一名中国人我的幸福指数较高”（B=0.208，P<0.001）对内容认同均有非常显著的正向影响。“马克思主义理论可以帮助中国共产党解决问题”对大学生思想政治理论课内容认同的影响最大。大学生对社会发展评价越高，其对思想政治理论课的内容认同度越高。

表 11.2　社会发展评价对大学生思想政治理论课认同影响分析

因变量 / 自变量	情感认同			价值认同			内容认同			行为认同			总体认同		
	标准化系数（B）	T值	P值	标准化系数（B）	T值	P值	标准化系数（B）	T值	P值	标准化系数（B）	T值	P值	标准化系数（B）	T值	P值
社会主义制度在我国得到了很好的实践和发展	0.055*	2.081	0.037	0.176***	7.826	0.000	0.143***	6.715	0.000	0.126***	5.653	0.000	0.161***	7.514	0.000
马克思主义理论可以帮助中国共产党解决问题	0.183***	7.011	0.000	0.229***	10.409	0.000	0.250***	11.978	0.000	0.252***	11.483	0.000	0.223***	10.600	0.000
当前我国的经济水平处于中高速发展的时期	0.113***	4.415	0.000	0.132***	6.083	0.000	0.180***	8.733	0.000	0.149***	6.921	0.000	0.165***	7.999	0.000
作为一名中国人我的幸福指数较高	0.202***	8.923	0.000	0.203***	10.606	0.000	0.208***	11.475	0.000	0.216***	11.367	0.000	0.229***	12.593	0.000
R^2	0.266			0.475			0.529			0.480			0.524		
F	466.928			1167.023			1446.06			1191.376			1419.4		

（注：*** P<0.001，** P<0.01，* P<0.05）

表 11.2 的十至十二列是将大学生思想政治理论课行为认同作为因变量进行多元线性回归的结果。回归方程的 $R^2=0.480$，$F=1191.376$。具体来看，“社会主义制度在我国得到了很好的实践和发展”（$B=0.126$，$P<0.001$）、“马克思主义理论可以帮助中国共产党解决问题”（$B=0.252$，$P<0.001$）、“当前我国的经济水平处于中高速发展的时期”（$B=0.149$，$P<0.001$）、“作为一名中国人我的幸福指数较高”（$B=0.216$，$P<0.001$）对行为认同均有非常显著的正向影响。大学生对社会发展评价越高，其对思想政治理论课的行为认同度越高。此外，“马克思主义理论可以帮助中国共产党解决问题”对大学生思想政治理论课行为认同的影响最大。

表 11.2 的最后三列是将大学生思想政治理论课总体认同作为因变量进行多元线性回归的结果。回归方程的 $R^2=0.524$，$F=1419.4$。具体来看，“社会主义制度在我国得到了很好的实践和发展”（$B=0.161$，$P<0.001$）、“马克思主义理论可以帮助中国共产党解决问题”（$B=0.223$，$P<0.001$）、“当前我国的经济水平处于中高速发展的时期”（$B=0.165$，$P<0.001$）、“作为一名中国人我的幸福指数较高”（$B=0.229$，$P<0.001$）对总体认同均有非常显著的正向影响，且“作为一名中国人我的幸福指数较高”对大学生思想政治理论课总体认同的影响最大。结果表明，大学生对社会发展评价越高，其对思想政治理论课的总体认同度越高。综上所述，大学生对社会发展评价越高，其对思想政治理论课的情感认同、价值认同、内容认同、行为认同和总体认同就越高。

随后，本研究又以社会发展评价作为因变量，探究了人口统计特征影响大学生对社会发展评价的情况，并通过 SPSS 软件进行多元线性回归分析，所得结果如表 11.3 所示。回归方程的 $R^2=0.016$，$F=8.343$。具体来看，家乡是不是革命老区（$B=-0.031$，$P<0.05$）、生源地（$B=-0.029$，$P<0.1$）、是不是独生子女（$B=-0.037$，$P<0.05$）、民族（$B=-0.069$，$P<0.001$）、学校（$B=-0.042$，$P<0.01$）、年级（$B=-0.032$，$P<0.05$）、是不是学生干部（$B=-0.034$，$P<0.05$）、家庭收入（$B=-0.061$，$P<0.001$）对大学生社会发展评价具有显著的负向影响，而性别（$B=0.036$，$P<0.05$）对大学生社会发展评价的影响具有正向显著性。上述结果表明，高校的女生比男生对社会发展评价要高，家乡是革命

老区的大学生对社会发展评价较高，独生子女大学生对社会发展评价较高，汉族大学生对社会发展评价较高，985、211 等双一流高校的大学生对社会发展评价较高，担任学生干部的大学生对社会发展评价较高，家庭收入低的大学生对社会发展评价较高。在上述显著影响因素中，民族差别对大学生评价社会发展的影响最大，其次是家庭收入。

表 11.3 人口统计特征对大学生评价社会发展的影响分析

因变量 自变量	社会发展评价		
	标准化系数（B）	T 值	P 值
性别	0.036*	2.373	0.018
家乡是不是革命老区	−0.031*	−2.224	0.026
生源地	−0.029#	−1.869	0.062
是不是独生子女	−0.037*	−2.372	0.018
民族	−0.069***	−4.945	0.000
学校	−0.042**	−2.778	0.005
年级	−0.032*	−2.267	0.023
是不是学生干部	−0.034*	−2.412	0.016
政治面貌	−0.014	−1.018	0.309
家庭收入	−0.061***	−4.265	0.000
R^2	0.016		
F	8.343		

（注：*** P<0.001，** P<0.01，* P<0.05，# P<0.1）

表 11.4 为不同专业的大学生对社会发展评价的差异比较分析表。调查学生人数情况，工科专业的大学生有 1916 名，理科专业的大学生有 731 名，文科专业的大学生有 1838 名，其他专业的大学生有 675 名。结果表明，在社会发展评价中，工科专业的大学生得分为 4.37，理科和文科专业的大学生得分均为 4.36，其他专业的大学生得分为 4.29。上述结果表明，各专业的大学生对当前社会发展评价的差异不大，但值得注意的是，工科专业的大学生对当

前社会发展评价最高，其次是理科和文科专业的大学生，最后是其他专业的大学生。

表 11.4 不同专业的大学生对社会发展评价的差异比较

变量		N	均值	标准差	标准误	均值 95% 置信区间		极小值	极大值
						下限	上限		
社会发展评价	专业								
	工科	1916	4.37	0.807	0.018	4.34	4.41	1	5
	理科	731	4.36	0.808	0.03	4.3	4.42	1	5
	文科	1838	4.36	0.786	0.018	4.33	4.4	1	5
	其他	675	4.29	0.824	0.032	4.23	4.35	1	5
	总数	5160	4.36	0.802	0.011	4.33	4.38	1	5

三、社会发展评价影响大学生认同思想政治理论课的特征

本文基于问卷调查和访谈结果，同时结合教育教学过程中的学生情况进行了分析，综合概括出了大学生对社会发展的评价影响其认同思想政治理论课的主要特征。

第一，大学生对当前社会发展评价总体较高，且评价结果积极提高了大学生对高校思想政治理论课的认同度。调查结果显示，大学生对社会发展各题项的评价都保持肯定态度，无论是关于制度、经济、理论等对象化评价，还是个体主观体验式评价，每项评价的均分都超过 4，这可以看出大学生对我国当前的社会发展评价总体积极。这是在中国共产党的领导下，经过中国特色社会主义建设的多年努力与积累的结果，我国社会生产力水平已改变了相对落后的面貌，中华民族迎来了伟大进程，我国经济总量稳居世界第二，人民生活进一步改善。党和国家注重保障和改善民生水平，人民群众的获得感、幸福感、安全感提升，这些实践成就都有效支撑了大学生对社会发展评价的结果，进而提升了大学生对思想政治理论课的认同度。

第二，大学生对社会发展的评价影响了大学生对思想政治理论课的价值

认同、内容认同、行为认同、总体认同和情感认同。实践是检验真理的唯一标准，实践性是马克思主义理论区别于其他理论的显著特征，马克思主义的真理性，必须在实践中得到检验和证明。高校思想政治理论课的主要任务就是面向大学生开展系统的马克思主义理论教育，巩固马克思主义在高校意识形态领域的指导地位。中国特色社会主义建设的伟大成就以及人民共享的成果，使学生能够运用思想政治理论课学习马克思主义以及马克思主义中国化的基本原理和方法，解释和回应社会现实。中国革命、建设与改革的实践充分证明了马克思主义理论的真理性。因此，学生不仅对思想政治理论课学习的内容和价值高度认同，还伴随着乐观积极的情绪体验，并在学习和生活实践中将其转化为主动维护国家主流意识形态的行动。

第三，大学生对当前社会发展的评价存在显著的民族差异。根据调查结果，汉族大学生对当前社会发展的评价明显要高于少数民族的大学生。这可能是由于当前少数民族地区的经济发展水平和其他地区仍存在一定的差距，区域间发展不平衡的社会主要矛盾尚较为明显。随着我国经济的快速发展，尤其是国家脱贫攻坚战取得伟大胜利，我国少数民族地区的经济有较大的进步，但是地理条件较为艰苦的少数民族地区的整体经济发展水平，与中东部发达地区相比较，仍存在一定的差距。此外，少数民族大学生长期处于民族文化的背景中，其语言、宗教、习俗、信仰等有着自己的独特性，他们对马克思主义理论以及党的方针政策的认识深度和广度有差异，对马克思主义理论指导中国共产党解决实际问题的信息掌握得不多，因而可能影响他们对当前社会现状的评价。少数民族地区的发展水平直接影响我国在社会主义现代化建设上的前进步伐，是我国实现国家长治久安的根本要求，因此我国必须加强少数民族地区的经济建设，努力提高少数民族的生活水平，落实民族经济发展政策，缩小民族地区与其他地区的经济发展差距。少数民族大学生是未来促进少数民族地区和谐发展的重要力量，因而加强少数民族大学生思想政治教育任重道远。

第四，大学生对当前社会发展的评价还存在比较显著的学校差异。数据显示，985 或 211 高校的大学生对当前社会发展的评价比普通本科以及高职高专院校要高。这可能是因为随着我国教育水平的提高，高校毕业生人数不断增长，就业人群十分庞大。当今选人、用人多是将学校层次和学历作为敲门砖，普通本科尤其是高职高专院校的大学生的就业机会和就业质量，从整体上要次于985和211的大学生。其次，我国生产力水平不断提高，产业结构转型升级、动能转换的特征日益显著，高职院校受办学条件的限制，其设置的课程与专业相较于985、211学校，不易满足社会发展需要，这样增加了高职院校学生就业的压力。因此，党和政府要继续实施积极的就业政策，改善就业创业环境，把扩大就业摆在经济社会发展突出的位置上。同时，高职院校应引导学生树立正确的就业观念，加强硬件设施和师资队伍建设，紧跟时代发展。

第五，大学生对当前社会发展的评价存在显著的家庭收入差异。本研究发现，家庭收入低的大学生对当前社会发展评价较高。这可能是因为近些年国家对大学生提供了多渠道的优惠政策，如助学贷款、贫困生补助、就业创业优惠政策等。家庭收入低的大学生在经济上的压力比家庭收入高的大学生要大，因此其更加关注国家针对大学生实施的优惠政策，拥有更多机会享受国家给予大学生的福利。这使家庭收入低的大学生有更多机会真切感受到祖国的日益强大，以及当前国家对民生问题的日益重视，因此其对当前的社会发展给予较高的评价。

第六，工科专业的大学生相较于文理科专业和其他专业的大学生，对当前我国社会发展评价较高。不同专业的大学生对当前社会发展评价均值都较高，但相比之下，工科专业的大学生的社会评价最高。这可能与工科专业的专业属性有关。工科专业注重应用科学和技术原理解决问题，侧重培养具有实际应用和操作能力的人才，来满足高新技术发展的需要。工科专业的学生在其专业领域关注国家的发展进步，了解科学技术带来的社会效益以及其推动社会进步的作用，这样会影响大学生对当前我国社会发展的评价。

第十二章

信息获取偏好对大学生认同思想政治理论课的影响

随着互联网快速发展，各类网络媒介和智能化媒体迅速涌现。网络社会与现实社会的互渗性，使网络平台上的信息和议题对大学生具有较大的引导作用。“互联网是当前宣传思想工作的主阵地。这个主阵地我们不去占领，人家就会去占领”①。高校秉承为大学生服务的态度，做好网络正面宣传工作，为大学生营造风清气正的网络空间，引导大学生正确合理获取信息，积极回应大学生关切的问题，解释疑惑，这将广泛影响大学生对高校思想政治理论课的认同。

一、信息获取偏好影响大学生认同思想政治理论课的理论分析

信息获取偏好是信息用户根据信息需要进行查找和利用的行为惯性，包括获取信息的时间、信息内容选择、信息展示方式以及信息获取所使用的载体等。

大学生获取信息的实践过程是提高其智能水平的社会性活动，体现了人的认识活动具有社会性和公共性。社会性智能活动通过人的语言、信息符号等中介得以实现。信息获取的智能性活动通过不断发生、发展的交往以及活动的内化与外化，不仅改造着对象世界，还改造和重构着个体的认知图示与知识结构，进而提升了人的社会认识能力。大学生获取信息的智能性活动既涉及信息内容，也涉及信息获取的形式，该过程包含的内容与形式之间的辩证关系体现了大学生获取信息的偏好对他们认同思想政治理论课的影响。任

① 习近平．习近平谈治国理政：第二卷［M］．北京：外文出版社，2017：325.

何事物都是内容与形式的统一体，内容是事物存在的基础，形式是内容的表象和展现。事物的内容决定形式的属性和发展趋向，形式则能动地影响事物内容的发展变化。事物的形式与内容相互匹配，则有助于事物内容的发展，但形式与内容不相协调时，则会阻碍内容的发展。大学生信息获取的偏好主要体现在大学生选择信息的渠道和方式等方面，这些信息加工的形式将对信息内容本身产生影响，制约大学生对社会的认知、情绪、态度与行为等。高校思想政治理论课内容充分反映了中国特色社会主义发展的理论与实践，是对社会发展历史、现实等规律的凝练，其中包含大量的社会性信息。因此，大学生对获取的信息内容的态度，则会间接影响大学生对思想政治理论课内容和价值的认同。

信息获取偏好是人的需要满足的个性化体现，需要的满足程度及其过程、方式和结果等都将制约人的认知和情绪情感，进而影响主体对认知对象的判断和评价。需要是分析社会和个体发展的重要视角，马克思曾指出："在任何情况下，个人总是'从自己出发的'，但由于从他们彼此不需要发生任何联系这个意义上来说他们不是唯一的，由于他们的需要即他们的本性，以及他们求得满足的方式，把他们联系起来（两性关系、交换、分工），所以他们必然要发生相互关系。"① 需要是人为了满足自身生存和发展而对外界的要求，是人的内在规定性，需要能推动人的活动和社会发展，还会随着人活动的变化而变化。需要是产生行为的动力，信息获取偏好作为社会主体某种相对固定的行为择取倾向，源于该社会主体对某类信息的个性化需要。需要是人的思想活动的基本动力，需要获得满足才能发挥激励作用。大学生以自身喜好的方式和渠道获取信息，观察和思考相关事物，从而调节和控制个体认识过程。大学生获取信息不仅是精神层面的需要，还是大学生实现理想追求和信念的需要表现。这种满足大学生求知需要的过程及其调动的积极情感，有助于支持大学生深入社会实践，将思想政治理论课的理论与实践相结合，增强大学生对思想政治理论课的内容、价值和情感的认知和认同。

信息获取偏好反映出主体兴趣差异对人的认知和实践活动方向与结果具

---

① 中共中央马克思恩格斯列宁斯大林著作编译局．马克思恩格斯文集：第一卷［M］．北京：人民出版社，2009：587.

有一定的导向性。兴趣是个体主动认识事物或从事某项活动的心理倾向，表现为对某对象或活动的选择性态度和积极的情绪情感反应。兴趣在本质上是人的需要的衍生，是在需要的基础上，在活动中发生和发展起来的。兴趣是人的思维活动和实践活动的强大动力，推动人们积极寻求知识和从事活动，因此可以在大学生的思想政治理论课学习与实践活动中发挥动力作用。大学生对思想政治理论课的相关信息内容进行选择性获取，其以偏好的方式获取的信息内容能够帮助他们对思想政治理论课中的相关内容保持较高的关注度和较强的学习主动性，从而他们在持续的关联性信息的作用下产生积极的情感体验，对思想政治理论课程有积极的态度和认同。

二、信息获取偏好影响大学生认同思想政治理论课的数据分析

（一）各类网站的浏览频率对大学生思想政治理论课认同的数据分析

图 12.1 为大学生对各类网站的浏览频率各题项的具体得分情况图。结果表明，“求是网/光明网等”得分为 3.35，“人民网/新华网/央视网等”得分为 3.84，“新浪网/搜狐网/网易/腾讯网/今日头条/澎湃新闻等”得分为 3.87，“学习强国”得分为 3.74，“微信/微博/QQ 等”得分为 4.30，“秒拍/梨视频/抖音/快手等”得分为 3.48，“知乎/豆瓣/虎扑/天涯/猫扑/百度贴吧/六维等”得分为 3.81，“Facebook/YouTube/Twitter/Instagram 等”得分为 3.10。结果显示，“微信/微博/QQ 等”是大学生浏览意愿最高的一类网站。

表 12.1 为网站浏览频率对大学生思想政治理论课认同影响分析表。本研究以大学生思想政治理论课的情感认同、价值认同、内容认同、行为认同和总体认同为因变量，以各类网站浏览频率为自变量，进行多元线性回归分析，所得结果如表 12.1 所示。

表 12.1 的前三列是将大学生思想政治理论课情感认同作为因变量进行多元线性回归的结果。回归方程的 $R^2=0.313$，$F=293.225$。其中，求是网/光明网等（$B=0.184$，$P<0.001$）、人民网/新华网/央视网等（$B=0.127$，$P<0.001$）、新浪网/搜狐网/网易/腾讯网/今日头条/澎湃新闻等（$B=0.053$，$P<0.01$）、学习强国（$B=0.139$，$P<0.001$）、微信/微博/QQ 等（$B=0.190$，$P<0.001$）、知乎/豆瓣/虎扑/天涯/猫扑/百度贴吧/六维等（$B=0.050$，$P<0.01$）

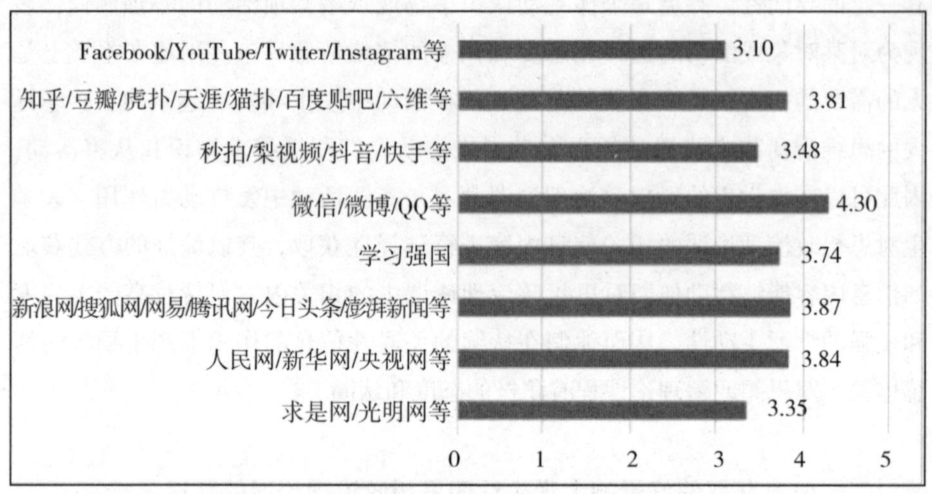

图 12.1 大学生对各类网站的浏览频率均值分布情况

网站的浏览频率对情感认同具有显著的正向影响，Facebook/YouTube/Twitter/Instagram 等（B=-0.038，P<0.05）网站的浏览频率对情感认同具有比较显著的负向影响。上述结果表明，经常浏览求是网/光明网等、人民网/新华网/央视网等、新浪网/搜狐网/网易/腾讯网/今日头条/澎湃新闻等、学习强国、微信/微博/QQ 等和知乎/豆瓣/虎扑/天涯/猫扑/百度贴吧/六维等网站的大学生对思想政治理论课的情感认同度较高，但经常浏览 Facebook/YouTube/Twitter/Instagram 等网站的大学生对思想政治理论课的情感认同度较低。此外，微信/微博/QQ 等网站的浏览频率对大学生思想政治理论课情感认同的影响最大。

表 12.1 的四至六列是将大学生思想政治理论课价值认同作为因变量进行多元线性回归的结果。回归方程的 $R^2=0.359$，F=359.878。其中，求是网/光明网等（B=0.062，P<0.01）、人民网/新华网/央视网等（B=0.140，P<0.001）、新浪网/搜狐网/网易/腾讯网/今日头条/澎湃新闻等（B=0.060，P<0.01）、学习强国（B=0.140，P<0.001）、微信/微博/QQ 等（B=0.347，P<0.001）、知乎/豆瓣/虎扑/天涯/猫扑/百度贴吧/六维等（B=0.078，P<0.001）网站的浏览频率对价值认同具有显著的正向影响，Facebook/YouTube/Twitter/Instagram 等（B=-0.083，P<0.001）网站的浏览频率对价值认同具有显著的负向影响。上述结果表明，经常浏览求是网/光明网等、人民网/新华网/央视

网等、新浪网/搜狐网/网易/腾讯网/今日头条/澎湃新闻等、学习强国、微信/微博/QQ 等和知乎/豆瓣/虎扑/天涯/猫扑/百度贴吧/六维等网站的大学生对思想政治理论课的价值认同度较高，但经常浏览 Facebook/YouTube/Twitter/Instagram 等网站的大学生对思想政治理论课的价值认同度较低。由结果可知，微信/微博/QQ 等网站的浏览频率对大学生思想政治理论课价值认同的影响最大。

表 12.1 的七至九列是将大学生思想政治理论课内容认同作为因变量进行多元线性回归的结果。回归方程的 $R^2=0.410$，$F=448.188$。其中，求是网/光明网等（B=0.098，P<0.001）、人民网/新华网/央视网等（B=0.147，P<0.001）、新浪网/搜狐网/网易/腾讯网/今日头条/澎湃新闻等（B=0.055，P<0.01）、学习强国（B=0.149，P<0.001）、微信/微博/QQ 等（B=0.373，P<0.001）、知乎/豆瓣/虎扑/天涯/猫扑/百度贴吧/六维等（B=0.066，P<0.001）网站的浏览频率对内容认同具有显著的正向影响，Facebook/YouTube/Twitter/Instagram 等（B=-0.085，P<0.001）网站的浏览频率对内容认同具有显著的负向影响。上述结果表明，经常浏览求是网/光明网等、人民网/新华网/央视网等、新浪网/搜狐网/网易/腾讯网/今日头条/澎湃新闻等、学习强国、微信/微博/QQ 等和知乎/豆瓣/虎扑/天涯/猫扑/百度贴吧/六维等网站的大学生对思想政治理论课的内容认同度较高，但经常浏览 Facebook/YouTube/Twitter/Instagram 等网站的大学生对思想政治理论课的内容认同度较低。此外，微信/微博/QQ 等网站的浏览频率对大学生思想政治理论课内容认同的影响最大。

表 12.1 的十至十二列是将大学生思想政治理论课行为认同作为因变量进行多元线性回归的结果。回归方程的 $R^2=0.481$，$F=596.672$。其中，求是网/光明网等（B=0.196，P<0.001）、人民网/新华网/央视网等（B=0.147，P<0.001）、新浪网/搜狐网/网易/腾讯网/今日头条/澎湃新闻等（B=0.069，P<0.001）、学习强国（B=0.174，P<0.001）、微信/微博/QQ 等（B=0.314，P<0.001）、知乎/豆瓣/虎扑/天涯/猫扑/百度贴吧/六维等（B=0.050，P<0.001）网站的浏览频率对行为认同具有显著的正向影响，Facebook/YouTube/Twitter/Instagram 等（B=-0.051，P<0.001）网站的浏览频率对行为认同具有

显著的负向影响。上述结果表明，经常浏览求是网/光明网等、人民网/新华网/央视网等、新浪网/搜狐网/网易/腾讯网/今日头条/澎湃新闻等、学习强国、微信/微博/QQ 等和知乎/豆瓣/虎扑/天涯/猫扑/百度贴吧/六维等网站的大学生对思想政治理论课的行为认同度较高，但经常浏览 Facebook/YouTube/Twitter/Instagram 等网站的大学生对思想政治理论课的行为认同度较低。由结果可知，微信/微博/QQ 等网站的浏览频率对大学生思想政治理论课行为认同的影响最大。

表 12.1 的最后三列是将大学生思想政治理论课总体认同作为因变量进行多元线性回归的结果。回归方程的 $R^2=0.463$，$F=556.262$。其中，求是网/光明网等（$B=0.141$，$P<0.001$）、人民网/新华网/央视网等（$B=0.154$，$P<0.001$）、新浪网/搜狐网/网易/腾讯网/今日头条/澎湃新闻等（$B=0.065$，$P<0.001$）、学习强国（$B=0.165$，$P<0.001$）、微信/微博/QQ 等（$B=0.351$，$P<0.001$）、知乎/豆瓣/虎扑/天涯/猫扑/百度贴吧/六维等（$B=0.066$，$P<0.001$）网站的浏览频率对总体认同具有显著的正向影响，Facebook/YouTube/Twitter/Instagram 等（$B=-0.074$，$P<0.001$）网站的浏览频率对总体认同具有显著的负向影响。上述结果表明，经常浏览求是网/光明网等、人民网/新华网/央视网等、新浪网/搜狐网/网易/腾讯网/今日头条/澎湃新闻等、学习强国、微信/微博/QQ 等和知乎/豆瓣/虎扑/天涯/猫扑/百度贴吧/六维等网站的大学生对思想政治理论课的总体认同度较高，经常浏览 Facebook/YouTube/Twitter/Instagram 等网站的大学生对思想政治理论课的总体认同度较低。此外，微信/微博/QQ 等网站的浏览频率对大学生思想政治理论课总体认同的影响最大。

表 12.1 网站浏览频率对大学生思想政治理论课认同影响分析

因变量 / 自变量	情感认同			价值认同			内容认同			行为认同			总体认同		
	标准化系数（B）	T 值	P 值	标准化系数（B）	T 值	P 值	标准化系数（B）	T 值	P 值	标准化系数（B）	T 值	P 值	标准化系数（B）	T 值	P 值
求是网/光明网等	0.184***	9.470	0.000	0.062**	3.319	0.001	0.098***	5.470	0.000	0.196***	11.651	0.000	0.141***	8.206	0.000
人民网/新华网/央视网等	0.127***	6.465	0.000	0.140***	7.380	0.000	0.147***	8.077	0.000	0.147***	8.595	0.000	0.154***	8.858	0.000
新浪网/搜狐网/网易/腾讯网/今日头条/澎湃新闻等	0.053**	2.820	0.005	0.060**	3.328	0.001	0.055**	3.197	0.001	0.069***	4.277	0.000	0.065***	3.940	0.000
学习强国	0.139***	8.095	0.000	0.140***	8.453	0.000	0.149***	9.376	0.000	0.174***	11.668	0.000	0.165***	10.894	0.000
微信/微博/QQ 等	0.190***	13.135	0.000	0.347***	24.879	0.000	0.373***	27.908	0.000	0.314***	24.995	0.000	0.351***	27.556	0.000
秒拍/梨视频/抖音/快手等	0.024	1.615	0.106	−0.009	−0.623	0.534	−0.012	−0.886	0.376	−0.006	−0.424	0.672	−0.006	−0.412	0.680

续表

因变量 / 自变量	情感认同			价值认同			内容认同			行为认同			总体认同		
	标准化系数（B）	T值	P值	标准化系数（B）	T值	P值	标准化系数（B）	T值	P值	标准化系数（B）	T值	P值	标准化系数（B）	T值	P值
知乎/豆瓣/虎扑/天涯/猫扑/百度贴吧/六维等	0.050**	3.239	0.001	0.078***	5.217	0.000	0.066***	4.622	0.000	0.050***	3.715	0.000	0.066***	4.873	0.000
Facebook/YouTube/Twitter/Instagram等	−0.038*	−2.366	0.018	−0.083***	−5.334	0.000	−0.085***	−5.703	0.000	−0.051***	−3.665	0.000	−0.074***	−5.178	0.000
R^2	0.313			0.359			0.410			0.481			0.463		
F	293.225			359.878			448.188			596.672			556.262		

（注：*** P<0.001，** P<0.01，* P<0.05）

总体而言，人民网/新华网/央视网等、学习强国、微信/微博/QQ 等网站的浏览频率对大学生思想政治理论课情感认同、价值认同、内容认同、行为认同和总体认同均具有非常显著的正向影响。求是网/光明网等网站的浏览频率对大学生思想政治理论课情感认同、内容认同、行为认同和总体认同具有非常显著的正向影响，对价值认同具有比较显著的正向影响。知乎/豆瓣/虎扑/天涯/猫扑/百度贴吧/六维等网站的浏览频率对大学生思想政治理论课价值认同、内容认同、行为认同和总体认同均具有非常显著的正向影响，对情感认同的影响比较显著。新浪网/搜狐网/网易/腾讯网/今日头条/澎湃新闻等网站的浏览频率对大学生思想政治理论课行为认同和总体认同具有非常显著的正向影响，对情感认同、价值认同、内容认同具有比较显著的正向影响。Facebook/YouTube/Twitter/Instagram 等网站的浏览频率对大学生思想政治理论课价值认同、内容认同、行为认同和总体认同均具有非常显著的负向影响，对情感认同具有显著的负向影响。秒拍/梨视频/抖音/快手等网站的浏览频率则对大学生思想政治理论课情感认同、价值认同、内容认同、行为认同和总体认同均不存在显著影响。

（二）各类新闻的关注程度对大学生思想政治理论课认同的数据分析

图 12. 2 为大学生对各类新闻的关注程度的均值分布情况图。结果表明，“时政新闻”得分为 3. 97，“社会新闻”得分为 4. 05，“军事新闻”得分为 3. 83，“科技新闻”得分为 3. 96，“文体新闻”得分为 3. 87，“娱乐新闻”得分为 3. 71，“财经新闻”得分为 3. 58。这其中，社会新闻是大学生最关注的新闻，而财经新闻是关注度最低的新闻。

表 12. 2 为各类新闻关注程度对大学生思想政治理论课认同影响分析表。研究以大学生思想政治理论课情感认同、价值认同、内容认同、行为认同和总体认同为因变量，以各类新闻关注程度为自变量，进行多元线性回归分析，所得结果如表 12. 2 所示。

表 12. 2 的前三列是将大学生思想政治理论课情感认同作为因变量进行多元线性回归的结果。回归方程的 R^2 = 0. 310，F = 331. 28。其中，时政新闻（B = 0. 161，P < 0. 001）、社会新闻（B = 0. 080，P < 0. 001）、军事新闻（B = 0. 144，P<0. 001）、科技新闻（B = 0. 078，P<0. 001）、文体新闻（B = 0. 077，

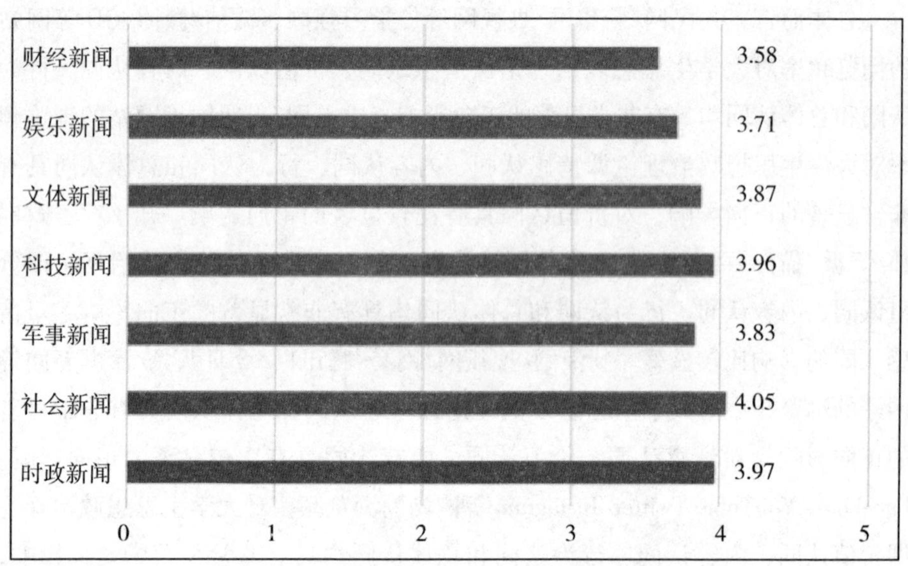

图 12.2 大学生对各类新闻的关注程度均值分布情况

$P<0.001$)、娱乐新闻($B=0.039$, $P<0.05$)、财经新闻($B=0.083$, $P<0.001$)的关注程度均对情感认同具有显著的正向影响。上述结果表明,经常关注时政新闻、社会新闻、军事新闻、科技新闻、文体新闻、娱乐新闻和财经新闻的大学生对思想政治理论课的情感认同度较高。在上述因素中,时政新闻关注程度对大学生思想政治理论课情感认同的影响最大。

表 12.2 的四至六列是将大学生思想政治理论课价值认同作为因变量进行多元线性回归的结果。回归方程的 $R^2=0.307$, $F=326.513$。其中,时政新闻($B=0.140$, $P<0.001$)、社会新闻($B=0.210$, $P<0.001$)、军事新闻($B=0.039$, $P<0.1$)、科技新闻($B=0.145$, $P<0.001$)、文体新闻($B=0.086$, $P<0.001$)、娱乐新闻($B=0.075$, $P<0.001$)的关注程度对价值认同具有显著的正向影响。财经新闻($B=-0.062$, $P<0.01$)的关注程度对价值认同具有显著的负向影响。上述结果表明,经常关注时政新闻、社会新闻、军事新闻、科技新闻、文体新闻和娱乐新闻的大学生对思想政治理论课的价值认同度较高,经常关注财经新闻的大学生对思想政治理论课的价值认同度较低。由结果可知,社会新闻关注程度对大学生思想政治理论课价值认同的影响最大。

表 12.2 的七至九列是将大学生思想政治理论课内容认同作为因变量进行多元线性回归的结果。回归方程的 $R^2=0.357$，F=409.053。其中，时政新闻（B=0.164，P<0.001）、社会新闻（B=0.211，P<0.001）、军事新闻（B=0.045，P<0.05）、科技新闻（B=0.121，P<0.001）、文体新闻（B=0.109，P<0.001）、娱乐新闻（B=0.091，P<0.001）的关注程度对内容认同具有显著的正向影响。财经新闻（B=-0.048，P<0.01）的关注程度对内容认同具有显著的负向影响。上述结果表明，经常关注时政新闻、社会新闻、军事新闻、科技新闻、文体新闻和娱乐新闻的大学生对思想政治理论课的内容认同度较高，经常关注财经新闻的大学生对思想政治理论课的内容认同度较低。由分析结果可知，社会新闻关注程度对大学生思想政治理论课内容认同的影响最大。

表 12.2 的十至十二列是将大学生思想政治理论课行为认同作为因变量进行多元线性回归的结果。回归方程的 $R^2=0.449$，F=598.543。其中，时政新闻（B=0.186，P<0.001）、社会新闻（B=0.193，P<0.001）、军事新闻（B=0.057，P<0.01）、科技新闻（B=0.126，P<0.001）、文体新闻（B=0.107，P<0.001）、娱乐新闻（B=0.053，P<0.001）、财经新闻（B=0.068，P<0.001）的关注程度均对行为认同具有显著的正向影响。上述结果表明，经常关注时政新闻、社会新闻、军事新闻、科技新闻、文体新闻、娱乐新闻和财经新闻的大学生对思想政治理论课的行为认同度较高。在上述因素中，社会新闻关注程度对大学生思想政治理论课行为认同的影响最大。

表 12.2 的最后三列是将大学生思想政治理论课总体认同作为因变量进行多元线性回归的结果。回归方程的 $R^2=0.411$，F=512.977。其中，时政新闻（B=0.178，P<0.001）、社会新闻（B=0.181，P<0.001）、军事新闻（B=0.061，P<0.01）、科技新闻（B=0.136，P<0.001）、文体新闻（B=0.109，P<0.001）、娱乐新闻（B=0.085，P<0.001）对总体认同具有显著的正向影响，财经新闻对总体认同则不具有显著的影响。结果表明，经常关注时政新闻、社会新闻、军事新闻、科技新闻、文体新闻和娱乐新闻的大学生对思想政治理论课的总体认同度较高。在上述影响因素中，社会新闻关注程度对大学生思想政治理论课总体认同的影响最大。

总体而言，大学生对时政新闻、社会新闻、军事新闻、科技新闻、文体新闻和娱乐新闻这六类新闻的关注程度对大学生思想政治理论课情感认同、价值认同、内容认同、行为认同和总体认同均具有非常显著的正向影响。大学生对财经新闻关注程度对情感认同和行为认同具有非常显著的正向影响，对价值认同和内容认同则具有比较显著的负向影响，对总体认同则不具备显著的影响。

（三）各类平台上的思政信息的关注对大学生思想政治理论课认同的影响分析

图 12.3 为大学生是否会关注下列平台上与时事政治/思政类相关的信息的选项分布情况图。结果表明，668 名大学生选择不会关注“微信/微博/QQ 等”，4492 名大学生选择会关注；1782 名大学生选择不会关注“秒拍/梨视频/抖音/快手等”，3378 名大学生选择会关注；1215 名大学生选择不会关注“知乎/豆瓣/虎扑/天涯/猫扑/百度贴吧/六维等”，3945 名大学生选择会关注；2643 名大学生选择不会关注“Facebook/YouTube/Twitter/Instagram 等”，2517 名大学生选择会关注。值得注意的是，“Facebook/YouTube/Twitter/Instagram 等”一题中选择不会的人数最多，选择会的人数最少，这表明大学生在该平台关注时事政治或思政类相关信息的意愿最低。

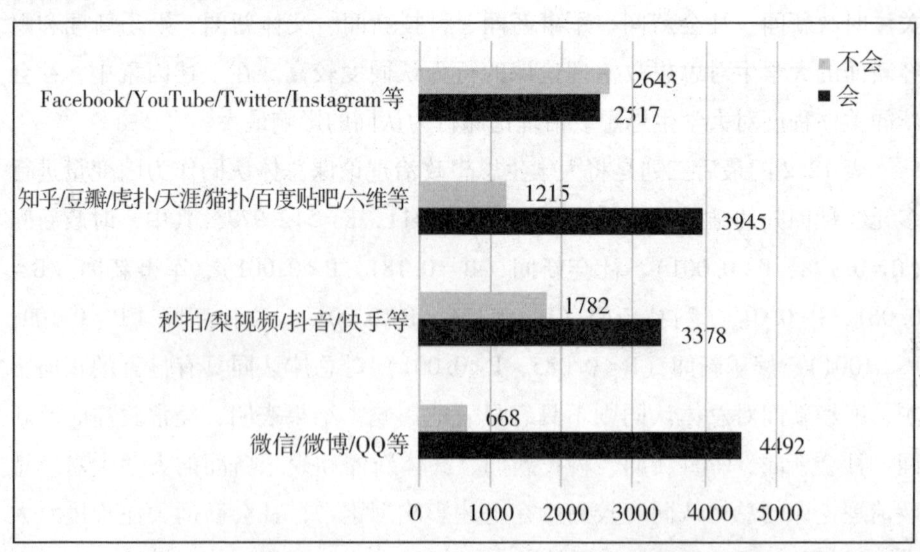

图 12.3　是否会关注下列平台上与时事政治/思政类相关的信息

表 12. 3 为各类平台上的思政信息的关注对大学生思想政治理论课认同影响分析表。研究以大学生思想政治理论课的情感认同、价值认同、内容认同、行为认同和总体认同为因变量，以各类平台上的思政信息的关注为自变量，进行多元线性回归分析，所得结果如表 12. 3 所示。

表 12. 3 的前三列是将大学生思想政治理论课情感认同作为因变量进行多元线性回归的结果。回归方程的 $R^2 = 0.041$，F = 55. 555。具体而言，微信/微博/QQ 等（B = −0. 087，P < 0. 001）、秒拍/梨视频/抖音/快手等（B = −0. 072，P < 0. 001）、知乎/豆瓣/虎扑/天涯/猫扑/百度贴吧/六维等（B = −0. 048，P < 0. 01）、Facebook/YouTube/Twitter/Instagram 等（B = −0. 075，P < 0. 001）平台上的思政信息的关注对情感认同具有显著的负向影响。上述结果表明，在微信/微博/QQ 等、秒拍/梨视频/抖音/快手等、知乎/豆瓣/虎扑/天涯/猫扑/百度贴吧/六维等、Facebook/YouTube/Twitter/Instagram 等平台上关注思政信息的大学生对思想政治理论课的情感认同度较高。此外，微信/微博/QQ 等平台上的思政信息的关注对大学生思想政治理论课情感认同的影响最大。

表 12. 3 的四至六列是将大学生思想政治理论课价值认同作为因变量进行多元线性回归的结果。回归方程的 $R^2 = 0.024$，F = 32. 302。其中，微信/微博/QQ 等（B = −0. 090，P < 0. 001）和知乎/豆瓣/虎扑/天涯/猫扑/百度贴吧/六维等（B = −0. 082，P < 0. 001）平台上的思政信息的关注对价值认同具有显著的负向影响。上述结果表明，在微信/微博/QQ 等和知乎/豆瓣/虎扑/天涯/猫扑/百度贴吧/六维等平台上关注思政信息的大学生对思想政治理论课的价值认同度较高。在上述影响因素中，微信/微博/QQ 等平台上的思政信息的关注对大学生思想政治理论课价值认同的影响最大。

表 12.2　各类新闻关注程度对大学生思想政治理论课认同影响分析

因变量 / 自变量	情感认同			价值认同			内容认同			行为认同			总体认同		
	标准化系数（B）	T 值	P 值	标准化系数（B）	T 值	P 值	标准化系数（B）	T 值	P 值	标准化系数（B）	T 值	P 值	标准化系数（B）	T 值	P 值
时政新闻	0. 161***	7. 042	0. 000	0. 140***	6. 138	0. 000	0. 164***	7. 425	0. 000	0. 186***	9. 091	0. 000	0. 178***	8. 436	0. 000
社会新闻	0. 080***	3. 509	0. 000	0. 210***	9. 185	0. 000	0. 211***	9. 583	0. 000	0. 193***	9. 499	0. 000	0. 181***	8. 618	0. 000
军事新闻	0. 144***	7. 001	0. 000	0. 039$^{\#}$	1. 877	0. 061	0. 045*	2. 279	0. 023	0. 057**	3. 089	0. 002	0. 061**	3. 202	0. 001
科技新闻	0. 078***	3. 689	0. 000	0. 145***	6. 815	0. 000	0. 121***	5. 921	0. 000	0. 126***	6. 673	0. 000	0. 136***	6. 931	0. 000
文体新闻	0. 077***	4. 137	0. 000	0. 086***	4. 614	0. 000	0. 109***	6. 050	0. 000	0. 107***	6. 432	0. 000	0. 109***	6. 330	0. 000
娱乐新闻	0. 039*	2. 403	0. 016	0. 075***	4. 665	0. 000	0. 091***	5. 887	0. 000	0. 053***	3. 665	0. 000	0. 085***	5. 723	0. 000
财经新闻	0. 083***	4. 618	0. 000	−0. 062**	−3. 467	0. 001	−0. 048**	−2. 773	0. 006	0. 068***	4. 224	0. 000	0. 006	0. 343	0. 732
R^2	0. 310			0. 307			0. 357			0. 449			0. 411		
F	331. 28			326. 513			409. 053			598. 543			512. 977		

（注：*** P<0. 001，** P<0. 01，* P<0. 05，$^{\#}$ P<0. 1）

表 12.3 的七至九列是将大学生思想政治理论课内容认同作为因变量进行多元线性回归的结果。回归方程的 $R^2=0.026$，$F=34.394$。其中，微信/微博/QQ 等（B=-0.092，P<0.001）、秒拍/梨视频/抖音/快手等（B=-0.027，P<0.1）和知乎/豆瓣/虎扑/天涯/猫扑/百度贴吧/六维等（B=-0.072，P<0.001）平台上的思政信息的关注对内容认同具有显著的负向影响。上述结果表明，在微信/微博/QQ 等、秒拍/梨视频/抖音/快手等、知乎/豆瓣/虎扑/天涯/猫扑/百度贴吧/六维等平台上关注思政信息的大学生对思想政治理论课的内容认同度较高。在上述影响因素中，微信/微博/QQ 等平台上的思政信息的关注对大学生思想政治理论课内容认同的影响最大。

表 12.3 的十至十二列是将大学生思想政治理论课行为认同作为因变量进行多元线性回归的结果。回归方程的 $R^2=0.044$，$F=59.288$。其中，微信/微博/QQ 等（B=-0.085，P<0.001）、秒拍/梨视频/抖音/快手等（B=-0.061，P<0.001）、知乎/豆瓣/虎扑/天涯/猫扑/百度贴吧/六维等（B=-0.061，P<0.001）、Facebook/YouTube/Twitter/Instagram 等（B=-0.084，P<0.001）平台上的思政信息的关注对行为认同具有显著的负向影响。上述结果表明，在微信/微博/QQ 等、秒拍/梨视频/抖音/快手等、知乎/豆瓣/虎扑/天涯/猫扑/百度贴吧/六维等、Facebook/YouTube/Twitter/Instagram 等平台上关注思政信息的大学生对思想政治理论课的行为认同度较高。结果表明，微信/微博/QQ 等平台上的思政信息的关注对大学生思想政治理论课行为认同的影响最大。

表 12.3 的最后三列是将大学生思想政治理论课总体认同作为因变量进行多元线性回归的结果。回归方程的 $R^2=0.037$，$F=49.28$。其中，微信/微博/QQ 等（B=-0.093，P<0.001）、秒拍/梨视频/抖音/快手等（B=-0.047，P<0.01）、知乎/豆瓣/虎扑/天涯/猫扑/百度贴吧/六维等（B=-0.071，P<0.001）、Facebook/YouTube/Twitter/Instagram 等（B=-0.053，P<0.01）平台上的思政信息的关注对总体认同具有显著的负向影响。上述结果表明，在微信/微博/QQ 等、秒拍/梨视频/抖音/快手等、知乎/豆瓣/虎扑/天涯/猫扑/百度贴吧/六维等、Facebook/YouTube/Twitter/Instagram 等平台上关注思政信息的大学生对思想政治理论课的总体认同度较高。结果表明，微信/微博/QQ 等平台上的思政信息的关注对大学生思想政治理论课总体认同的影响最大。

表 12.3　各类平台上的思政信息的关注对大学生思想政治理论课认同影响分析

因变量 / 自变量	情感认同			价值认同			内容认同			行为认同			总体认同		
	标准化系数（B）	T值	P值	标准化系数（B）	T值	P值	标准化系数（B）	T值	P值	标准化系数（B）	T值	P值	标准化系数（B）	T值	P值
微信/微博/QQ等	-0.087***	-5.752	0.000	-0.090***	-5.915	0.000	-0.092***	-6.046	0.000	-0.085***	-5.632	0.000	-0.093***	-6.143	0.000
秒拍/梨视频/抖音/快手等	-0.072***	-4.637	0.000	-0.014	-0.911	0.363	-0.027$^{\#}$	-1.695	0.090	-0.061***	-3.898	0.000	-0.047**	-3.031	0.002
知乎/豆瓣/虎扑/天涯/猫扑/百度贴吧/六维等	-0.048**	-2.980	0.003	-0.082***	-5.027	0.000	-0.072***	-4.412	0.000	-0.061***	-3.812	0.000	-0.071***	-4.361	0.000
Facebook/YouTube/Twitter/Instagram等	-0.075***	-4.748	0.000	-0.015	-0.931	0.352	-0.024	-1.482	0.139	-0.084***	-5.324	0.000	-0.053**	-3.363	0.001
R^2	0.041			0.024			0.026			0.044			0.037		
F	55.555			32.302			34.394			59.288			49.28		

（注：*** P<0.001，** P<0.01，* P<0.05，$^{\#}$ P<0.1）

总体而言，微信/微博/QQ 等平台上的思政信息的关注对大学生思想政治理论课情感认同、价值认同、内容认同、行为认同和总体认同均具有非常显著的负向影响（$P<0.001$）。秒拍/梨视频/抖音/快手等平台上的思政信息的关注对情感认同和行为认同具有非常显著的负向影响（$P<0.001$），对总体认同具有比较显著的负向影响（$P<0.01$），对内容认同有负向影响（$P<0.1$），对价值认同则不具有显著的影响。知乎/豆瓣/虎扑/天涯/猫扑/百度贴吧/六维等平台上的思政信息的关注对价值认同、行为认同、内容认同和总体认同均具有非常显著的负向影响（$P<0.001$），对情感认同具有比较显著的负向影响（$P<0.01$）。Facebook/YouTube/Twitter/Instagram 等平台上的思政信息的关注对情感认同和行为认同具有非常显著的负向影响（$P<0.001$），对总体认同具有比较显著的负向影响（$P<0.01$），对价值认同和内容认同则不具备显著影响。在上述平台中，微信/微博/QQ 等平台上与时事政治/思政类相关的信息对大学生思想政治理论课情感、价值、内容、行为和总体认同的影响均最大。

三、信息获取偏好影响大学生认同思想政治理论课的特征

个体获取信息内容和渠道的偏好具有较强的主观性，这反映出他们的选择倾向。大学生获取信息的偏好对其认同思想政治理论课的影响有以下特征。

第一，大学生对不同类型网站的浏览频率普遍较高且存在一定的差异，这体现出大学生对国内外社会发展的状况和信息具有较高的关注度。其中，微信/微博/QQ 等平台是大学生浏览频率最高的网站，这反映出互联网的主流社交网站与学生内部交流社交需求以及娱乐需求的契合性，也体现出青年大学生网络社交平台的公共倾向。新浪网/搜狐网/网易/腾讯网/今日头条/澎湃新闻等网站和人民网/新华网/央视网等网站是大学生浏览频率居其次的网站，这表明新浪网/搜狐网/网易/腾讯网/今日头条/澎湃新闻等平台作为新闻门户网站对大学生了解资讯信息具有重要作用，人民网/新华网/央视网等平台作为官方主流媒体网站，新闻种类丰富，更新频率高，同样也是学生获取时政消息、了解社会的重要渠道。这体现出青年大学生关注时事新闻的热情较高，间接反映出大学生关切国家内政外交，拥有认同思想政治理论课和中国特色

社会主义建设理论与实践成就的倾向。知乎/豆瓣/虎扑/天涯/猫扑/百度贴吧/六维等网站也是大学生浏览频率较高的网站，这体现出大学生偏好个性化信息平台的特征，反映了小众论坛能够符合大学生多样的小众爱好需求。调查结果显示，比较而言，大学生对学习强国的浏览频率并不高，这反映出学习强国作为重要的理论学习平台，它的使用群体主要是中共党员，在大学生群体中并未成为优势选择的信息平台，如何运用好学习强国这一丰富理论学习平台是高校思想政治教育值得深入推进的实践工作。相较秒拍/梨视频/抖音/快手等网站，大学生对求是网/光明网等中央重点新闻与理论宣传研究平台的浏览频率较低，这可能与秒拍/梨视频/抖音/快手等短视频平台提供的短视频信息类型有关并反映出高校大学生对知识型信息的明显偏好。大学生对求是网/光明网等中央重点新闻与理论宣传研究平台的兴趣不够明显，可能与这些平台信息内容的呈现形式以及话语表达风格等有关。青年学生关心社会时事资讯，但同时偏爱灵活风趣的呈现形式，这说明学生的信息获取偏好不仅与信息渠道有关，还与渠道的内容呈现形式密切相关。大学生对 Facebook/YouTube/Twitter/Instagram 等外网网站的浏览频率最低，这可能与语言差异以及信息获取的便利性和对信息的价值判断、兴趣等有关。

第二，大学生的社交平台选择具有多样化特征，不同的社交渠道选择偏好表现出与高校思想政治理论课认同的不同关联方向。调查显示，国内网络社交渠道选择，无论是大众化还是小众化的选择偏好，都表现出与高校思想政治理论课认同有较强的相关性。其中，经常浏览微信/微博/QQ 等网站的大学生的思想政治理论课情感认同度、价值认同度、内容认同度、行为认同度和总体认同度较高。这在一定程度上反映出获得青年大学生青睐的大众化社交媒体平台的政治文化生态良好，积极健康的文化成为青年群体交往的主流，对思想政治理论课的价值导向和理论观点具有正向支撑作用。因此，热心于社会发展状况和资讯的大学生对高校思想政治理论课的内容、价值认同度较高，同时表现出积极的情感和行为认同。知乎/豆瓣/虎扑/天涯/猫扑/百度贴吧/六维等网站是大学生满足小众爱好的聚集地，虽然普及率不及主流社交网站，但也是学生经常浏览的网站。通过发帖回帖，学生参与社会事件的积极性增强，这样有效增进了大学生对社会的了解，因此提升了大学生对思想政治理论课的认同度。

调查同时也显现出，经常浏览 Facebook/YouTube/Twitter/Instagram 等国外网站的大学生在认同思想政治理论课上表现出负相关，即关注这些网站信息越多，其对思想政治理论课的内容、价值等认同度就越低。这反映出社交媒体平台是具有意识形态导向的重要领域，西方媒体在其信息传播中进行西方价值观的渗透，冲击了信息接收者已有的认知与思维，造成了负面影响。中西之间意识形态较量激烈，高校应做好青年大学生社交的政治引导，致力培养具有坚定的马克思主义信仰和建设中国特色社会主义信念的青年大学生。

第三，大学生对权威资讯媒体和理论宣传媒体的关注提升了大学生对思想政治理论课的价值、内容、情感和行为的总体认同度。经常浏览学习强国、人民网/新华网/央视网等、求是网/光明网等网站的大学生对思想政治理论课表现出较强的情感、价值、内容和行为认同。这体现出学习强国作为综合性的理论学习平台，人民网/新华网/央视网等作为国家主流新闻媒体网站，求是网/光明网等作为中央重点新闻与理论宣传研究平台，有效满足了大学生获取广阔资讯的需要。社会这些信息平台不仅是大学生获取权威信息的重要来源，而且在大学生中具有较高的公信力和较高的普及率，能帮助大学生了解国情、社情、民情，理解党的理论、方针、政策，使大学生不断补充思想政治理论课的相关知识，进而深化大学生对思想政治理论课的整体认同。

第四，大学生对新闻信息的兴趣面广，多类型信息的关注都有助于提升大学生对思想政治理论课的认同。大学生对各类新闻普遍具有较高的关注度，无论是社会新闻、时政新闻还是科技或军事新闻等，大学生对这些新闻的关注都可能提高大学生对思想政治理论课的认同度。比较而言，大学生对社会新闻和时政新闻的关注与他们对思想政治理论课的认同度关联最大，这是由于社会新闻涉及的是人民群众日常生活的社会问题与社会事件，时政新闻涉及的是国内外时事政治，这些都可以帮助大学生了解家事、国事、天下事，帮助他们认识社会、融入社会，使他们全面理解党的理论、方针和政策。新闻内容与思想政治理论课知识联系密切，因而有助于提升大学生学习的积极性和增强对思想政治理论课程的认同感。在大学生关注的新闻类别中，由于财经新闻的专业性特征，大学生理解存在专业跨度，因此关注财经新闻的大学生与其认同思想政治理论课并没有显著关联性。

第五，大学生关注与时事政治/思政类相关的信息具有平台选择的倾向。其中，大学生首先倾向从微信/微博/QQ 等主流社交平台关注思政信息，其次较倾向从知乎/豆瓣/虎扑/天涯/猫扑/百度贴吧/六维等小众论坛关注思政信息。相对而言，大学生较少从秒拍/梨视频/抖音/快手等短视频平台关注思政信息，最不倾向从 Facebook/YouTube/Twitter/Instagram 等外网平台上获取思政信息。无论是从何种倾向渠道获取思政信息，信息本身的属性决定了关注思政信息的大学生对思想政治理论课的认同度较高。因此，多种类型的平台丰富思想政治类信息，对大学生的价值引导具有重要作用。

第十三章

学校条件保障及管理对大学生认同思想政治理论课的影响

人的社会活动以一定的环境为前提，大学生对思想政治理论课的评价和认同总是发生在一定环境背景下，包括社会物质环境和精神文化环境。习近平总书记指出，高校思想政治工作“要更加注重以文化人以文育人，广泛开展文明校园创建，开展形式多样、健康向上、格调高雅的校园文化活动，广泛开展各类社会实践”①。作为高校思想政治教育主阵地的思想政治理论课建设，同样需要推进立德树人的文化环境条件和保障。将学校文化环境创建纳入“大思政课”建设工程之中，依托校园文化软环境以及科学的学校管理、教学载体等相关设施，不断增强思想政治理论课的时代感和吸引力，有助于提高大学生对思想政治理论课的认同度。

一、学校条件保障及管理影响大学生认同思想政治理论课的理论分析

环境是改变社会、塑造个体的重要因素。唯物史观始终重视外界环境条件对人的教育和思想发展的作用。马克思在《德意志意识形态》中指出：“人对自然以及个人之间历史地形成的关系，都遇到前一代传给后一代的大量生产力、资金和环境，尽管一方面这些生产力、资金和环境为新的一代所改变，但另一方面，它们也预先规定新的一代本身的生活条件，使它得到一定的发展和具有特殊的性质。由此可见，这种观点表明：人创造环境，同样环境也

① 习近平．把思想政治工作贯穿教育教学全过程 开创我国高等教育事业发展新局面［N］．人民日报，2016-12-09（1）．

创造人。”[①] 人在环境中的变化与环境特征具有拟合性，其仍然是实践的结果，马克思在《关于费尔巴哈的提纲》中强调“环境是由人来改变的，而教育者本人一定是受教育的……环境的改变和人的活动或自我改变的一致，只能被看作并合理地理解为革命的实践”[②]。因此，人的改造与环境的改造是具有一致性的实践活动，无产阶级获取自由的革命实践有力地证明了这一结论，正如马克思所指出的，工人阶级“为了谋求自己的解放，并同时创造出现代社会在本身经济因素作用下不可遏止地向其趋归的那种更高形式，他们必须经过长期的斗争，必须经过一系列将把环境和人都加以改造的历史过程”[③]。环境对一个人的思想和行为的影响是至关重要的。一方面，人创造和改变环境；另一方面，环境也会对人产生反作用，深刻影响和改变着人。大学阶段是青年学生人生观和价值观塑造稳定的关键时期，也是青年学生在社会化进程中思想逐渐成熟的重要时期。校园内外环境对大学生学习生活及其思想观念的影响大，不仅影响大学生投入学习生活的积极性，而且间接影响大学生对学习课程，包括思想政治理论课的体验和认同。

环境作为影响高校思想政治教育和思想政治理论课的外部因素，通常经过主体对环境的认知和感受进行转化，伴随相应的情绪情感中介，继而产生一定的主体态度和行为结果。校园内外环境既有广泛性，也有潜隐性，既包括自然物理环境和人造空间环境，也包括围绕人的需求形成的文化、风尚和舆论等精神环境和为了达成教育目标的实践环境。物理空间环境对人的健康、情绪和行为都具有一定的影响，通过寓情于景、寓教于物发挥物质环境的育人和审美功能，陶冶大学生的情操。同时，物理环境的作用还包括空间社会关系对人的认知和体验产生的影响。法国哲学家、社会学家列斐伏尔提出从历史、社会、空间三个维度理解空间环境的主客统一，从而观照相应的社会关系特征。他根据社会空间的生产方式和结果批判了资本主义社会，强调了

① 中共中央马克思恩格斯列宁斯大林著作编译局．马克思恩格斯文集：第一卷［M］．北京：人民出版社，2009：545.

② 中共中央马克思恩格斯列宁斯大林著作编译局．马克思恩格斯文集：第一卷［M］．北京：人民出版社，2009：500.

③ 中共中央马克思恩格斯列宁斯大林著作编译局．马克思恩格斯文集：第三卷［M］．北京：人民出版社，2009：159.

环境空间对人们之间关系的作用，进而影响人的思想观念。① 由此可见，物理环境与精神环境具有贯通性，以环境中的学生感受和人际关系作用于学生的态度，并进一步影响他们对思想政治理论课的评价和认同。精神环境的典型代表是文化制度环境。中国自古就重视文化环境对人的熏陶和感染，文化自身的含义包括育人。中国古典文献《易经》有言，“观乎天文，以察时变；观乎人文，以化成天下”，这指出文化就是用人文化成天下，实现文化育人。学校文化育人致力通过营造良好的文化环境和氛围，使大学生在文化浸润中升华思想境界，积极追求真善美，提升思想道德素质，形成正确的人生观和价值观。制度文化是保障高校价值引导方向的基础，学校系统性的育人机制贯穿文化建设各方面，将制度落实在教育各环节中，有助于大学生认同维护主流意识形态功能的高校思想政治理论课。实践环境是在高校各种实践活动中为体现立德树人教育理念而创造的条件。无论是课程实践还是社会实践，无论是服务性实践还是创新性实践，无论是劳动性实践还是技术性实践，实践的主题、内容、过程和形式都蕴含一定的育人理念，体现实践的育人导向。新时代的高校教育通过理论联系实践，促进学生全面发展，培养大学生成为担当中国特色社会主义建设重任的主力军。高校积极创设有助于激发大学生科技创新、服务基层、承担社会责任意识的实践环境，能够增强大学生对学校思想政治理论课教育教学内容和价值的积极性，从而提高对课程的认同度。

学校管理作为育人的一种方式，围绕着育人目标和育人任务，通过行政管理、教学管理和日常事务管理等活动，促进学生的成长和发展。学校管理是手段，育人是目的，管理育人已经成为高校教育的主要组成部分，是思想政治教育的重要途径。思想政治理论课教育教学活动都是在学校的管理工作中有序开展，包括合理安排课程体系、开展科学的教学和考核活动、制定相关规章制度、搭建教与学的有效交流机制，以及约束师生行为的规范性要求等。学校管理应在“以学生为本”的理念指导下，突出学生的主体地位，遵循学生的身心发展规律和学习规律，帮助学生解决问题，促进学生发展。学校制定实施科学合理的管理制度，同时配备政治素质高、业务能力强的管理

---

① 孙全胜．列斐伏尔“空间生产”的理论形态研究［M］．北京：中国社会科学出版社，2017：64-68.

队伍才能得到学生的理解和支持，使学生在自觉遵守制度的过程中形成积极的学习态度，并对思想政治理论课主导的价值观念产生认可和转化行为。

二、学校条件保障及管理影响大学生认同思想政治理论课的数据分析

经信度检验，结果如表 13.1 所示，学校条件保障及管理的 Cronbach's Alpha 值为 0.971，大于 0.9，这表明学校条件保障及管理量表的内部一致性信度很好。

表 13.1 信度分析

变量	Cronbach's Alpha
学校条件保障及管理	0.971

图 13.1 为学校条件保障及管理的均值分布情况图。结果表明，“学校思想政治教育方面的社团或学生组织发挥了很好的大学生教育作用”得分为 4.21，“学校经常开展有关思想政治理论的讲座、竞赛等活动”得分为 4.20，“学校很重视学生日常的道德素质的培养”得分为 4.26，“学校很重视学生的思想政治理论素质的培养”得分为 4.26，“学校很重视思政课教学的环境和氛围建设”得分为 4.24，“学校拥有支持思政课教学的良好的硬件设施”得分为 4.24。值得注意的是，学校条件保障及管理所包含的各方面因素的均值都在 4 以上，其中“学校很重视学生日常的道德素质的培养”与“学校很重视学生的思想政治理论素质的培养”的得分最高，均值达到了 4.26，这表明当前大学生对学校条件保障及管理的评价较高。

此外，本研究还探究了学校条件保障及管理对大学生思想政治理论课认同的影响，并在 SPSS 软件中进行多元线性回归分析，所得结果如表 13.2 所示。

表 13.2 的前三列是将大学生思想政治理论课情感认同作为因变量进行多元线性回归的结果。回归方程的 $R^2=0.363$，$F=489.288$。具体来看，“学校拥有支持思想政治理论课教学的良好的硬件设施”（$B=0.151$，$P<0.001$）、“学校很重视思想政治理论课教学的环境和氛围建设”（$B=0.135$，$P<0.001$）、“学校经常开展有关思想政治理论的讲座、竞赛等活动”（$B=0.089$，$P<0.001$）以及“学校思想政治教育方面的社团或学生组织发挥了很好的大学生

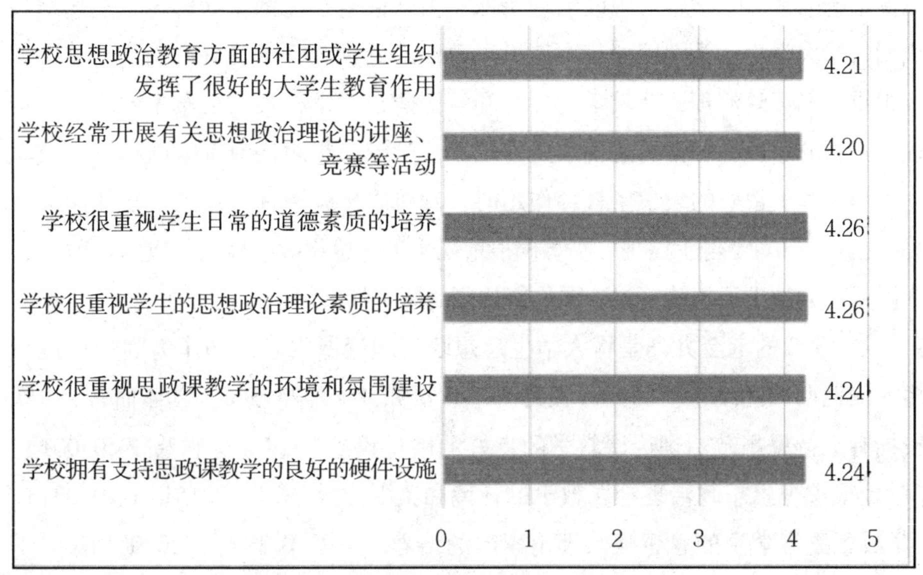

图 13.1　学校条件保障及管理的均值分布情况

教育作用”（B=0.182，P<0.001）这四方面的影响因素对大学生思想政治理论课情感认同均起着显著的正向影响。上述结果表明，当大学生认为学校拥有支持思想政治理论课教学的良好的硬件设施，学校很重视思想政治理论课教学的环境和氛围建设，学校经常开展有关思想政治理论的讲座、竞赛等活动，学校思想政治教育方面的社团或学生组织发挥了很好的大学生教育作用时，其对思想政治理论课的情感认同度较高。在上述影响因素中，“学校思想政治教育方面的社团或学生组织发挥了很好的大学生教育作用”这一因素对大学生思想政治理论课情感认同的影响最大。

表 13.2 的四至六列是将大学生思想政治理论课价值认同作为因变量进行多元线性回归的结果。回归方程的 $R^2=0.537$，F=994.359。具体来看，“学校拥有支持思想政治理论课教学的良好的硬件设施”（B=0.134，P<0.001）、“学校很重视思想政治理论课教学的环境和氛围建设”（B=0.108，P<0.001）、“学校很重视学生的思想政治理论素质的培养”（B=0.189，P<0.001）、“学校很重视学生日常的道德素质的培养”（B=0.164，P<0.001）、“学校思想政治教育方面的社团或学生组织发挥了很好的大学生教育作用”（B=0.154，P<0.001）这五方

面的影响因素对大学生思想政治理论课价值认同有显著的正向影响。上述结果表明，当大学生认为学校拥有支持思想政治理论课教学的良好的硬件设施，学校很重视思想政治理论课教学的环境和氛围建设，学校很重视学生的思想政治理论素质的培养和日常的道德素质的培养，学校思想政治教育方面的社团或学生组织发挥了很好的大学生教育作用时，其对思想政治理论课的价值认同度较高。在上述五个影响因素中，“学校很重视学生的思想政治理论素质的培养”这一因素对大学生思想政治理论课价值认同的影响最大。

表 13.2 的七至九列是将大学生思想政治理论课内容认同作为因变量进行多元线性回归的结果。回归方程的 $R^2=0.607$，$F=1324.386$。具体而言，“学校拥有支持思想政治理论课教学的良好的硬件设施”（$B=0.142$，$P<0.001$）、“学校很重视思想政治理论课教学的环境和氛围建设”（$B=0.151$，$P<0.001$）、“学校很重视学生的思想政治理论素质的培养”（$B=0.197$，$P<0.001$）、“学校很重视学生日常的道德素质的培养”（$B=0.111$，$P<0.001$）、“学校经常开展有关思想政治理论的讲座、竞赛等活动”（$B=0.062$，$P<0.01$）以及“学校思想政治教育方面的社团或学生组织发挥了很好的大学生教育作用”（$B=0.168$，$P<0.001$）对大学生思想政治理论课内容认同均有着较为显著的正向影响。上述结果表明，当大学生认为学校拥有支持思想政治理论课教学的良好的硬件设施，学校很重视思想政治理论课教学的环境和氛围建设，学校很重视学生的思想政治理论素质的培养和日常的道德素质的培养，学校经常开展有关思想政治理论的讲座、竞赛等活动，学校思想政治教育方面的社团或学生组织发挥了很好的大学生教育作用时，其对思想政治理论课的内容认同度较高。在上述六个影响因素中，“学校很重视学生的思想政治理论素质的培养”这一因素对大学生思想政治理论课内容认同的影响最大。

表 13.2 的十至十二列是将大学生思想政治理论课行为认同作为因变量进行多元线性回归的结果。回归方程的 $R^2=0.595$，$F=1260.454$。具体而言，“学校拥有支持思想政治理论课教学的良好的硬件设施”（$B=0.143$，$P<0.001$）、“学校很重视思想政治理论课教学的环境和氛围建设”（$B=0.150$，$P<0.001$）、“学校很重视学生的思想政治理论素质的培养”（$B=0.130$，$P<0.001$）、“学校很重视学生日常的道德素质的培养”（$B=0.089$，$P<0.001$）、“学校经常开展有关思

想政治理论的讲座、竞赛等活动”（B=0.124，P<0.001）、“学校思想政治教育方面的社团或学生组织发挥了很好的大学生教育作用”（B=0.189，P<0.001）这六个影响因素对行为认同均有着显著的正向影响。上述结果表明，当大学生认为学校拥有支持思想政治理论课教学的良好的硬件设施，学校很重视思想政治理论课教学的环境和氛围建设，学校很重视学生的思想政治理论素质的培养和日常的道德素质的培养，学校经常开展有关思想政治理论的讲座、竞赛等活动，学校思想政治教育方面的社团或学生组织发挥了很好的大学生教育作用时，其对思想政治理论课的行为认同度较高。在上述影响因素中，“学校思想政治教育方面的社团或学生组织发挥了很好的大学生教育作用”这一因素对大学生思想政治理论课行为认同的影响最大。

表13.2的最后三列是将大学生思想政治理论课总体认同作为因变量进行多元线性回归的结果。回归方程的 $R^2=0.641$，F=1532.797。具体来看，“学校拥有支持思想政治理论课教学的良好的硬件设施”（B=0.153，P<0.001）、“学校很重视思想政治理论课教学的环境和氛围建设”（B=0.150，P<0.001）、“学校很重视学生的思想政治理论素质的培养”（B=0.167，P<0.001）、“学校很重视学生日常的道德素质的培养”（B=0.117，P<0.001）、“学校经常开展有关思想政治理论的讲座、竞赛等活动”（B=0.083，P<0.001）以及“学校思想政治教育方面的社团或学生组织发挥了很好的大学生教育作用”（B=0.186，P<0.001）这六个因素对大学生思想政治理论课总体认同均有着非常显著的正向影响。上述结果表明，当大学生认为学校拥有支持思想政治理论课教学的良好的硬件设施，学校很重视思想政治理论课教学的环境和氛围建设，学校很重视学生的思想政治理论素质的培养和日常的道德素质的培养，学校经常开展有关思想政治理论的讲座、竞赛等活动，学校思想政治教育方面的社团或学生组织发挥了很好的大学生教育作用时，其对思想政治理论课的总体认同度较高。在上述影响因素中，“学校思想政治教育方面的社团或学生组织发挥了很好的大学生教育作用”对大学生思想政治理论课总体认同的影响最大。

表 13.2 学校条件保障及管理对大学生思政课认同影响分析

因变量 / 自变量	情感认同			价值认同			内容认同			行为认同			总体认同		
	标准化系数（B）	T值	P值	标准化系数（B）	T值	P值	标准化系数（B）	T值	P值	标准化系数（B）	T值	P值	标准化系数（B）	T值	P值
学校拥有支持思想政治理论课教学的良好的硬件设施	0.151***	5.967	0.000	0.134***	6.194	0.000	0.142***	7.130	0.000	0.143***	7.088	0.000	0.153***	8.008	0.000
学校很重视思想政治理论课教学的环境和氛围建设	0.135***	4.641	0.000	0.108***	4.341	0.000	0.151***	6.593	0.000	0.150***	6.465	0.000	0.150***	6.837	0.000
学校很重视学生的思想政治理论素质的培养	0.040	1.399	0.162	0.189***	7.651	0.000	0.197***	8.659	0.000	0.130***	5.621	0.000	0.167***	7.699	0.000
学校很重视学生日常的道德素质的培养	0.045	1.579	0.114	0.164***	6.687	0.000	0.111***	4.895	0.000	0.089***	3.898	0.000	0.117***	5.400	0.000

续表

因变量 自变量	情感认同			价值认同			内容认同			行为认同			总体认同		
	标准化系数（B）	T值	P值	标准化系数（B）	T值	P值	标准化系数（B）	T值	P值	标准化系数（B）	T值	P值	标准化系数（B）	T值	P值
学校经常开展有关思想政治理论的讲座、竞赛等活动	0.089***	3.644	0.000	0.032	1.514	0.130	0.062**	3.231	0.001	0.124***	6.347	0.000	0.083***	4.542	0.000
学校思想政治教育方面的社团或学生组织发挥了很好的大学生教育作用	0.182***	7.185	0.000	0.154***	7.101	0.000	0.168***	8.441	0.000	0.189***	9.328	0.000	0.186***	9.769	0.000
R^2	0.363			0.537			0.607			0.595			0.641		
F	489.288			994.359			1324.386			1260.454			1532.797		

（注：*** $P<0.001$，** $P<0.01$，* $P<0.05$）

通过上述五个回归方程的数据对比分析可知，“学校拥有支持思想政治理论课教学的良好的硬件设施”“学校很重视思想政治理论课教学的环境和氛围建设”以及“学校思想政治教育方面的社团或学生组织发挥了很好的大学生教育作用”对大学生对思想政治理论课的情感认同、价值认同、内容认同、行为认同以及总体认同均有着非常显著的影响。学校很重视学生的思想政治理论素质和日常的道德素质的培养仅对价值认同、内容认同、行为认同以及总体认同有显著的影响，对情感认同不存在显著影响。“学校经常开展有关思想政治理论的讲座、竞赛等活动”仅对情感认同、内容认同、行为认同以及总体认同有显著的影响，对价值认同不存在显著影响。

表 13.3 为基于多元线性回归方法的人口统计特征对学校条件保障及管理的影响分析表。回归方程的 $R^2=0.012$，$F=6.313$。具体来看，家乡是不是革命老区（$B=-0.053$，$P<0.001$）、是不是独生子女（$B=-0.035$，$P<0.05$）、民族（$B=-0.059$，$P<0.001$）、是不是学生干部（$B=-0.027$，$P<0.1$）、政治面貌（$B=-0.025$，$P<0.1$）、家庭收入（$B=-0.045$，$P<0.01$）等六个因素均对学校条件保障及管理起着较为显著的负向影响，并且民族差别对大学生评价学校条件保障及管理的影响是最大的。结果表明，家乡是革命老区的大学生比家乡不是革命老区的大学生对学校保障思想政治教育的条件和管理评价更高；独生子女大学生比非独生子女大学生对学校保障思想政治教育的条件和管理评价更高；汉族大学生比少数民族大学生对学校保障思想政治教育的条件和管理评价更高；大学生干部比其他大学生对学校保障思想政治教育的条件和管理评价更高；党员大学生比非党员大学生对学校保障思想政治教育的条件和管理评价更高；家庭收入低的大学生比家庭收入高的大学生对学校保障思想政治教育的条件和管理评价更高。

表 13.3　人口统计特征对学校条件保障及管理的影响分析

因变量 / 自变量	学校条件保障及管理		
	标准化系数（B）	T 值	P 值
性别	0.014	0.943	0.346
家乡是不是革命老区	−0.053***	−3.755	0.000

续表

自变量＼因变量	学校条件保障及管理		
	标准化系数（B）	T 值	P 值
生源地	-0.025	-1.575	0.115
是不是独生子女	-0.035*	-2.210	0.027
民族	-0.059***	-4.229	0.000
学校	-0.013	-0.870	0.385
年级	-0.018	-1.260	0.208
是不是学生干部	-0.027#	-1.920	0.055
政治面貌	-0.025#	-1.789	0.074
家庭收入	-0.045**	-3.091	0.002
R^2	0.012		
F	6.313		

（注：*** P<0.001，** P<0.01，* P<0.05，#P<0.1）

表 13.4 为不同专业的大学生对学校条件保障及管理认知的差异比较分析表。结果表明，总计调查大学生人数为 5160 名，其中工科专业的大学生有 1916 名，理科专业的大学生有 731 名，文科专业的大学生有 1838 名，其他专业的大学生有 675 名。首先，不同专业的大学生均值得分普遍在 4 以上，总体得分为 4.24；其次，文科和工科专业的大学生得分均为 4.27，是所有专业中最高的；再次，理科专业的大学生得分为 4.23，次之；最后，其他专业的大学生得分为 4.05，是所有专业中最低的。

表 13.4　不同专业大学生对学校条件保障及管理认知的差异比较分析

变量		N	均值	标准差	标准误	均值 95% 置信区间		极小值	极大值
						下限	上限		
学校条件保障及管理	专业								
	工科	1916	4.27	0.835	0.019	4.23	4.31	1	5
	理科	731	4.23	0.838	0.031	4.17	4.29	1	5

续表

变量		N	均值	标准差	标准误	均值 95% 置信区间		极小值	极大值
						下限	上限		
学校条件保障及管理	文科	1838	4.27	0.809	0.019	4.23	4.31	1	5
	其他	675	4.05	0.905	0.035	3.98	4.12	1	5
	总数	5160	4.24	0.839	0.012	4.21	4.26	1	5

三、学校条件保障及管理影响大学生认同思想政治理论课的特征

学校条件保障及管理是影响学生学习体验的重要因素，高校提供的学习条件和管理服务影响大学生认同思想政治理论课的表现特征主要包括以下方面。

第一，当代大学生对学校提供的思想政治教育的条件保障及管理措施的总体评价较高，为大学生认同思想政治理论课奠定了良好的环境基础。调查显示，学生评价学校条件保障及管理的均值均达到了 4，学生对思想政治理论课教学的硬件条件、软件条件，以及发挥辅助作用的社团文化、讲座等活动的评价均值都比较高。这表明学校为促进大学生更好地学习思想政治理论课提供了便捷的条件，为大学生营造了良好的校园环境，并且实施了人性化的管理模式，能够使大学生身心愉悦地投入思想政治理论课的学习中，产生积极的学习体验。同时，学生对学校重视学生的思想政治理论素质以及日常的道德素质的培养的评价均值最大，这表明高校深入贯彻落实立德树人的教育根本任务取得了良好的效果，得到了学生的赞同和拥护。

第二，在大学生认同思想政治理论课的环境影响要素中，大学生之间的同辈交流环境因素的影响力显著。调查显示，学校思想政治教育方面的社团或学生组织所发挥的教育作用对大学生思想政治理论课情感认同、行为认同以及总体认同的影响均最大，体现了同辈交流和教育的重要作用。大学生不仅乐于参加有关思想政治教育的社团和组织，而且认为可以在社团或学生组织中锻炼和提升自身的实践能力和水平，更好地将思想政治理论课课堂所学的理论知识与实践活动相结合，追求内化于心、外化于行的统一，深化对思

想政治理论课的理解。这就启示高校要大力发展有关思想政治教育的社团或学生组织，引导学生积极参与，在理论与实践的结合中提升大学生的思想政治素质，增强大学生对思想政治理论课的认同。

第三，学校重视思想政治教育，思想政治理论课建设的程度是影响大学生认同思想政治理论课的关键。调查显示，学校很重视学生的思想政治理论素质的培养这一因素对大学生思想政治理论课的价值认同和内容认同的影响均是最大。这一方面反映出，学校的主观重视将有助于增强学生对思想政治理论课的认同；另一方面则反映出，当代大学生持续接受的教育使其拥有较好的思想政治知识基础，注重自身思想政治理论素质的提升，表现出对高校思想政治理论课内容和价值的较高认同。因此，高校需要结合大学阶段学生的需求规律，兼顾大中小思想政治理论课一体化建设要求，重视对大学生思想政治理论素质的培养，不断提升其思想政治理论水平，从而增强大学生对思想政治理论课的认同。

第四，大学生的民族差异、家庭收入差异以及是否为独生子女等个体性差异都在其评价学校思想政治教育的条件保障及管理方面表现出显著差异。比较而言，汉族大学生、家乡是革命老区的大学生、家庭收入低的大学生、独生子女大学生等对学校的思想政治教育条件保障及管理评价更高。这反映出高校提供的思想政治理论课的教育教学环境条件普遍较好，大学生对高校思想政治理论课的环境设施等具有较高期望，这在一定程度上也是人们对美好生活的愿望在高等教育领域中的表现。

第五，不同专业的大学生对学校思想政治理论课的环境条件要求不同，这反映出高校思想政治理论课教育教学结合专业推进改革，以及同时开展“课程思政”的必要性。调查显示，不同专业的大学生对学校保障思想政治理论课教育教学的条件和管理评价都比较高，但比较来看，学科类别差异的大学生仍然表现出对学校保障思想政治理论课教育条件和管理的不同评价，启示高校和思想政治理论课教师应将学生的专业特征融入课程教学改革实践中，同时积极推动“课程思政”建设，思想政治理论课教师与专业课教师联动，共同承担立德树人的育人任务。

第十四章

新时代大学生思想政治理论课认同提升的体系建构

“大学生思政课认同指的是基于对思政课的属性、价值等方面的认知，大学生所表现出来对课程的喜爱偏好，对课程所蕴含的价值观的认可，以及自觉运用课程理论指导社会实践的行为趋向”①。新时代大学生对高校思想政治理论课认同主要包含情感认同、内容认同、价值认同和行为认同等四方面，囊括大学生对高校思想政治理论课的认知、情感、态度、评价等方面。上述调研数据表明，新时代大学生对高校思想政治理论课认同整体水平较高，但仍然存在一些现实问题。为更好地帮助大学生在认知上深化理解高校思想政治理论课传播的思想主旨、情感上倾向高校思想政治理论课课程内容、价值上凝聚高校思想政治理论课共识、行为上遵守高校思想政治理论课实践要求，本研究将从目标、原则和路径优化三方面构建新时代大学生思想政治理论课认同提升体系，以期推动大学生在认知、情感、价值共识、行为实践上对思想政治理论课的认同与实践转化，更加充分地发挥高校思想政治理论课在承担立德树人根本任务中的主渠道作用。

一、新时代大学生思想政治理论课认同提升的目标

“任何事情的发生都不是没有目的的意图，没有预期的目的的”②。高校思想政治理论课作为一门集思想性、政治性、科学性、理论性、实践性于一

① 朱苇苇，王峰，黄志斌．重要他人理论视角下大学生思想政治理论课认同的影响因素及提升对策研究［J］．思想教育研究，2019（10）：113-117.

② 中共中央马克思恩格斯列宁斯大林著作编译局．马克思恩格斯选集：第四卷［M］．北京：人民出版社，2012：287.

体的理论课程，是立德树人的关键课程，旨在培养担当民族复兴大任的时代新人。因此，为了有效地将思想政治理论课融入尚处在“拔节孕穗期”的大学生的日常生活中，学校就需要在情感共鸣、价值共识、文化取向、行为自觉等方面下功夫。

（一）情感共鸣：加强人文关怀形成情感共振

“没有‘人的感情’，就从来没有也不可能有人对真理的追求”①。情感作为一种非智力因素，是大学生的思想品德形成发展的内隐形式，与大学生的思想认识和行为方向紧密相连，是加强高校思想政治教育理论课认同必不可少的因素之一，因此“高校思政课教学要做到‘入脑入心’，必然要发挥情感认同的天然优势”②。“思想政治教育的过程其实也是情感交融的过程”③，在思想政治教育的过程中，受教育者依据现有的思想观念、政治观点、道德规范去评判社会现象或是一些外在事物，其情感体验也是不断变化的，这在一定程度上会影响思想政治教育的实施效果。因此，高校思想政治理论课教师在进行理论宣传教育时，要注重情绪情感的引导，关注受教育者的主观感受，借助合适的教育载体，创设特定的教育情境，运用恰当的教学手段，在思想政治教育过程中教化并感染受教育者，引起教育者与受教育者的情感共鸣，使受教育者的思想和情感同向发展，促使受教育者产生积极情感，使其增强对思想政治教育理论课的自主认同，从而优化思想政治教育效果。

思想政治理论课围绕学生开展教育教学，是强调人文关怀的思想政治教育实践活动，“思想政治教育过程中的人文关怀是体现人性关怀、文化关怀、情感关怀的价值意识、教育理念和思维方式”④。情感是外部环境和大学生主观世界相互作用的一种产物，在现实生活中通过对事物的喜恶程度、对活动的积极与消极情绪来加以表现。高校思想政治理论课教师应注重以情感人，

---

① 中共中央马克思恩格斯列宁斯大林著作编译局．列宁全集：第二十五卷［M］．北京：人民出版社，2017：117.

② 刘春泽．高校思想政治理论课中政治认同目标的“三重维度”及其实现路径［J］．国家教育行政学院学报，2020（8）：51-59.

③ 王仕民．思想政治教育心理学概论［M］．广州：中山大学出版社，2015：182.

④ 张国启．论思想政治教育主体的人文关怀意识及其外化理路［J］．学校党建与思想教育，2018（7）：25-30.

在实际教学过程中将感人至深的案例教学，作为教学主客体互动的桥梁，依托感人事迹的鲜活案例激发大学生情感共鸣，切实运用人文关怀的理念回应大学生的认知困惑，满足大学生成长历程中的价值诉求和认知诉求，满足大学生对美好生活的期待，来增强大学生对思想政治理论课的情感认同。

（二）价值共识：坚定马克思主义辨识错误思想

“高校思政课中大学生的价值认同是内化的认同”①，高校思想政治理论课的任务之一是面向学生传播马克思主义，培养担当民族复兴大任的时代新人，其主要的功能之一在于价值塑造，引导学生加强马克思主义自觉意识。进入新时代，高校思想政治理论课教师在实际工作中面临着许多新情况、新问题，如少数大学生为追求个性化发展，其“思维方式呈现的‘反理性’的特点、价值取向呈现‘非主流’的倾向、审美情趣呈现‘娱乐化’的特点、语言表达上呈现‘无厘头’等现象”②，其思想亟须加以正确引导，这样大学生会形成正确的价值导向。高校思想政治理论课教师在进行思想政治教育工作的过程中，需要运用马克思主义理论引导大学生正确看待、解释、解决现实生活中的系列问题。

高校的青年大学生的世界观、人生观、价值观尚未定型，他们仍处于塑造“三观”的关键时期。在社会思潮多样化、青年学生思想追求多元化的环境下，尤其是网络空间的信息烦冗庞杂，给大学生的价值判断带来较大的挑战。大学生的信息甄选与分辨能力尚不成熟，尤其是在面对西方意识形态的入侵时，容易被迷惑。中国主流意识形态受到冲击时，大学生如果缺乏马克思主义立场、观点和方法的指导，不能综合历史和现实视野，辩证分析问题，就容易出现价值认知的偏差，导致其价值取向偏离社会主流价值方向，就无法形成价值共识。习惯沉浸网络世界的青年学生有时面对形形色色的社会思潮诱惑，常会感到迷茫、困惑而无所适从，“同时也会不自觉或盲目地接受某

① 刘春泽．高校思想政治理论课中政治认同目标的“三重维度”及其实现路径［J］．国家教育行政学院学报，2020（8）：51-59.

② 魏雷东．后现代主义视域下的大学生网络道德问题研究［J］．中国青年研究，2011（3）：93-97.

种思想观念和行为方式的影响"①。因此，高校思想政治理论课教师亟须将马克思主义相关理论和党的最新理论成果融入思想政治理论课课堂中，用理论思想塑造大学生价值取向，帮助大学生破解错误社会思潮的迷障。

（三）文化取向：坚定文化自信筑牢文化根基

"文化自信是一个国家、一个民族发展中最基本、最深沉、最持久的力量。向上向善的文化是一个国家、一个民族休戚与共、血脉相连的重要纽带"②。习近平总书记在2018年召开的全国宣传思想工作会议中强调，新形势下育新人就是要"坚持立德树人、以文化人，建设社会主义精神文明、培育和践行社会主义核心价值观，提高人民思想觉悟、道德水准、文明素养，培养能够担当民族复兴大任的时代新人"③。这就要求高校思想政治理论课教师结合教学实际，通过故事叙事、案例分析、实践考察等多种形式，积极引导大学生坚持马克思主义，树立共产主义远大理想和中国特色社会主义共同理想，践行社会主义核心价值观。思想政治理论课教师依托多种教学方式将中华民族优秀传统文化、革命文化、社会主义先进文化纳入教学体系当中来，通过话语转换转化为学生的知识体系，进而建构学生的价值体系，通过讲清楚文化自信是什么、为什么坚定文化自信以及如何才能树立文化自信等问题，筑牢大学生文化自信的思想根基，凝聚大学生文化自信的共识。

随着网络空间的扩大与现实社会融合度的提高，适应网络环境的青年大学生对各种新兴的网络媒介拥有浓厚的兴趣和较强的依赖性。网络信息良莠不齐，新鲜事物不断出现，一些大学生对网络流行文化、青年亚文化较喜爱。在网络流行文化、青年亚文化和佛系文化的多重影响下，社会主流文化取向受到不同程度的冲击甚至解构，需要高校思想政治理论课教师运用好主渠道，夯实大学生运用马克思主义立场观点和方法认识问题和分析问题的理论基础，加强党的创新理论的学习教育，强化党史、新中国史、改革开放史、社会主义发展史教育，积极挖掘中华文明中的精华，创新发展和创造性转化中华优

---

① 谭德礼，江传月，刘苍劲，等．当代大学生思想特点及成长成才规律研究［M］．北京：人民出版社，2012.

② 习近平．习近平谈治国理政：第四卷［M］．北京：外文出版社，2022：103.

③ 习近平．习近平谈治国理政：第三卷［M］．北京：外文出版社，2020：312.

秀传统文化，把弘扬中华优秀传统文化同马克思主义立场观点方法结合起来，增强大学生的文化自信。同时，教师要引导学生以强烈的责任心塑造和净化网络环境，建设网上美好精神家园，共享文化建设成就。

（四）知行合一：强化理论学习注重实践养成

高校思想政治理论课是既包括马克思主义理论的阐释和支撑，也包括回应现实问题的课程，体现了理论性和实践性的统一。课程一方面用科学的理论教育学生，另一方面要把思政小课堂与社会大课堂结合起来，通过多种灵活的方式使学生将所学内容入脑入心，并外化为行为实践，从而达到知行合一。习近平总书记强调“我们的学习应该是全面的、系统的、富有探索精神的，既要抓住学习重点，也要注重拓展学习领域；既要向书本学习，也要向实践学习”①。高校思想政治理论课教师要及时运用马克思主义和马克思主义中国化最新理论成果武装大学生，用科学严谨的理论涵养学生的思想意识，通过精神实践帮助大学生改变自身的主观世界，提高新时代大学生的认识水平，使其自觉认同思想政治理论课内容。同时，高校思想政治理论课教师要注重将理论运用到现实生活中来，实践是大学生参与国家建设最直接有效的方法，思想政治理论课实践教学通过带领同学们赴革命根据地、博物馆等具有历史教育意义的实践课堂开展现场教学，让学生置身于有助于激发其积极情感和体验的教学情景中。高校思想政治理论课教师要在体悟式实践教学过程中发挥情感育人功能，实现情理融合，深化大学生的理论认知，提升大学生对思想政治理论课的认同。另外，实践也给广大有志向的大学生提供报效祖国的平台，教师可以通过各种实践案例启发学生。例如，运用各类大型志愿者活动、西部计划等社会实践活动，引导广大青年积极投身报效祖国的行列，发挥新时代大学生的责任担当和爱国情怀，从而使大学生实现自己的人生价值。因此，提升大学生对高校思想政治理论课认同的目标之一就是在强化大学生理论学习的过程中，拓展实践渠道，实现理实交融，增强大学生对思想政治理论课的认同感。

---

① 习近平．习近平谈治国理政：第一卷［M］．北京：外文出版社，2018：404.

二、新时代大学生思想政治理论课认同提升的原则

新时代提升大学生对高校思想政治理论课认同的原则，是推进思想政治理论课教学改革与实践的内在依据，是优化思想政治理论课效果需要遵循的基本准则。

（一）坚持灌输性与启发性相结合的原则

思想政治理论课是落实立德树人根本任务的关键课程，高校思想政治理论课与中小学思想政治课的主要区别之一就在于其理论性。“理论只要说服人，就能掌握群众；而理论只要彻底，就能说服人。所谓彻底，就是抓住事物的根本”①。理论知识无法自动生成，需要通过灌输才能掌握，在世界无产阶级革命运动初期就已经被清晰认识，“社会主义意识是一种从外面灌输到无产阶级的阶级斗争中去的东西，而不是一种从这个斗争中自发地产生出来的东西”②。因此，列宁特别强调要把向工人灌输政治知识作为革命的重要任务。灌输也成为中国共产党革命胜利和社会主义建设的宝贵经验。高校思想政治理论课教师要明确将马克思主义理论的相关知识“灌输”给学生，在加强马克思主义的理论阐述和学理说明的基础上，使大学生接受并认同科学的马克思主义理论，坚定马克思主义的立场，运用马克思主义方法辩证看待、研究、解决中国在发展过程中遇到的实际问题。在思想政治理论课教学中，高校思想政治理论课教师将马克思主义理论内容和党的最新理论创新成果同步推进，引导大学生从深化理论认知到思想认同。不断增强思想政治理论课的思想性和理论性，高校思想政治课教师不仅要将马克思主义精华“灌输”给学生，引导学生自主建构马克思主义理论体系，还要从现实问题出发回应学生、启发学生，引导大学生辩证看待目前中国发展面临的实际问题。同时，在理论课堂双向互动的过程中，思政理论课教师要能够切实把握学生为何困惑的具体内容，进而依托教学内容，用严谨的理论逻辑，用学生能够听懂的

---

① 中共中央马克思恩格斯列宁斯大林著作编译局．马克思恩格斯文集：第一卷［M］．北京：人民出版社，2009：11.

② 中共中央马克思恩格斯列宁斯大林著作编译局．列宁选集：第一卷［M］．北京：人民出版社，1995：326.

话语，深入浅出，层层递进，回应学生关切的问题，解学生所惑，以期通过理论、思想、情感上的灌输启发学生，让学生思考现实、回应现实，力争在理论课堂上实现灌输和启发的辩证统一。

（二）坚持政治性与学理性相统一的原则

思想政治理论课是传播国家主流意识形态的重要途径，致力培养中国特色社会主义事业的建设者和接班人。思想政治理论课的课程内容和价值导向具有显著的政治性。运用透彻深刻的理论分析讲清政治问题是思想政治理论课教育教学的基本要求。习近平总书记指出，思想政治理论课“要坚持政治性和学理性相统一，以透彻的学理分析回应学生，以彻底的思想理论说服学生，用真理的强大力量引导学生”①。高校思想政治理论课通过研究、阐释、传播马克思主义基本原理和当代马克思主义的理论成果，用理论的力量征服学生，才能使学生认同课程教学内容。思想政治理论课的政治性和学理性的统一建立在教师扎实掌握马克思主义理论的基础上，教师系统深刻地把握马克思主义理论才能将政治理论与政治制度结合起来。教师以马克思主义及马克思主义中国化的理论研究成果支撑课程内容，引导学生学会运用马克思主义立场观点和方法辨析问题，指导实践活动，使学生在认识马克思主义的科学性、实践性、人民性和发展性的同时，增强对思想政治理论课的认同。高校思想政治理论课程涵盖的内容广，教师用深厚的理论功底征服学生，用真理的力量感召学生，关键是要把道理讲清楚。2022 年，习近平总书记在中国人民大学考察时指出，“思政课的本质是讲道理，要注重方式方法，把道理讲深、讲透、讲活”。为此，高校教师在思想政治理论课中应将马克思主义基本原理同当前中国不断发展的实际结合起来，这样不仅可以提高教师的理论水平，而且可以发挥教师的影响力。教师要坚持问题导向，运用学理分析回应学生问题，引导学生正确理解和认同思想政治理论课的内容和价值等。

（三）坚持理论性与现实性相统一的原则

坚持理论性与现实性相统一，即理论联系实际。实事求是是马克思主义理论的精髓，因此在进行思想政治理论课教育教学的同时，要秉承实事求是

① 习近平．习近平谈治国理政：第三卷［M］．北京：外文出版社，2020：330.

的原则，坚持理论联系实际。毛泽东指出"'实事'就是客观存在的一切事物，'是'就是客观事物的内部联系，即规律性，'求'就是我们去研究"①。邓小平强调"实事求是……是马克思主义的思想基础"②。因此，高校思想政治理论课教师需将实事求是的方法运用到理论课教学之中，并深入学生的实际生活，掌握学生思想特征和需求，立足大学生思想状况变化的实际，分析大学生思想状况变化的原因及特征，根据教育对象及其环境特征，有针对性地开展思政理论课教学，帮助大学生运用科学的理论分析和认识现实，解决现实生活实践中存在的问题，提高大学生的思想理论水平。

马克思在《〈黑格尔法哲学批判〉导言》中阐明了革命理论与革命实践相统一的思想，指出"批判的武器当然不能代替武器的批判，物质力量只能用物质力量来摧毁；但是理论一经群众掌握，也会变成物质理论"③。"思想政治理论课有着最为彻底的理论基础和最为灿烂的现实支撑，理应生动精彩，引人入胜"④。当前，高校思想政治理论课就是要通过科学的理论教育武装大学生的头脑，"对学生进行系统的马克思列宁主义、毛泽东思想基本原理的教育、革命理想教育、共产主义道德品质教育，培养学生运用马列主义的立场、观点、方法分析问题和解决问题的能力，逐步树立辩证唯物主义和历史唯物主义的世界观"⑤。思想政治理论课教师立足新时代中国特色社会主义发展的伟大成就和面临的挑战，引导大学生全面认识新情况、看待新问题，正确把握当前国内外发展大势，这样才能帮助大学生理论结合实际破解思想困惑，提升大学生的系统思维和辩证思维能力。

（四）坚持思政课程与课程思政同向同行的原则

为更好地提升大学生对思想政治理论课的认同，高校思想政治教育工作者一方面要利用好"主渠道"，发挥思想政治理论课的主导作用，把握好政治

---

① 毛泽东．毛泽东选集：第三卷［M］．北京：人民出版社，1991：801.

② 邓小平．邓小平文选：第二卷［M］．北京：人民出版社，1994：143.

③ 中共中央马克思恩格斯列宁斯大林著作编译局．马克思恩格斯文集：第一卷［M］．北京：人民出版社，2009：11.

④ 田鹏颖，宁靖姝．论坚持高校思想政治理论课主导性与主体性的统一［J］．思想教育研究，2019（12）：81-85.

⑤ 教育部社会科学司．普通高校思想政治理论课文献选编：1949—2008［M］．北京：中国人民大学出版社，2008：80.

方向和价值导向，引导大学生内化课程内容，形成广泛的政治认同，同时也要牢牢占领思想高地，坚持马克思主义在意识形态领域内的主导地位；另一方面还要注重拓展其他渠道，用好课程思政的辅助作用。思政课程和课程思政具有共同的育人目标，课程思政通过在专业课程和其他课程的教育教学中充分挖掘思想政治教育资源，与思政课同向同行，保持立德树人的高校育人方向。课程思政是在尊重学科差异的基础上，使大学生对各自学科领域课程知识有亲和态度，从学生较容易认同的专业层面上引导学生进一步接受和认可思想政治理论课程。习近平总书记说："其他各门课都要守好一段渠、种好责任田，使各类课程与思想政治理论课同向同行，形成协同效应。"① 课程思政和思政课程协同发展，合力育人，既要发挥思想政治理论课的引导作用，又要发挥各专业课程，尤其是自然科学课程对思想政治理论课的补充作用，争取思政课程和课程思政达到资源整合的最优化。教师要发挥理论优势和专业优势，使大学生在主修专业知识建构中融入思想政治理论课的价值导向，从而推动大学生在课程思政中实现思政课程内容的知行转化，引导大学生形成正确的价值取向，实现课程思政与思政课程的有机统一，培养时代发展所需要的社会主义合格建设者和接班人。因此，为更好地提升新时代大学生对思想政治理论课的认同，课程思政和思政课程要发挥合力育人的效果，力争为新时代中国特色社会主义现代化建设培养全面发展型人才。

三、新时代大学生思想政治理论课认同提升的路径

大学生认同高校思想政治理论课是实现课程育人、推动大学生内化课程内容和外化行为的基础和前提。高校承担立德树人的根本任务，增强大学生对思想政治理论课的认同，教师需要聚焦教材、教学、考核，着力增强思想政治理论课的亲和力，聚焦教学主体、内容、方法，增强高校思想政治理论课的针对性，发挥思想政治理论课"主渠道"作用，做好理论外在传播和学生内在需要的统一，坚持系统协同，增强大学生对思想政治理论课认同的整体效能，构建良好的认同环境，优化大学生认同思想理论课的环境氛围，增

① 习近平．习近平谈治国理政：第二卷［M］．北京：外文出版社，2017：378.

强环境的渲染力。

（一）聚焦教材、教学、考核，着力增强思想政治理论课的亲和力

“亲和力决定着沟通的效率，是有效交流互动的起点和前提”①。亲和力是思政理论课教学开展的重要前提，也是提升思想政治理论课教学效果的重要因素之一，更是打造有高度、有广度、有深度、有温度思想政治理论课堂的检验标准之一。根据大学生对思想政治理论课认同现状，我们应从教材、教学、考核等方面着手，发现问题弥补不足，力争使思想政治理论课成为学生喜爱的课程。

1. 聚焦教材本身，增强教材亲和力

“一切划时代的体系的真正的内容都是由于产生这些体系的那个时期的需要而形成起来的”②。马克思恩格斯这一论述对思想政治理论课教学具有重要指导意义，启示思政课教师要立足实践，着眼中国特色社会主义不断发展变化的实际，追踪思想政治理论课教学资源的前沿，根据教学实践不断更新理论资源，增强教材的鲜活力。思想政治理论课涉及内容广，面对学生在成长过程中涉及的世界观、人生观、价值观等重大导向性问题，教师需要以教材为蓝本，把握教材主旨，加强对教材内容体系的思考和向教学体系转化途径的探索。另外，由于思想政治理论课教学内容常更常新，教师需要选取新版教材和教辅，及时运用当代马克思主义理论武装大学生，在遵循内容创新和大学生思想特点的基础上，进行教材的话语转换，为学生答疑解惑，增强大学生对思想政治理论课教材内容的认同。

2. 重视教师教学能力，增强教学亲和力

增强教学亲和力，既要在教学内容、教学形式上下功夫，也要从教师自身出发，不断提升自身的专业素质、政治素质和人格魅力。教师要依托扎实的理论功底和风趣幽默的人格魅力在教学上赢得学生、吸引学生，使思想政治理论课内容入耳、入脑、入心，努力做大学生成长道路上的引路人。首先，

---

① 袁芳，颜吾佴．提升高校思想政治理论课亲和力的三重逻辑［J］．中国高等教育，2019（21）：23-24.

② 中共中央马克思恩格斯列宁斯大林著作编译局．马克思恩格斯全集：第三卷［M］．北京：人民出版社，1960：544.

教师积极将教材体系转化为教学体系，运用马克思主义理论丰富教材内容，发挥教师自身学术研究的专长，进行充分的理论阐释，将教材内容的道理讲透，打造有深度的思想政治理论课；其次，结合学生思想发展的实际，思想政治理论课教师要关心、爱护学生，注意他们思想的变化，倾听他们的心声，耐心解答他们的疑问，引导大学生正确看待社会的发展变化；最后，思想政治理论课教师要运用马克思主义和马克思主义中国化理论成果不断丰富自我、提升自我，善于学习和运用新方法补充和凝练思想政治理论课教学素材，科学设计教学课件，创新教学内容呈现方式，将马克思主义理论内容讲活讲新，用自身的专业素质和人格魅力感染学生、教育学生。

3. 注重过程考核，增强考核亲和力

思想政治理论课程的考核是评价学生学习情况和学习效果的必要环节。高校思想政治理论课教师应该着重从全面评价学生思想政治理论课学习效果和注重学生综合素质提升两个方面考虑，进一步创新考核方法，增强考核的亲和力，打破单一化的考核方式。增强思想政治理论课考核亲和力是增强学生对课程认同的重要方式之一，思想政治理论课教师要注重理论考核与综合学习效果的有机统一，注重课程的过程性考核，合理分配课堂考核、期末考核以及实践考核之间的权重，调动大学生参与课堂教学活动的积极性。学生课堂参与的表现一定程度上反映了学生对课程的情感态度，学生的思想观念和问题判断趋向一定程度上反映了学生对课程的价值态度，学生期末考核结果则一定程度上反映了学生对课程内容的掌握和认同态度，学生的日常表现行为可以反映学生的实践行为态度。教师进行课程考核要注重运用理论学习与实践行为相结合的考核方式，建立动态考核标准，分阶段、分层次、分类型对大学生进行考核，将考核纳入教学环节当中，全面把握大学生对思想政治理论课的学习情况，不断调整和完善考核方式，增强思想政治理论课考核的亲和力。

（二）聚焦教学主体、内容、方法，增强高校思想政治理论课的针对性

高校思想政治理论课教师肩负着培养时代新人的重大责任，在教学过程中坚持服务学生、关怀学生，尊重学生在教学中的主体地位，来增强思想政治理论课的针对性，聚焦教材内容和时政内容的融合，凸显思想政治理论课

的“时代感”，来彰显马克思主义与时俱进的理论品格，依托智慧课堂等载体将理论传递与案例教学相结合，改变传统的理论教学模式，来发挥教师主导和学生主体的双重作用，增强思想政治理论课的亲和力。

1. 坚持服务学生、关怀学生，增强思想政治理论课的针对性

首先，思想政治理论课教师要坚持服务学生的宗旨。一是提升学生思想素质。随着信息获取渠道的不断增加，大学生在各类平台尤其是社交平台上容易接触各类社会思潮，它们会冲击大学生的思想。高校思想政治理论课教师需要运用习近平新时代中国特色社会主义思想引领大学生的思想发展，加强社会主义核心价值观的引导，提升大学生的思想境界。二是引导大学生认同教育内容。我国当前正处于世界百年未有之大变局和实现中华民族伟大复兴战略全局的环境中，发展过程中出现的一些矛盾和问题还没有得到妥善解决，并且在解决矛盾的同时还会不断出现新的矛盾和问题，引发学生的困惑。鉴于此，高校思想政治理论课教师必须主动承担答疑解惑的职责，让理论与实践相结合，引导学生辩证认识现实矛盾和问题，把握理论逻辑与历史逻辑的统一性，促使学生结合实际生活体悟马克思主义真理的伟大，自主认同思想政治理论课教学内容。三是要塑造学生的积极价值取向。一些大学生自我标榜“佛系青年”，热衷“丧文化”“躺文化”，这种亚文化的价值取向不利于大学生的成长和发展。因此，高校思想政治理论课教师需要针对性地开展教育，通过理论和实践教学加强社会主义核心价值观教育，帮助大学生“扣好人生第一颗扣子”，使青少年在“拔节孕穗期”确定积极健康的价值取向。

其次，思想政治理论课教师要关爱学生，关注学生的所思所想所惑。习近平总书记说“高校思想政治工作实际上是一个解疑释惑的过程”，教师“要及时回应学生在学习生活社会实践乃至影视剧作品、社会舆论热议中所遇到的真实困惑”①，通过加强与学生的平等对话，及时了解学生的思想动态，倾听大学生的心声，深入大学生的生活场域，熟悉大学生的话语方式，这样才能切中大学生的问题焦点解决他们的思想困惑，才能与大学生产生情感上的同频共振，获得青年的信任，帮助青年学生成长和发展。教师还要重视大学

① 关于教育，这是习近平的最新思考［N］. 光明日报，2017-01-03（1）.

生的心理问题，研究大学生生理心理特征，在把握其发展特点的基础上，促进大学生心理健康教育发展，在遵循大学生的成长发展规律的基础上，引导大学生群体身心发展及其思想意识不断走向成熟。

2. 转换教学方法，发挥教师主导和学生主体的双重作用

“高校思想政治理论课需以提升亲和力为着力点，争取新时代大学生的广泛认同，打造出有深度、有内涵、活泼生动的思想政治理论课课堂”①。教师既要在教材内容上下功夫，也要在教学方法与形式上下功夫，改变传统单一的教学模式，将理论讲授、故事叙事、案例分析与实践体悟相结合，教学要贴近学生的生活实际，增强教学的针对性，激发大学生的学习兴趣，增强思想政治理论课的吸引力。首先，强化理论讲授中教师的主导作用，“提高马克思列宁主义的政治理论课程的教学水平，则是学校思想建设工作的中心环节”②。这要求思想政治理论课教师要精读、研读马克思主义经典著作，他们不仅要吃透教材，还要将马克思主义理论和思想政治理论课内容运用学术语言兼顾叙事话语向大学生传播，实现教材的内容体系、结构体系、话语体系的教学转化，增强问题导向，将教学重难点和学生关注的问题结合起来，运用丰富的马克思主义理论解答学生们关注的话题和困惑，以深厚的学术涵养和理论逻辑分析的魅力打动学生，发挥教师在教学中的主导性。其次，依托智慧课堂、翻转课堂以及人工智能教辅设施等载体推进教学改革，丰富教学方法，调动学生学习主动性，发挥学生学习的主体性。教师要运用智能化教学载体开展交互式教学，将学生纳入教学环节中，设计学生参与教学过程的主题，利用国家大力推进的教育数字化建设平台，帮助学生积累学习资料，提高学生自主学习能力。同时，教师要加强案例叙事教学，将案例转化为生动故事，在课堂教学和网络教学中讲好中国故事、世界故事以及历史故事等，将教学内容呈现的严肃性、情感性、鲜活性、灵活性等综合运用，贴近学生的兴趣偏好，有效增强思想政治理论课的吸引力。另外，教师积极通过实践

---

① 袁芳，颜吾佴．提升高校思想政治理论课亲和力的三重逻辑［J］．中国高等教育，2019（21）：23-24.

② 中共中央文献研究室．建国以来重要文献选编：第三册［M］．北京：中央文献出版社，2011：280.

教学发挥教师主导和学生主体的作用。在实践中，教师引导学生发现问题和解决问题，从而有效提高学生将理论应用于实践的能力。

（三）发挥思想政治理论课“主渠道”功能，做好理论外在传播和学生内在需要的统一

“一个民族要想站在科学的最高峰，就一刻也不能没有理论思维”①。思想政治理论课在高校发挥思想政治教育的主渠道作用，教师要做好理论的外在传播和学生内在需要的统一。教师把社会主义核心价值观、红色故事、青春梦和中国梦、理想信念等涉及大学生发展需要的理论作为高校思想政治理论课的一条理论传播主线，融入大学生的学习与生活中。在学习与实践的细微之处，教师要引导大学生践行社会主义核心价值观，传承中国精神，坚定理想信念，担当伟大使命，将“小我”的发展与国家社会的发展紧密联系，做新时代的奋斗者。

1. 讲准则，重导向，加强社会主义核心价值观的宣传与解读

习近平总书记指出：“对一个民族、一个国家来说，最持久、最深层的力量是全社会共同认可的核心价值观。”② 为此，高校思想政治理论课教师应当依据社会主义核心价值观的要义和特征，着力培养大学生对社会主义核心价值观的认同，使其在多种社会价值取向并存的情况下坚持社会主义核心价值观的主导地位，使大学生在社会思想复杂多变的环境下坚持正确的发展方向。

当代大学生自我独立意识较强，思想活跃，敢于表达自己的观点，高校思想政治理论课教师培育大学生社会主义核心价值观要讲准则，重导向。首先，讲准则。社会主义核心价值观在国家、社会和个人层面上均有明确具体的要求，思想政治理论课不仅需要引导大学生了解其自身的含义，还需要大学生甄别其与西方国家价值观的本质区别。大学生在理解为何要践行社会主义核心价值观的前提下，进而在日常生活学习中将其作为学习、生活中的基本行为规范守则进行遵守，并达到学思结合、知行统一的效果。其次，重导向。在西方社会思潮的多重影响与冲击下，大学生容易产生一些思想困惑，

---

① 中共中央马克思恩格斯列宁斯大林著作编译局．马克思恩格斯文集：第九卷［M］．北京：人民出版社，2009：437.

② 习近平．习近平谈治国理政：第一卷［M］．北京：外文出版社，2014：168.

这对大学生成长成才有一定的负面作用，高校思想政治理论课教师需要运用社会主义核心价值观引导大学生做出正确的价值判断和价值选择。发挥社会主义核心价值观的导向作用，教师需要在充分倾听学生观点的基础上，鼓励学生表达出他们的观点，或者是疑问和困惑。教师应尊重大学生抒发见解的权利，针对一些问题和困惑展开充分讨论与交流，在思想碰撞和辩论中明晰一些问题，把握问题表象和本质的差别，纠正错误思想，在交流中达成共识。这种综合知识传授和思想启迪的教学方式，容易获得大学生的青睐，有助于使学生增强对思想政治理论课的认同。

2. 讲事实，重情感，加强“红色故事”的讲解与传承

习近平总书记多次强调要把红色资源利用好、把红色传统发扬好、把红色基因传承好。红色故事作为理论传播主线之一，高校思想政治理论课教师需要挖掘红色资源，重视红色故事的育人价值，依托红色实践基地将红色故事在实践教学中转化为教育资源。

从本质上来说，红色故事作为中国文化的一种表现形式，是由广大人民群众在实践中创造产生的。因此，红色故事作为思想政治理论课教学资源，要符合史实。教师要讲清楚为什么要传承红色故事中的精神、红色故事中的红色精神如何形成以及如何传承红色精神等具体内容，要结合中国革命历史讲好红色故事，不能随意编造红色故事误导学生。红色故事作为革命文化的一种文化样态，凝聚着党的革命思想精髓，涵养中国共产党人革命时期的主流价值观，不是因个人认可而产生，而是因人民群众的认可而产生，这便要求我们在日常生活中要广泛传播红色故事，将红色故事中蕴含的精神作为大学生自我教育的宝贵资源，引导学生自觉传承红色文化。此外，要重情感，思想政治理论课教师在讲解红色故事的同时要注重创设情境，倾入情感，以情感人，用环境烘托氛围，将红色故事融入思想政治理论课的理论中，发挥环境对大学生认知的促进作用与联动作用，使大学生产生故事沉浸式的现场体验和感觉，在故事与情节中激发大学生传承红色故事蕴含的中国精神的内生动力，进而将红色故事蕴含的价值观通过隐性教育的方式净化大学生的心灵。教师依托红色资源这一教育载体促进大学生对思想政治理论课的认同，在润物细无声的影响下，帮助受教育者增强科学的思想政治理论课认知与认同。

3. 讲初心，担使命，注重“四个自信”的涵养与教育

“坚持不忘初心、继续前进，就要坚持中国特色社会主义道路自信、理论自信、制度自信、文化自信，坚持党的基本路线不动摇，不断把中国特色社会主义伟大事业推向前进”①。高校思想政治理论课教师要向学生阐释清楚何为四个自信，如何坚定四个自信，为什么要坚定四个自信等问题，通过四个自信教育间接加强学生对思想政治理论课的认知。习近平在2012年曾指出：“道路决定命运，找到一条正确的道路多么不容易。”② 回顾我国的发展历程，不难发现，我们国家之所以能够取得如此成就，一个重要的原因是在中国共产党的领导下，我们走出了一条适合中国国情的社会主义道路。在全球化不断发展扩大，世界各个国家之间的文化交流不断深入的背景下，中国为何选择社会主义道路，社会主义为什么好等问题，既是理论问题也是实践问题，既是历史问题也是现实问题，这些问题是青年大学生关心的问题，也是他们思想的难点问题，教师必须加强对其“道路自信”的教育，引导大学生坚定地在这条道路上继续奋斗下去。回顾我们党的百余年发展历程，不论是在革命时期、建设时期、改革时期还在新时代的全面深化改革时期，国家之所以能够沿着正确的道路继续前进，一个重要的原因就是我们坚持以马克思主义理论为指导，坚持以中国特色社会主义理论体系为指导，坚持将马克思主义基本原理与中国实际相结合、与中华优秀传统文化相结合，同时不断继承和发展中国优秀的社会主义革命文化和社会主义先进文化。青年群体作为建设中国式现代和推进中华民族伟大复兴的中坚力量，是持续深化改革的见证者和参与者，他们具有坚定的“理论自信”才能在实践工作中取得更加突出的成就。“制度自信”是中国在政治建设中不断得到实践检验的自信，习近平总书记曾说，“没有坚定的制度自信就不可能有全面深化改革的勇气”③，“制度自信”是中国全面深化改革强有力的制度保证，是如期实现全面建成小康社会的坚强后盾。青年大学生自身处于中国政治经济和社会制度环境中，对中

① 习近平．在庆祝中国共产党成立95周年大会上的讲话［N］．人民日报，2016-07-02（2）．

② 习近平．习近平谈治国理政：第一卷［M］．北京：外文出版社，2014：36.

③ 习近平．习近平谈治国理政：第一卷［M］．北京：外文出版社，2014：106.

国的社会主义制度有切身体会。比较而言，青年大学生对西方的社会制度更多是通过媒体了解的，缺少真实的体会，加之，近年来西方媒体运用网络平台大肆美化西方制度，丑化中国社会制度，这对青年大学生具有一定的迷惑性。因此，思想政治理论课要通过全面对比中西方的制度差异，透过表象揭示西方制度的虚伪性和为资本服务的本质，使学生看清中国特色社会主义制度的人民性本质，看到中国制度给中国人民和社会发展带来的强大优势，使学生不被表象迷惑，增强学生对中国特色社会主义制度的自信。文化自信是激发人民投身中国特色社会主义建设事业的精神动力，习近平总书记在党的二十大报告中提出要“推进文化自信自强，铸就社会主义文化新辉煌”，思政课教师要厘清中华优秀传统文化、革命文化、社会主义先进文化与文化自信的关系，用好教育资源，弘扬以伟大建党精神为源头的中国共产党人精神，引导大学生知史爱党、知史爱国，不断坚定中国特色社会主义共同理想，积极培养大学生的劳动精神、奋斗精神、奉献精神、创造精神、勤俭节约精神等，使大学生成为社会道德风尚的典范。另外，高校思想政治理论课引导学生坚定文化自信，学生需要牢牢把握马克思主义在意识形态领域的指导地位，自觉抵制各种错误社会思潮。教师用马克思主义和马克思主义中国化理论成果武装学生头脑，同时坚守中华文化立场，参与构建传播中国文化的中国话语和中国叙事体系，推动中华文化更好走向世界，在推进文明交流互鉴中增强大学生的文化自信。

4. 讲奋斗，重实践，将“青春梦”融入“中国梦”中

习近平总书记在同各界优秀青年代表座谈时强调“青年朋友们，人的一生只有一次青春。现在，青春是用来奋斗的；将来，青春是用来回忆的”①。青年的价值取向决定社会的价值取向，青年的梦想是否能够实现，一定程度上决定中国梦能否顺利实现。现阶段，我们正为努力实现中华民族伟大复兴而努力，这一目标的实现需要广大青年群体积极加入国家建设行列中，为祖国建设献言献策，为祖国发展努力奋斗。因此，教师需要引导青年将“青春梦”与“国家梦”融合起来，激励当代青年奋发向上，正确认识共产主义远

① 习近平．习近平谈治国理政：第一卷［M］．北京：外文出版社，2014：54.

大理想的科学性和实践性，使青年积极树立共产主义的远大理想，并用理想信念为大学生发展指明方向。在《习近平的七年知青岁月》一书中，习近平总书记用其自身的青年经历，表达出了青年人应当拥有的饱满的精神状态和昂扬的奋斗姿态，用其自身行动证明了拼搏奋斗能让青春不再迷惘，能让青春在基层闪光。

“理想指引道路，道路决定命运”，个人的“青春梦”是与“中国梦”息息相关的，千千万万个“青春梦”的实现能够为“中国梦”的实现铺设道路、奠定基础。教师面向青年大学生开展践行“中国梦”的教育，使大学生增强接受理论教育的自觉，提升其社会责任意识。中国经历的坎坷历史发展进程告诉我们，落后就要挨打，只有国富民强，中国人才能有尊严，才能在国际社会中赢得话语权，才能有能力保护国家和人民的安全。现阶段，我们比任何时候都更接近中华民族伟大复兴这个宏伟目标，但是我们仍然需要付出艰辛的努力。青年大学生追求自身“青春梦”的同时，要把实现“中国梦”作为自己的价值追求和人生使命，承担时代使命和责任，才能在奋斗中不断取得进步与辉煌。

（四）坚持系统要素协同发展，增强大学生对思政课认同的整体效能

高校思政理论课作为培养时代新人的重要理论课程，需要不断顺应社会的发展变化趋势，培养能够满足中国特色社会主义建设事业发展需求的社会人才。思想政治理论课的教育教学能为大学生的专业能力发展提供方向的护航，能够培养全面发展的人才。新时代社会发展速度加快，这也为构建高校思想政治理论课建设格局提出了更高的要求。

1. 提升高校思想政治理论课程建设的整体性、协同性

“推动高等教育内涵式发展”，是党的十八大为高等教育发展指出的方向。2024 年 5 月，习近平总书记对学校思政课建设作出重要指示，指出新时代新征程上，思政课建设面临新形势新任务，必须有新气象新作为，要守正创新推动思政课建设内涵式发展。为培养中国特色社会主义建设者和接班人，高校要重视思想政治理论课建设和思想政治工作。首先，高校要注重系统规划，整体推进，注重思想政治理论课程和课程思政建设齐头并进，发挥二者的协同效应；其次，要注重构建思想政治理论课教学科学机制，将思想政治理论

课建设与党的创新理论武装同步推进，构建以习近平新时代中国特色社会主义思想为核心内容的课程教材体系，深入推进大中小学思想政治教育一体化建设；再次，要注重思想政治理论课教师队伍建设，提升思想政治理论课教师队伍的整体素质，教师要政治信仰坚定、育人情怀深厚、思维和视野开阔、工作踏实勤恳，能够切实将道理讲深讲透讲活，为大学生解疑释惑；最后，高校要注重将思想政治理论课的理论与实践研究相结合，着力追踪理论和实践的前沿问题。一方面，在内容形式上加强思想政治理论课内容宣传；另一方面，要搭建平台，为大学生社会实践提供基地，开展二者之间的联合研究，为大学生思想政治理论课认同提供双重支持。

2. 构建实践育人机制，在社会实践中增强大学生的行为认同

“实践育人在学校人才培养中是一个系统工程，涉及教学、科研、管理、思想教育和共青团工作”①。首先，思想政治理论课教师需要在实际教学过程中做好理论课堂和实践课堂结合的科学设计，在课堂上加强马克思主义理论阐释和引导，在实践教学中融合学生的专业元素，重在结合学生专业进行价值引导，使理论课堂和实践课堂互为支撑。其次，高校思想政治理论课要不断拓展实践教育基地，包括红色教育基地、企业拓展基地、社区服务基地、科技助农基地等，加强学校与社会的联系沟通，发挥社会实践对学生的教育功能。最后，不断扩大实践育人的队伍，发挥思想政治工作队伍与思想政治理论课教师队伍的协同实践育人功能，通过思想政治教育类社团组织、社会实践活动等，多渠道引导大学生参与社会实践，在实践中深刻认识自我与他人、与社会的关系，从而在提高理论自觉与行为自觉中增强对思想政治理论课的认同。

3. 遵循网络育人时代要求，在意识形态领域中引导大学生价值认同

随着网络媒体的不断更迭创新，网络信息对人们思想观念的渗透性影响也逐步深化，网络媒体平台成为中西方意识形态较量的重要领域。坚持社会主义意识形态是凝聚人民力量、引领中国特色社会主义建设事业的关键。中西方国家的发展历程不同，选择的发展道路、制度也不同，资本主义社会的意识形态体现了资本社会的本质。资本主义国家利用网络信息平台以各种方

① 冯刚．探索思想政治教育发展的内生动力［M］．北京：人民出版社，2017：124.

式不断向中国，尤其是青年群体推送和输出资本主义社会意识形态，以此冲击中国坚持的马克思主义，使中西方之间思想文化的交锋更加激烈。目前，“意识形态的热点在网上，舆论引导的难点在网上，思想政治教育的重点在网上”①。网络作为当前大学生学习、社交的重要空间，需要高校思想政治理论课教师以主流网络文化为切入点，把思想政治理论课教学要求与网络空间文化发展相结合，构筑中华文化阵地，壮大主流思想舆论，实行网络文化育人，做好网络舆论引导工作，确保网络文化建设有阵地、有方法。教师通过大学生喜爱的网络空间，凝聚和吸引大学生，运用专业知识，准确解读国家政策和国内外各类事件，使大学生建设网络红色文化空间，做好网络意识形态教育，增强大学生对高校思想政治理论课的价值认同。

4. 发挥重要他人的积极作用，为大学生认同思想政治理论课构建新的着力点

“重要他人是指对个体的自我发展，包括行为习惯、思维方式、价值趋向、品德和语言等方面具有重要影响的个人和群体”②，可以是教师、父母、同辈群体等。调研数据分析表明，父母观看时政类新闻或阅读时政类书籍的频率越高，大学生对思想政治理论课的认同度就越高。因此，家长在日常生活中关注时政新闻，关心国内外形势，对国家政治经济文化发展保持信任，将有助于潜移默化地带动大学生关心国家形势与政策的发展动态，培养其社会情怀，将学生成长与社会发展紧密联系，提高其对国内外发展中的大是大非问题的判断能力，帮助大学生扣好人生的第一颗扣子，引导大学生健康成长。调查还显示出，辅导员和专业课教师对思想政治理论课学习的重视程度越高，大学生对思想政治理论课的认同度就越高。为此，高校思想政治工作队伍要做好与思想政治理论课教师之间的协同育人工作，不断完善思想政治工作体系，推进“全员育人、全过程育人、全方位育人”格局建设，加强用党的创新理论成果铸魂育人，重视思想理论教育和价值引领，引导大学生对思想政治理论课形成内容和价值认同和行为自觉。调查显示，同辈群体对思

① 冯刚．探索思想政治教育发展的内生动力［M］．北京：人民出版社，2017：127.

② 朱苇苇，王峰，黄志斌．重要他人理论视角下大学生思想政治理论课认同的影响因素及提升对策研究［J］．思想教育研究，2019（10）：113-117.

想政治理论课的认同度越高，大学生对思想政治理论课的认同度也越高。青年大学生拥有强烈的社会交往意愿，他们既会在校园里选择社会交往对象，也会在网络平台上寻找兴趣相同的交往伙伴。青年大学生群体的同辈交流话题与内容将会影响参与者的价值理念和社会评价态度，青年朋辈间的相互影响较大，因此营造积极健康的青年大学生朋辈之间交往的生态环境，树立价值取向端正、政治素质和思想素质优秀的大学生榜样并积极宣传，有助于发挥他们对同龄人的积极影响作用，使他们向身边同学传递正确的价值导向、思想观念及日常行为规范，使之在朋辈群体中形成广泛认同，进而带动更多青年认同思想政治理论课教育教学的价值方向。

（五）创设良好环境，营造大学生认同高校思想政治理论课的氛围

"人创造环境，同样，环境也创造人"①。环境既可以助力大学生对思想政治理论课认同，也可以阻碍大学生对思想政治理论课认同。因此，营造积极健康的环境氛围是提高思想政治教育实效、增强大学生对思想政治理论课认同的重要途径。

1. 教师提升专业素养，掌握转换话语形式，创设良好的课堂环境

"一个坚持守正的思想政治理论课教师不仅要吃透教材，还要悟透马克思主义基本理论，讲得出科学理论的魅力"②。高校思想政治理论课教学需要教师具备良好的专业素质，教师不仅自身有坚定的信仰，而且善于帮助大学生树立正确的价值取向。其一，习近平总书记曾在全国思想政治工作会议上说，讲思想政治理论课，要让信仰坚定、学识渊博、理论功底深厚的教师来讲，让学生真心喜爱、终身受益。"思政课教师只有自己信仰坚定，对所讲内容高度认同，做学习和实践马克思主义的典范，才能讲得有底气，讲深讲透，才能有效引导学生真学、真懂、真信、真用"③。思想政治理论课教师有坚定的马克思主义信仰、共产主义和社会主义信念，认真研读马克思主义及当代马克思主义的经典和最新理论成果，丰富自己的知识体系，才能以深厚的理论

① 中共中央马克思恩格斯列宁斯大林著作编译局．马克思恩格斯选集：第一卷［M］．北京：人民出版社，2012：172-173.

② 肖贵清．新时代高校思想政治理论课的守正与创新［J］．思想教育研究，2019（3）：80-84.

③ 习近平．思政课是落实立德树人根本任务的关键课程［J］．求是，2020（17）：6.

功底将学生疑惑的问题讲清楚，从而有效引导学生正确认识社会现象，使学生坚持正确的政治方向，创造性地开展思想政治理论课教学工作，增强学生对课程的认同。其二，思想政治理论课教师要善于应用话语表达技巧，根据教学内容和教学对象选择适宜的话语表达方式，运用人工智能技术赋能数字化教学的优势，创新思想政治理论课教学的话语载体形式，精细化设计和运用话语表达方式，贴合青年大学生的话语风格偏好，拉近与学生的距离，展现话语魅力赢得学生的认可，获得学生信任和亲近，增强大学生对思想政治理论课的认同。其三，思想政治理论课教师要具备良好的作风，不仅要严格自律为学生做好典范，而且要在教育教学中秉承公平公正的原则，在平时对待学生宽严相济，在进行学生成绩评价时坚持实事求是，遵守教育教学规律，成为学生喜爱的教师，用高尚的人格感染学生。

2. 父母以身作则引导知行，涵养家国情怀，创设良好的家庭环境

“家庭是孩子的第一个课堂，父母是孩子的第一个老师”①。家庭教育涉及各个方面，其中最为重要的就是家长的言传身教，好的家教家风能够帮助大学生养成优秀的思想品德，反之则亦然。帮助大学生扣好人生的第一颗扣子，不仅是思想政治理论课教师的责任，还是青年大学生家长的重要责任。家长在家庭生活中以身作则，言谈和行为表现出良好素质，将对大学生的知行习惯养成产生重要影响。思想政治理论课教育教学需要协同学生的家庭教育才能塑造出学生良好的思想品德，学生积极追求真善美，将内化的理论知识外化为行为实践，最终实现自我教育和自我发展。

提升大学生对高校思想政治理论课的认同，家庭的作用必不可少。首先要发挥家长的积极社会评价对大学生的影响。大学生家长能够辩证包容看待社会现象，对社会发展持有积极肯定的乐观态度，这样的思维方式和态度将有助于引导学生关心社会形势，形成包容乐观的社会心态。其次，发挥良好家庭关系对大学生家国情怀的作用。崇尚中华传统美德，将诚信、友善、谦逊、自强等美德融入日常教育环境中的家庭，其所形成的良好家风将有助于使大学生将和谐关系相处的方式延伸到社会交往中，形成共同体意识和家国

① 习近平．习近平谈治国理政：第一卷［M］．北京：外文出版社，2014：184.

一体的情怀。最后，明确家庭教育导向与学校思想政治教育导向的一致性。家庭注重引导学生向上向善，将中国古代流传的经典故事、讴歌英雄历史人物的故事、革命时期的红色故事、现代社会中的榜样人物以及国家时政新闻等素材融入父母与孩子之间的思想和信息交流中，积极引导孩子热爱党、热爱伟大祖国、热爱人民、热爱中华民族，使孩子将个人价值的追求与社会价值的实现相结合，增强学生的担当精神。家庭教育与学校思想政治理论课教育教学内容导向具有一致性，这样才能激发大学生对思想政治理论课的认同。

3. 加大网络监管力度，注重意识形态导向，营造良好的网络环境

互联网凭借其强大的影响力和渗透力对大学生的学习生活产生了深远的影响，改变了大学生的生活方式、消费方式和思想观念。网络已经成为大学生生活、学习和社会交往的组成部分，青年大学生对网络的依赖性甚至比现实社会更加强烈。网络环境的个体性、独立性以及现实社会所具有的一定的屏蔽性等特征，使青年大学生为了回避现实社会中与他人之间的矛盾，体验更加轻松的生活和交往方式，倾向从网络中寻求精神支持与自我满足。网络文化纷繁复杂，各种信息良莠不齐，由于互联网的隐蔽性，近年来，以历史虚无主义、拜金主义、享乐主义为代表的各种错误社会思潮和冲击马克思主义主流意识形态的信息不断污染网络环境，误导青年大学生的认知和判断，严重影响青年的思想和社会舆论环境。加大网络监管力度和健全网络综合治理体系是解决网络环境问题的关键。"网络空间是亿万民众共同的精神家园"①，自然也是大学生的精神家园，国家先后出台的《中华人民共和国网络安全法》《互联网信息服务管理办法》等法律法规为打造良好网络生态奠定了基础。《中共中央　国务院关于进一步加强和改进大学生思想政治教育的意见》指出，高校要"主动占领网络思想政治教育阵地。要全面加强校园网的建设，使网络成为弘扬主旋律、开展思想政治教育的重要手段"②。因此，高校与社会联动依托网络文化载体，依法进行网络空间治理，创设良好的网络文化环境，注重网络内容建设的意识形态性，抓好把关环节，为大学生营造风清气正的网络空间。

---

① 习近平．习近平谈治国理政：第二卷［M］．北京：外文出版社，2017：336.

② 中共中央　国务院发出《关于进一步加强和改进大学生思想政治教育的意见》［J］．中国高等教育，2004（20）：5-7.

参考文献

一、著作

[1] 中共中央马克思恩格斯列宁斯大林著作编译局．马克思恩格斯文集：第一卷 [M]．北京：人民出版社，2009.

[2] 中共中央马克思恩格斯列宁斯大林著作编译局．马克思恩格斯全集：第三卷 [M]．北京：人民出版社，2002.

[3] 中共中央马克思恩格斯列宁斯大林著作编译局．马克思恩格斯全集：第四十二卷 [M]．北京：人民出版社，2017.

[4] 中共中央马克思恩格斯列宁斯大林著作编译局．马克思恩格斯文集：第九卷 [M]．北京：人民出版社，2009.

[5] 中共中央马克思恩格斯列宁斯大林著作编译局．马克思恩格斯选集：第一卷 [M]．北京：人民出版社，2012.

[6] 中共中央马克思恩格斯列宁斯大林著作编译局．马克思恩格斯选集：第二卷 [M]．北京：人民出版社，2012.

[7] 中共中央马克思恩格斯列宁斯大林著作编译局．马克思恩格斯选集：第四卷 [M]．北京：人民出版社，2012.

[8] 马克思，恩格斯．德意志意识形态 [M]．节选本．北京：人民出版社，2018.

[9] 中共中央马克思恩格斯列宁斯大林著作编译局．列宁全集：第二十五卷 [M]．北京：人民出版社，2017.

[10] 毛泽东．毛泽东选集：第三卷 [M]．北京：人民出版社，1991.

[11] 邓小平．邓小平文选：第二卷［M］．北京：人民出版社，1994.

[12] 习近平．习近平谈治国理政：第一卷［M］．北京：外文出版社，2014.

[13] 习近平．习近平谈治国理政：第二卷［M］．北京：外文出版社，2017.

[14] 习近平．习近平谈治国理政：第三卷［M］．北京：外文出版社，2020.

[15] 教育部社会科学司．普通高校思想政治理论课文献选编：1949—2008［M］．北京：中国人民大学出版社，2008.

[16] 刘建军．马克思主义基本原理与当代中国思想政治教育专题研究［M］．北京：中国人民大学出版社，2015.

[17] 郑永廷．思想政治教育方法论［M］．北京：高等教育出版社，2010.

[18] 张耀灿，郑永廷，吴潜涛，等．现代思想政治教育学［M］．北京：人民出版社，2006.

[19] 吴潜涛．思想政治教育教学与研究［M］．北京：中国人民大学出版社，2018.

[20] 冯刚．探索思想政治教育发展的内生动力［M］．北京：人民出版社，2017.

[21] 费穗宇，张潘仕．社会心理学辞典［M］．石家庄：河北人民出版社，1988.

[22] 邵瑞珍．教育心理学［M］．上海：上海教育出版社，1988.

[23] 费穗宇．社会心理学词典［M］．石家庄：河北人民出版社，1988.

[24] 陈国强．简明文化人类学词典［M］．杭州：浙江人民出版社，1990.

[25] 鲁洁．教育学［M］．南京：河海大学出版社，1991.

[26] 张春兴．张氏心理学大辞典［M］．上海：上海辞书出版社，1992.

[27] 郑晓云．文化认同与文化变迁［M］．北京：中国社会科学出版社，1992.

［28］睢文龙，廖时人，朱新春．教育学［M］．北京：人民教育出版社，2000.

［29］吴庆麟．认知心理学［M］．上海：上海科学技术出版社，2000.

［30］詹万生．整体构建德育体系［M］．北京：教育科学出版社，2001.

［31］彭聃龄．普通心理学［M］．北京：北京师范大学出版社，2004.

［32］姚本先．高等教育心理学［M］．合肥：合肥工业大学出版社，2005.

［33］胡树，吴满意．大学生社会实践教育理论与方法［M］．北京：人民出版社，2010.

［34］谭德礼，江传月，刘苍劲，等．当代大学生思想特点及成长成才规律研究［M］．北京：人民出版社，2012.

［35］中国就业培训技术指导中心，中国心理卫生协会．心理咨询师［M］．北京：民族出版社，2012.

［36］刘晓东．大学生社会实践理论与实务［M］．北京：高等教育出版社，2014.

［37］王仕民．思想政治教育心理学概论［M］．广州：中山大学出版社，2015.

［38］王能东．高校思想政治理论课教学论［M］．北京：人民日报出版社，2017.

［39］哈贝马斯．交往与社会进化［M］．张博树，译．重庆：重庆出版社，2000.

［40］亨廷顿．我们是谁？美国国家特性面临的挑战［M］．程克雄，译．北京：新华出版社，2005.

［41］吉登斯．现代性与自我认同：晚期现代中的自我与社会［M］．夏璐，译．北京：中国人民大学出版社，2016.

二、期刊

［1］沈壮海．学习习近平总书记关于思想政治理论课建设的重要论述［J］．马克思主义研究，2022（6）.

[2] 路丙辉. 中国式现代化进程中的“大思政课”建设 [J]. 教育研究, 2022 (12).

[3] 肖皓文, 曹银忠. 深刻理解习近平关于做好高校思想政治工作的重要论述 [J]. 党的文献, 2023 (5).

[4] 王岩, 郭凤龙. 在着力“六个结合”中展现“大思政课”的善用之道 [J]. 马克思主义与现实, 2022 (5).

[5] 沈壮海, 刘灿. 多重视野中的大中小学思政课一体化建设及其突破 [J]. 马克思主义与现实, 2023 (2).

[6] 刘力波, 张子鉴. “中国式现代化”融入高校思政课教学的理论审思与实践探索 [J]. 马克思主义与现实, 2023 (5).

[7] 董佳. 讲深讲透讲活: 提升新时代高校思政课教师教学能力 [J]. 教学与研究, 2022 (5).

[8] 徐蓉, 陈振媚. 论高校思想政治理论课教学的三重境界 [J]. 教学与研究, 2023 (4).

[9] 孙秀玲, 郭倩倩. 论“大思政课”视域下“思政小课堂”与“社会大课堂”的有效衔接 [J]. 教学与研究, 2023 (9).

[10] 徐秦法, 常劼. 善用“大思政课”推进价值观构建 [J]. 教学与研究, 2024 (1).

[11] 孙兰英. 新时代办好思想政治理论课的根本指南 [J]. 红旗文稿, 2019 (8).

[12] 廖曰文, 确保每一个大学生都能参加社会实践——大学生全员参与社会实践工作的调查与研究 [J]. 思想理论教育导刊, 2011 (1).

[13] 李楠. 美国大学通识教育课程考核的特点及其对我国高校思想政治理论课考试改革的启示 [J]. 思想理论教育导刊, 2011 (5).

[14] 姚建军, 师蔷薇. 大学生社会实践存在的问题及破解思路 [J]. 思想理论教育导刊, 2016 (3).

[15] 张一. 大学生思想政治理论课获得感的制约因素及提升策略 [J]. 思想理论教育导刊, 2018 (12).

[16] 金民卿, 赵振辉. 中国共产党为什么“能” [J]. 思想理论教育导

刊，2019 (10).

[17] 袁芳，颜吾佴. 提升高校思想政治理论课亲和力的三重逻辑 [J]. 中国高等教育，2019 (21).

[18] 刘春泽. 高校思想政治理论课中政治认同目标的“三重维度”及其实现路径 [J]. 国家教育行政学院学报，2020 (8).

[19] 张晓林，李桂华，彭原. 市民信息需求与利用行为的调查分析 [J]. 情报学报，1995 (4).

[20] 魏雷东. 后现代主义视域下的大学生网络道德问题研究 [J]. 中国青年研究，2011 (3).

[21] 周德清. 社会转型时期文化失范的效应分析——以马克思的道德尺度和历史尺度相结合的原则为评价标准 [J]. 云南社会科学，2011 (4).

[22] 孙晓娥. 扎根理论在深度访谈研究中的实例探析 [J]. 西安交通大学学报 (社会科学版)，2011 (6).

[23] 耿锐. 对高校思想政治理论课泛娱乐化现象的反思 [J]. 东北师大学报 (哲学社会科学版)，2018 (5).

[24] 游永恒. 论学生学习动机的功利化倾向 [J]. 四川师范大学学报 (社会科学版)，2003 (2).

[25] 侯丹娟. 论人的思想政治教育需要的产生——基于发生学视角 [J]. 江西师范大学学报 (哲学社会科学版)，2016 (6).

[26] 肖贵清. 新时代高校思想政治理论课的守正与创新 [J]. 思想教育研究，2019 (3).

[27] 朱苇苇，王峰，黄志斌. 重要他人理论视角下大学生思想政治理论课认同的影响因素及提升对策研究 [J]. 思想教育研究，2019 (10).

[28] 田鹏颖，宁靖姝. 论坚持高校思想政治理论课主导性与主体性的统一 [J]. 思想教育研究，2019 (12).

[29] 李晓兰，张洪铭. 新时代思想政治理论课教师能力和素质提升探究 [J]. 思想政治教育研究，2020 (6).

[30] 吴海江. 论高校思想政治理论课话语体系的创新 [J]. 思想理论教育，2014 (1).

[31] 王易，岳凤兰．建设符合新时代要求的高素质思想政治理论课教师队伍［J］．思想理论教育，2020（5）．

[32] 李敏．论思想政治理论课教师职业能力的提升［J］．思想理论教育，2020（6）．

[33] 苏宝芳．社会主义核心价值观进教材的现状与建议——基于高等院校思想政治理论课的视角［J］．中国编辑，2017（2）。

[34] 隋岩，曹飞．互联网群体传播中的信息选择与倾向［J］．编辑之友，2013（6）．

[35] 曹姝婧，尚珊珊．基于用户信息获取偏好的高校图书馆主动服务模式研究［J］．图书馆建设，2017（6）．

[36] 姜永志，白晓丽，刘勇，等．社会适应能力对青少年移动社交网络使用的影响：自我认同与心理和谐的链式中介作用［J］．中国临床心理学杂志，2017（3）．

[37] 叶芳．“90后”大学生信息获取渠道与价值观的形成研究［J］．当代青年研究，2014（1）．

[38] 林国标．马克思主义中国化评价体系的建构［J］．重庆社会科学，2012（7）．

[39] 张立政，陈运普．当代大学生亲情教育探析［J］．湖北社会科学，2010（6）．

[40] 金晔．利益、话语与价值认同——高校马克思主义大众化路径优化的三个维度［J］．社会科学家，2015（3）．

[41] 朱志浩．高校思想政治理论课考核方式改革的理论维度［J］．学校党建与思想教育，2010（10）．

[42] 李毅弘，任大廷．高校思想政治理论课多维复合型考核体系探赜——以四川农业大学“概论”课教学改革为例［J］．学校党建与思想教育，2012（7）．

[43] 周敏．大学生社交网络行为特点及教育对策［J］．学校党建与思想教育，2017（24）．

[44] 张国启．论思想政治教育主体的人文关怀意识及其外化理路［J］．

学校党建与思想教育，2018（7）.

[45] 王晶．高校思想政治理论课“三位一体”教学模式的构建及其实施[J]. 学校党建与思想教育，2018（10）.

[46] 徐建飞．新时代思政课教师核心素养的出场语境、科学意涵与提升策略[J]. 学校党建与思想教育，2020（4）.

[47] 冯连军，朱宝林．高校思政课教师的主体地位、现实困境和发展向度[J]. 学校党建与思想教育，2020（7）.

[48] 曲建武，王雅瑞．思政课教师提升思想政治理论课教学实效性的三重维度[J]. 学校党建与思想教育，2020（8）.

[49] 陈悦．办好高校思政课要在“三个着力”上下功夫[J]. 学校党建与思想教育，2020（8）.

[50] 邢晶晶．批判与超越：马克思社会发展评价尺度思想的形成[J]. 理论与改革，2015（5）.

[51] 孙瑛辉．制度自信：高校思想政治教育工作的中心议题[J]. 吉林师范大学学报（人文社会科学版），2017（3）.

[52] 庞申伟．习近平关于新时代学校思想政治理论课的重要论述论纲[J]. 山西师大学报（社会科学版），2020，47（1）.

[53] 赵世龙，贾玥．高校思想政治理论课考核方式创新研究[J]. 长春理工大学学报（社会科学版），2010（2）.

[54] 俞建伟．论学习动机在高等教育中的应用[J]. 中国成人教育，2010（19）.

[55] 李春生．论大学生学习动机的形成机理及培养路径[J]. 中国成人教育，2016（4）.

[56] 杨育智．试论大学生教育合力的“重要他人”[J]. 哈尔滨职业技术学院学报，2014（6）.

[57] 韩艳慧．“三个自信”融入高校思想政治理论课教学思考[J]. 学理论，2015（11）.

[58] 丛松日．高校思想政治理论课教材要有问题意识抓住精髓[J]. 教书育人（高教论坛），2017（6）.

[59] 王泓斌. 群体规范融入新时代大学生思想政治教育的若干问题探究[J]. 新西部, 2020 (3).

[60] 汪行舟. 社会主义核心价值观在高校思政理论课教材中的传播路径探析 [J]. 文化创新比较研究, 2017 (2).

[61] 薛志东. "以人为本"理念在高校教育管理中的应用研究 [J]. 教育教学论坛, 2018 (38).

三、其他

[1] 习近平向全国广大教师致慰问信 [N]. 人民日报, 2013-09-10 (1).

[2] 习近平. 在庆祝中国共产党成立95周年大会上的讲话 [N]. 人民日报, 2016-07-02 (2).

[3] 习近平. 把思想政治工作贯穿教育教学全过程 开创我国高等教育事业发展新局面 [N]. 人民日报, 2016-12-09 (1).

[4] 习近平主持召开学校思想政治理论课教师座谈会强调用新时代中国特色社会主义思想铸魂育人 贯彻党的教育方针落实立德树人根本任务 [N]. 人民日报, 2019-03-19 (1).

[5] 侠客岛. 关于教育, 这是习近平的最新思考 [N]. 光明日报, 2017-01-03 (1).

[6] 唐彬. "重要他人"对大学生社会化的影响研究 [D]. 武汉: 华中科技大学, 2009.

后 记

本书是依托教育部高校示范马克思主义学院和优秀教学科研团队建设项目、安徽省高校思想政治工作拔尖人才项目完成的研究成果。著作以认同为研究视角，将大学生对思想政治理论课的认同作为高校思想政治理论课教育教学改革的底层逻辑，展开定性和定量相结合的综合研究。大学生对思想政治理论课的认同状况是评价高校思想政治理论课教学成效的关键监测指标，也是高校和思想政治理论课教师开展课程改革，增强思想政治理论课的针对性和吸引力的重要参照点。认同是多学科共同关注的研究内容，本项研究立足马克思主义理论交叉运用相关学科知识开展系统研究，借鉴扎根理论研究方法提炼大学生认同思想政治理论课的表现维度，并与理论研究相对应，确立了价值认同、内容认同、情感认同和行为认同四个维度。研究者根据大学生思想政治理论课的认同维度设计了具有较高信度的调查问卷，并在全国范围进行了问卷调查，调查结果运用 SPSS 软件进行处理和分析，综合调查结果和访谈信息以及相关文献研究，呈现了大学生认同思想政治理论课的现状。研究者结合思想政治理论课的课程特征和调查结果，分别从教师、学生动机、重要他人、教学形式与方法、社会实践、信息获取偏好等因素，分章论述了其影响大学生认同思想政治理论课的程度和表现特征，最后提出了构建大学生思想政治理论课认同提升的育人系统。

本项研究工作时间较长，成果付梓之际，我在此特别感谢前期帮助进行资料整理和分析的研究生，他们现已参加工作或者正在攻读博士，希望他们的事业和学业顺利有成，同时感谢帮助我们联系和分发调查问卷的高校同仁，感谢光明日报出版社编辑的支持。

思想政治理论课是落实立德树人根本任务的关键课程。高校思想政治理论课改革任重道远，本书力争贯通学术探讨与教学改革研究，既进行理论分析，也依靠数据支撑，希望能对思想政治理论课教育教学改革有所助益。由于研究的理论深度和调查范围有限，成果仍然存在不足，还有不少需要改进的地方，恳请各位专家、同行给予指正。

魏 荣

2024 年 9 月于合肥

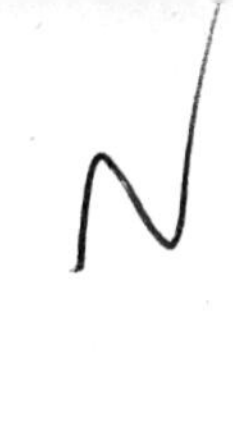